杜月笙在歡送外交使節席上：圖爲（自左至右）杜月笙、蘇俄駐華大使鮑格莫洛夫、中國駐俄大使蔣廷黻、上海市長吳鐵城及淞滬警備司令楊虎。

杜月笙主持上海足球比賽開球典禮時的鏡頭。上左著黑上衣者為其長公子維藩。

杜月笙（中）在渝郊磁器口與戴笠（左）及陸京士等籌商東南策反時攝。

五月一日（星期五）下午六時潔樽候

台光

席設 [illegible]

杜鏞
戴笠 謹訂

五月十四日（星期四）下午六時潔樽候

台光

席設 戴家巷香水[illegible]城街廿七號

杜月笙 張樹聲
楊虎 章作民
楊慶山 金玉坡 謹訂

六月九日（星期五）午[illegible]時半敬備菲酌潔樽候

光

席設 戴家巷香水湖城街三十七號

杜鏞
楊虎
戴笠 謹訂

劉[illegible]珂先生

人民動委會

戴家巷香水湖城街廿七號樓上

民國三十年杜月笙與戴笠以及「人民行動委員會」另四位常務委員楊虎、楊慶山、張樹聲、章作民及秘書長金玉坡等聯名請客開會的請帖。司令楊虎。

杜月笙傳

第四冊

杜月笙 第四冊

目錄

1

門庭若市盛況空前

國民黨中央全神貫注於上海經濟建設，吳鐵城在中央和上海民眾的全力支持之下，秉承國父遺教，建設大上海，他曾兩度發行地方公債，第一次三百萬元，第二次便加了一倍，這兩次地方公債都是由杜月笙「慨然負募集之責」。他為此一壯舉，充分發揮了他的潛勢力，因此，第一次地方公債不到十天便籌足了額，第二次六百萬元也是輕而易舉的達成。

有了這九百萬元的鉅款，吳鐵城乃建立了租界以外的「新社區」——市中心區，「市政府、各局所、市醫院、市體育場、市圖書館、市博物館，鱗比櫛次，渠渠廈屋，觀瞻一新；深港可泊巨艦，京滬路可延長接運，勢與租界爭榮！」吳鐵城將這些成就，都歸功於杜月笙的協助。因為有了這種的建設，民間競起傚尤，工廠煙突如林，於是，上海乃成為「亞東巨埠，而金融經濟，居全國之中心，為各省之領導！」

迄至今日，五十歲以上的老上海，能不懷念民國二十二、三、四、五、六年間的黃浦灘，太平盛世，清明安和，熙來攘往，盡是笑容？一二八以後，八一三以前的那五年，是上海人最富足安樂，歡欣鼓舞的辰光。凡此固然是政府賢明政策之所賜，但是，吳鐵城、俞鴻鈞、吳醒亞、杜月笙、錢新之、王曉籟、吳開先、潘公展乃至楊虎、陸京士等等等等，無數黨政軍的精英，加上地方首腦、民間領袖的打成一片，通力合作，也未嘗沒有協同努力的汗馬功勞。

最低限度，我們可以這樣說，當杜月笙像八足章魚一樣，把大上海士農工商杭不啷來一把抓，在那五方雜處繁囂紛錯的黃浦灘，那是空前絕後，從來不曾有人辦到過的。不過當他大權在握，暗中操縱一切的那幾年裡，上海表面上的繁榮不說，即曰人口，亦自民國二十一年的三百九十餘萬人，急劇增長到抗戰前夕的五百萬！「水往低流，人向高走」，上海如若是人間地獄，黑暗世界，那便用千軍萬馬也驅不來這許多人群，五年裡面從內地各省，四鄉八鎮，擁來了兩百萬人口，適足以證明當時上海確是「遍地黃金」的天堂。

許多老上海不勝欷歔低徊，懷念那一段時期的黃浦灘，——因為唯有這曇花一現的五年，黃浦灘燦爛輝煌，光芒萬丈。

杜月笙克享盛名，灼手可熱，成為黃浦灘上「天字第一號」的人物，他每天最重要的事便是會客，——達官要人、富賈巨商、中外名流、各界領袖，……要見杜月笙，由於，上海的高樓大廈越來越高，確實越來越不容易了，除非一等一的大好佬，必須事先登記掛號，然後按照指定時間，到他會客處的沙發上去坐候。杜月笙確有自知之明，他曉得自己爬得太高，竄得太快，而從青雲端裡一個斛斗栽下來，可不是鬧得玩的，因此他儘量的使自己言詞謙虛，態度誠懇，無分大老倌、小伙計一概視若同仁，和顏悅色，聚精會神，但凡對方提出了自己所遭遇的困難，他總是盡心盡力，為之片言解決。

王先青說：

「矯矯珍木巔，得無金丸懼？」故所以，杜月笙要吾日三反其身了，他曾對他的另一得意門生

「我每天夜裡睏到了床上，必定要想想，今朝我阿曾講錯話，得罪人，做錯事？」

自從娶了姚玉蘭以後，杜月笙有了四位夫人兩爿門面，華格臬路是杜公館，唯恐貴客摸不清楚他的行止和作息時間，他開始規定鐘點在愛多亞路中匯銀行大樓會客，交通方便，地點適中，於是每到杜月笙會客的時刻到了，中匯銀行門外便開始車如流水馬如龍，男女貴賓，門庭若市，何其漪歟盛哉！

2 是你朋友就了不起

曾任江蘇省主席顧祝同的一位兄弟，跟杜月笙是經常來往的熟朋友，杜月笙對於這些熟朋友向不拘禮，一方面顯得親熱，一方面也是為了節省體力。但是有一次，這位顧先生帶了一位朋友，為亞東銀行的事，同赴中匯銀行拜會杜月笙，談好了事體，杜月笙竟一反常例，站起身來送客，而且還很慇懃的一直送到電梯門口。於是顧先生的朋友走了，顧先生卻又留下來，和杜月笙一道回辦公室，他便半開玩笑半認真的問：

「為什麼平時我來我去，杜先生你從來不曾迎過送過。而今天我帶這位朋友來，杜先生你反倒這麼客氣，一直送上電梯？」

杜月笙笑笑，反問一句：

「依你看哩，這是啥個道理？」

「我就是想不出這其間的道理，」顧先生搖搖頭說：「其實，我這位朋友並沒有什麼了不起呀。」

「不，」杜月笙斷然的否認：「他了不起。」

「他有什麼了不起？」顧先生急急的追問。

「因為他是你的朋友。」

眼見顧先生還在那兒茫然困惑，杜月笙接下去又解釋的說：

「你我知己，常來常往，我對你熟不拘禮，你曉得我的身體不好，決不會見怪。但是你今天帶了朋友來，我就不能不格外恭敬，因為我尊重你的朋友，使你有了面子，那便等於我加倍的尊敬你了。這是我對你表示最高禮貌的機會，我當然不能輕易放過。」

一席話，說得顧先生五體投地的佩服，往後逢人便說：「杜先生做人，真是到了家啦！」

事實上，杜月笙在戒煙以後，由於少了那一口「習慣已成自然」的提神益氣「靈藥」，他的健康情形，一直不見起色。三國志上司馬懿說諸葛亮：「食少事繁，豈能久活！」當年的杜月笙，豈止事繁食少，更要緊的是他遇事太用心機，而四十五、六、七、八歲的鼎盛春秋，如日中天，他的名利得失之心，當然很重。杜月笙沒有諸葛亮的學養，他更少了一份「寧靜致遠，淡泊明志」的心境與功夫。

杜月笙怕打針，難得吃藥，他的私人醫師龐京周，便對於他的健康，無能為力。據杜月笙興高采烈，輕鬆愉快的時候，他曾告訴自己的子女說：年紀輕時，他也曾練過武功，學過幾套拳腳。在五花八門，千奇百怪，各式各樣的養生術中，他所相信和服膺的，還是運動、鍛鍊，屬於動的方面。不過，杜月笙卻一生一世與西洋體育無緣，從小到大，自生及死，他一輩子不曾接觸過歐西傳來的運動器具，當他提起勤於鍛鍊之益時，也不知道有多少人勸他打網球，多運動，甚至跳進游泳池去撥撥手腳淴淴浴，然而，杜月笙聽了，唯有搖頭苦笑，把他飄飄若仙的長衫下擺一掀，說道：

「狄個物事，我著上去了就脫伊不下來。」

3 江灣開球踢過一腳

民國二十四年，江灣市中心區體育場揭幕，舉行規模盛大的全國第六屆運動會，郝更生負責主辦，運動會舉行的地點指定在上海，他因為龐大的經費無從籌措，正在黃浦灘上長吁短嘆，一籌莫展，當時，便有好朋友建議他說：

「這一件事，你應該去找找杜月笙先生看，只要你能說服他，讓他點一點頭，事情就算有了眉目。」

將信將疑的，郝更生去見了杜月笙，開門見山把話一談，還沒有來得及將一篇大道理講出來，杜月笙便連連頷首的說：

「郝先生的意思我明白。老實不客氣說，如果全國運動會在上海都開不起來，那就未免太說不過去了。請郝先生放心，兄弟自會盡力，一兩天內必有回音。」

回音是一份請帖，由杜月笙具名，請他駕臨國際大飯店，出席一次茶會。郝更生疑惑不定的準時前往，他駭然發現茶會的規模很大，金融工商，上海各界的領袖幾已到齊，杜月笙很禮貌的延他上坐，等到杜月笙以主席兼主人的身份一發言，郝更生更是驚喜交集，幾難置信。原來，這次茶會正是為他所召開的，他所要說的一篇大道理，杜月笙已經代他說得清楚明白，詞畢，杜月笙當場要求各界人士支持第六屆全國運動會，使它順利揭幕，圓滿完成，他並且強調問題的關鍵只在於經費——銅鈿。

一呼百諾，上海各界熱烈響應，捐集了一筆數目，使第六屆全國運動會如期揭幕。舉行大會高潮足球比賽的那一天，江灣體育場人山人海，萬頭攢動。因為那一天有一項特別節目：全運當局為了感謝杜月笙的鼎力協助，終底於成，頭一場足球比賽，請他行開球典禮，這便是杜月笙生平和球接觸的第一次。

上海人都以為「杜先生」這次一定會脫下長衫，穿一次「洋裝」，興高采烈的踢它一腳了罷。那裡想到，掌聲響處，極目望去，杜月笙依然是一襲綢衫，瘦骨嶙峋，大會總幹事隨行於左，杜月笙的長公子杜維藩侍從於右。那一天的太陽很大，杜月笙既不戴帽，又不戴黑晶眼鏡，於是他便那麼愁眉苦臉的，大踏步走進了球場，到了中央。雙方球員排好陣勢，裁判員銀笛一吹，杜月笙很吃力的抬起右腳，在那支新皮球上，輕輕的碰了一碰。四週看台，齊齊的發出喧天笑聲，震地歡呼。杜月笙別轉身體往回走，面部依然是毫無表情，一語不發。

國術武技方面，杜月笙的程度如何，若干年來始終是人言言殊的一個謎，有人說他練習拳技，功夫了得，有人謂他弱不禁風，一竅不通。卻是，有一件事實，似可對此謎團加以剖解。民國二十四年，上海有一個滿有噱頭的張毓五，他在報上大登廣告，說從遠地請來一位少林派的拳師，定於某月某日起在大滬花園表演壁虎功（用肚皮吸力在高牆上攀高爬下，縱橫自如）、梅花樁（插無數高竿於地，飛躍蹤跳於竿巔），和金鐘罩、鐵布衫等各種內功。廣告登得很大，門票要比梅蘭芳還高，賣五元一張。

4 名師高徒太極拳術

上海人好新奇，頭一天前往參觀的人摩肩接踵，把一座大滬花園擠得水洩不通，但是等那位沈姓拳師一登場，觀眾不禁大嘩，原來他的壁虎功是手腳並用，爬上一堵兩層樓高的短垣；梅花樁疏疏落落，離地只有兩三尺，打兩套拳更加嘸啥稀奇，所謂「金鐘罩」「鐵布衫」則是由他的幫手，拿一把沒開過口的鈍刀劃了那麼兩下。於是台下觀眾噓聲四起，大罵張毓五和沈拳師賣野人頭，騙錢！沈姓拳師正待拔腳開溜，正好台下喊打！一聲「打」字喊了，他爽性賴在台上，再也不肯離開。

群情激憤，事情鬧僵，張毓五又急又怕，跑去向大力人士謝葆生求救，謝葆生還怕自家的力道不夠，又代他們面懇杜月笙。杜月笙付之一笑，叫人去跟憤怒的觀眾講幾句話，輕輕的把圍解了。

張毓五、沈拳師十分感激，聲稱要親來杜公館道謝，順便表演一點功夫——用猴拳的法門，使四肢百骸一一脫骱，可以進洞出洞。於是杜公館儘可門窗緊閉，沈拳師自會從門窗縫裡鑽進來。他表演這一手的用意，在於說明他其實不曾騙人。

又在杜公館起了小小的轟動，全家大小、保鑣、司機、廚房娘姨，統統擠在門窗已閉的大客廳裡，居然引來了八股黨四頭腦、顧、葉、芮、高全到。杜公館隔壁住了一位高松吾，練過武功，他也跑過來湊興，說是姓沈的一到，他自願陪他練一趟拳腳。

等之再等，門縫窗縫鑰匙孔，一概不見有人入來，顧嘉棠方罵一聲：「觸那！又是騙人！」門鈴急響，有客拜訪。司閽保鑣開門一看，居然是沈拳師，他涎著臉笑，推說自己一時功夫失靈，鑽來鑽去鑽不進，不好意思讓杜先生久等，只得從大門進來。

當時大家擠到天井裡面去看，高松吾是個急性子，發了怒，搶上一步，伸出右手待握。沈姓拳師驟遇勁敵，不敢怠慢，運足氣力到自己右手上去，高、沈兩人雙手一搭，還沒使力握下，杜月笙一瞥之餘，頓時大叫：

「算了罷！你們兩位不必交手了！肯讓我們飽飽眼福，便請二位各人打一趟拳。」

於是，高松吾打了一套醉八仙，沈拳師勉力走完一趟猴拳，——就是不曾脫骱。表演過後，大家拍手，沈拳師氣喘咻咻的告辭，高松吾悻悻然，彷彿餘怒未熄，因此杜月笙輕輕的勸他：

「何必呢？這種跑江湖的等於是吃開口飯，你傷了他的筋骨，他還在做夢，豈不可憐！」

所以，往後高松吾逢人便說：

「就憑杜先生那兩句話，要說他不曾練過功夫，殺脫我頭也不相信！」

民國二十五年，杜月笙請了一位杭州人葉先生，專教他打太極拳。

5

買隻飛機送孫桐崗

收了一個得意門生，當年風頭之健，無以復加的青年航空家孫桐崗。孫桐崗在德國學航空，學成之後，親自駕駛一架飛機，遶過大半個地球，從德國單機飛回上海。於是轟動全國，大眾景仰，他在上海所受到的盛大熱烈歡迎，可與美國的林白媲美。

舉行了一個萬頭攢動，盛況空前的歡迎會，在這次歡迎會上，孫桐崗認識了兩位影劇界的名人，王元龍和趙培鑫，三個人很談得來。王元龍拖孫桐崗到顏料鉅商薛寶潤的家裡，薛寶潤是露蘭春老公薛二的哥哥，薛家因為討進了黃金榮黃老闆的新寵，跟白相人結了冤家，清黨一役，薛二被捉，勞命傷財，苦頭吃足，覺得黃浦灘上住，找不到保鑣的虎而冠者，總是難免風波，於是薛老大便請客託人，拜了杜月笙門下的謝葆生。大家談起這件事情，趙培鑫恰是杜門中人，當下頗為薛大不值，他嗤之以鼻的說：

「要拜，就拜杜先生。恆社五百弟兄，個個都是出類拔萃的角色。」

這一說，引起了孫桐崗的興趣，他以好奇的心情，打聽杜門的詳細。趙培鑫的一張嘴，說得天花亂墜。再加上王元龍、薛大在旁邊一慫恿，孫桐崗卻不過眾人的勸促，於是決定參加恆社，投拜杜門。

杜月笙得了這麼一位英雄門生，不禁大喜，當時，孫桐崗是空軍的一員，杜月笙則由於大運公司推銷航空獎券，算是跟航空事業，結了香火緣。民國二十五年，中央發出「航空救國」的號召，發動全民，捐錢買飛機，建立中國的空軍。杜月笙有了孫桐崗這位愛徒，響應起來，特別帶勁，他組設了「中華航空救國會」，辦一個「航空宣傳週」，促請報紙、電臺、勞工、學生，大聲疾呼，要求全國同胞，慷慨解囊，共襄盛舉。

杜月笙自己先開個頭，他私人斥資四萬大洋，向外國訂購了兩架雙座飛機，一架定名「月輝號」，指定送給他的愛徒孫桐崗，作為這位空軍英雄的「座騎」。另一架命名「月文號」，贈與上海飛行社，鼓勵有志青年，利用這架飛機學習飛行。

航空救國，杜月笙派頭大來兮，買飛機，一買便是兩架，消息傳出，老上海為之咋舌，那時候，已經是陽曆十月，秋高氣爽，風和日麗，當月三十一日，便是蔣委員長的五十整壽，不知那位腦筋一動，將「航空救國」再加個名目，稱曰「獻機祝壽」，這麼一來，捐獻運動迅即擴展到全國各地，掀起了蔚為壯觀的獻機熱潮。十月二十四日，委員長華誕的前一星期，杜月笙特地擇定龍華飛機場，舉行「上海各界獻機祝壽命名典禮」，有孫桐崗等飛將軍表演特技，是日，一城轟動，萬人空巷，龍華飛機場被擠得水洩不通，孫桐崗駕駛杜月笙買的「月輝號」，翱翔長空，引起掌聲雷動，頗使杜月笙感到躊躇滿志，沾沾自喜。

孫桐崗一門英傑，他的哥哥孫桐萱，曾是西北軍的大將，時在山東省主席兼第三集團軍總司令韓復榘的部下，當第二十師師長，駐防兗州府。孫桐萱後來在韓復榘貽誤戎機，明正典刑以後，即以十二軍軍長升任第三集團軍總司令，轉戰津浦各地，卓著戰功，他由於介弟孫桐崗備蒙杜月笙的愛護，每次南來，也上杜公館走走，和杜月笙建立了很好的感情。

號稱「火柴大王」的劉鴻生，因為日本火柴商利用浪人，從青島源源走私，進口大量火柴，搶去了他的華北、華中市場，使他的「大中華火柴公司」，營業一落千丈，情勢十分危殆。他急於設法抵制走私日貨，挽回國貨權利，便去求教杜月笙，請他出面，打通山東軍政當局的關節，促他們正視事實，力挽狂瀾，拿出有效可行的方法，制止日本浪人的走私罪行。

杜月笙當時便指點他說：

「這個容易，明天你請一次客，要請到洽老（虞洽卿）、得天（王曉籟），還有吳市長（鐵城）、俞秘書長（鴻鈞）、楊司令（虎），還有陳老八（群）和京士。除此之外，你再請兩位小朋友，孫桐崗和趙培鑫。」

劉鴻生丈二金剛摸不著頭腦，不曉得杜月笙為什要做這樣的安排？卻是關照過了，唯有照辦，尤其請一桌客算得了啥？因此，第二天中午，他便在外灘華懋飯店，依言開了這麼一桌酒席。

孫桐崗和趙培鑫，兩位「小朋友」，準時赴宴，進門一看場面，自己頓時便矮了一截。黃浦灘的官紳兩界，頂兒尖兒的人物，幾乎全已到齊。兩個人面面相覷，一時想不起來，怎麼會把他二人招來作陪的。

酒過三巡，談起正經，由杜月笙一說明，孫趙二人方始恍然，自己並不是來作陪客，居然還是主角哩。杜月笙要替火柴大王打破生死存亡的難關，他派趙培鑫，帶好孫桐崗寫給阿哥孫桐萱的親筆函，先上兗州，再往濟南、青島，專程走一趟，徹底解決日本浪人的走私問題。

明明是杜月笙吩咐一聲，就可以做得到的，他偏要劉鴻生鄭重其事，佈置這麼一個大場面，請各位大好佬來為孫桐崗打氣，替趙培鑫壯行色，孫趙二人聽了大好佬的稱譽勗勉，內心振奮，自是難免。孫桐崗隨即寫了情詞懇切的家書，請他哥哥一定要多設法，務使這一件事圓滿達成。後來有人說杜先生何必多此一舉，杜月笙卻沉下臉來斥道：

「啥話？孫桐崗、趙培鑫去進行的是一樁大事體！」事實上，孫桐崗的一封信，趙培鑫跑這趟腿，孫桐萱重視弟弟的囑托，杜門的交情，這件事體，確實辦得大有功勞。趙培鑫帶了大中華火柴公司經理徐致一，先赴兗州，住了一夜，得到孫師長的熱心幫忙，翌日趕赴濟南府，見到主席韓復榘，然後再到青島市，得與市長沈鴻烈扃室密談。由兗州而濟南而青島，藉孫師長的鼎力支持，多方關照，軍警人員於是奉命加強取締日本浪人走私，違者立予嚴懲，走私案破獲得多，日本火柴商便知難而退，劉鴻生的困擾，於焉迎刃而解。

6 吳紹澍杜門拜師記

傳燈錄上有這麼一則逸話，無著文喜禪師往遊五臺山金剛窟，遇見一位老翁，邀他到寺中參觀，禪師問：「此間佛法如何？」寺中的住持翁對以：「龍蛇混雜，凡聖同居！」用這兩句話譬喻杜門，堪稱差相彷彿。

杜月笙的恆社子弟往後高達二千餘人，多的是龍蟠風逸之士，也不乏雞鳴狗盜之徒。但是無分公門將相，抑或淮南雞犬，對於他們的老夫子杜月笙，一生一世，都唯有一個敬字，無限孺慕，講的是江湖道義，重的是師生情誼。儘管有道不同暫不與謀，臨時分路揚鑣，各自為政的。卻是所謂「欺師滅祖，吃裡扒外」的歪風，四五十年裡僅祇吹過一遭，半世紀中杜門只出過一個叛徒，是為吳紹澍。

吳紹澍拜杜月笙之賜，由黨而政，一帆風順，最紅的時候，身兼上海市黨部主任委員，上海市副市長兼社會局局長，三民主義青年團上海市分團主任，正言報社社長……，僅在上海一地，頭銜多達六個，權勢絕倫，氣燄薰天。恆社子弟中，唯陸京士當了一任農工部副部長，社會部京滬區特派員，主持過京滬一帶勞工失業救濟及社會行政督導事宜，勉強可與頡頏。

因此，吳紹澍之叛，當然會把杜月笙整得很慘。吳紹澍之投身杜門，正當杜月笙光芒萬丈，炙手可熱的全盛時期，日中則昃，盛極必衰，天道人生，其理相同，這原是無可奈何的事。杜月笙如月中天之際，來了一個八敗精搗亂鬼吳紹澍，便是璀爛斑燦中的一道陰影，一條瑕疵。

吳紹澍原名吳雨聲，曾在褚輔存、沈鈞儒辦的上海法學院掛名而為共黨的職業學生，十六年三月上海清黨，他是上海警備司令部嚴令拿辦的通緝犯，渡過一陣子東藏西躲的逃亡生活，實在混不下去，便向中央自首，將共黨在滬情形和盤托出。中央准他自新，命他到上海市黨部報到，相機為黨國効力，於是吳雨聲便改個名字叫吳紹澍。當時吳開先正任上海市黨部組織部長，從此他和吳開先發生了聯繫。

在上海的一段時期，吳紹澍為了要爭取國民黨的信任，他工作很賣勁，很努力，但是他又駭怕共黨報復，一再請求外調，時值山東嶧縣棗庄中興煤礦公司的董事長錢新之在為共黨潛伏，不時鼓動工潮，使得生產量銳減而大傷腦筋，錢新之請求國民黨中央黨部設法清除中興煤礦的共黨份子，陳立夫便派吳紹澍去，吳紹澍熟知共黨伎倆，他「以子之矛，攻子之盾」，組織工人福利社，自任幹事，從爭取工人福利，博得工人好感，而掌握了礦場勞工，並將共黨份子大部清除，從此工潮不起，煤炭生產也恢復了常態。錢新之很高興，他向陳立夫道謝，並且讚許吳紹澍與共黨奮鬥的冒險精神。

吳紹澍在棗莊中興煤礦工作了兩年多，他時或請假到南京和上海，向陳立夫、吳開先等報告工作，吹吹牛皮，後來漢口市黨部整理改組，吳紹澍見有機可乘，便懇請錢新之幫忙調職。錢新之和吳開先商量，認為可行，於是兩人連袂往見陳立夫，請他提拔提拔吳紹澍。陳立夫表示吳紹澍確能悔過，對於清黨工作也不無貢獻，因而改派他為漢口市黨部整理委員，和他同時發表此一職務的，還有後赴臺北的國大代表楊興勤等人。

走馬上任，吳紹澍因為人地生疏，簡直毫無工作表現，同時他又以不得人緣，被漢口市的國民黨員，指為不學無術，能力太差，請求中央加以撤換。這一來使吳紹澍大為恐慌，於是便想起華中三山之一，洪門大爺楊慶山是漢口大亨，暗忖自己倘能拜楊慶山為師，必可在工作上得到極大的助力。因為楊慶山和他那一批幹練有為，潛力深厚的弟兄們，不但是辛亥革命的首義功臣，尤其，自民國開元，他們便掌握了全部長江碼頭的船員苦力，靠水吃水的各路朋友，武漢三鎮的警備機關，偵防衛戍工作，一直由楊慶山的弟兄，位置要津，自北伐以至抗戰，正是國共鬥爭極其尖銳的時期，楊慶山一幫子人在這一方面輒有卓越優異的表現，凡此都是急功近利，一心升官發財的吳紹澍，所衷心艷羨和無比仰慕的。

譬如，民國十六年上海清黨之役，僥倖漏網的中共工人糾察總隊總隊長顧順章，當年中共天字第一號打手兼狙擊手、劊子手，二十年他仍為中共特務科長，領導「紅隊」，保衛機關，制裁「叛徒」，是個機警善變，殺人不眨眼的歹徒。他在漢口活動，易名李明，率領一個演出精采，轟動遐邇的魔術團，所到之處，萬人空巷。顧順章騙得過千千萬萬觀眾的眼睛，便逃不過楊慶山的手掌，四月間，將之一舉成擒，並且迫使顧順章「志願歸誠」，供出中共所有共黨秘密組織，他的條件是接待他在滬家屬抵京保護。顧順章被押解到南京時，國民黨調查科有潛伏共諜洩露消息，顧順章的上級周恩來於是心黑手辣，搶先將顧順章的家屬老小八人一概殺死，並且加以肢解，深埋於一丈多深的地下，後來屍首在上海新閘路一座樓房底層掘出，中外報章遍予揭載，成為轟動一時的慘聞，中共首腦的殘暴，遂為舉世所知，而楊慶山一系列人物的建立殊功，自亦予國民黨領導份子留下極深刻的印象。

嗣後，根據國民黨中央組織部調查科所作的統計，自民國二十二年秋，迄二十三年九月，僅此一年之間，湖北（絕大部份在武漢）捕獲的共黨份多達一百八十五人，其中有八名省委，四十三名屬於縣委、區委階層，在全國各省位列第十。在這極可觀的紀錄中，以楊慶山系統的人員致力最多，吳紹澍在漢口市黨部工作，他把此一鐵的事實看得很清楚，對共鬥爭是他的主要職司之一，他有理由也有決心設法爭取楊慶山，錄為己用、獲得協助，或者聲應氣求，切取聯絡，都可以使他在本位工作上有所表現，那正是他脫穎而出，青雲直上的唯一契機。

吳紹澍在漢口，曾經千方百計的設法接近楊慶山，卻是苦於難獲要領，不得其門而入，吳紹澍有所求於洪門大爺，楊慶山則並不把市黨部一位野心勃勃的要員看在眼裡。多次碰壁以後，給他打聽到一個門徑，楊慶山最佩服的同道，最要好的朋友唯有上海杜月笙，杜門中人，在武漢普遍的受到尊敬和關拂，杜門楊門，幾不可分，於是，楊門難投，他便不惜跋涉千里，跑到上海去拜託吳開先，想自杜門著手。

7

想當國代這個容易

民國二十五年，吳紹澍專程來滬，向吳開先坦白說明心意，他想拜在杜月笙的門下，吳開先說，杜先生和我從來不提幫會的事，你這層意思，我竟不便啟齒，不過，陸京士和陳君毅二位都是杜先生的得意門生，你不妨去找他們商量商量。

陸京士曉得吳紹澍的性格及其為人，因而把他的居心和用意，也料了個十中八九，所以當吳紹澍力請陸京士為之介紹，陸京士不是辦不到，由於內心的顧慮和疑惑，一開頭他便推託，並且正告吳紹澍說：

「老兄，恆社弟兄講的是有福同享，有難共當，尤其杜老夫子待人無微不至，恩重如山，彼此之間只有『道義』二字擺在心上，這不是尋開心，開頑笑的事情，希望你三思而後行。」

然而，吳紹澍意志堅決，大有不到黃河心不死之慨，逼急了，陸京士便跟他攤牌來說，鄭重告誡：

「你要是為了達到政治目的，想利用杜先生和恆社弟兄，那你就大大的不應該了。」

吳紹澍還不死心，又找上了杜月笙的另一愛徒陳君毅。陳君毅和吳開先很要好，吳紹澍既是本黨同志，尤有投身杜門的一腔誠意，他沒有陸京士的多方考慮，於是一口答應，尚且很熱心的代他往說陸京士。陸京士無可奈何，遂與陳君毅同為吳紹澍拜師的介紹人。

那日不但吳紹澍躊躇滿志，連杜月笙也因為又收一名高徒，顯得眉開眼笑，喜氣洋洋。在華格臬路小客廳裡，吳紹澍肅杜月笙上座，當著陸京士、陳君毅等諸人的面，滿腹欣喜，畢恭畢敬，行了三個九十度的鞠躬禮。然後，雙手遞上拜師紅帖，貼上寫好姓名、三代和兩位介紹人——陸京士與陳君毅。

杜月笙細看吳紹澍時，兩道濃而黑的眉毛，一張闊大無比的嘴巴，中等身材，相當結實，說話沉著有力，談吐便給而中肯，一望可知，是個能幹角色，辦事人才。吳紹澍給杜月笙第一個印象好得出奇，在上海著實討了些時老夫子的歡心，吳紹澍趾高氣揚，滿載而歸的回漢口。他已成為和陸京士、陳君毅、朱學範諸人等量齊觀，不分軒輊的杜門愛徒，一個口信帶給漢口楊慶山。這位目空四海，聲勢顯赫的紅門大哥，從此改容相向，合作無間，吳紹澍的目的順利達成，他在楊慶山以次紅門兄的全力支持下，果然出人頭地，迭建奇勛，他成為漢口市黨部的要角、紅員，不次拔擢，扶搖直上，奠立了他往後一帆風順將及十年的穩固堅實政治基礎。可是，與此同時，杜月笙身邊也自此埋下一條禍根。十年後，這位受惠特多的杜門高足，便過河拆橋，恩將仇報，口口聲聲否認他是杜月笙的學生，尤且，一手高擎「打倒惡勢力」的大纛，一手揮舞無形的利劍，將戰後已無租界可資憑藉的杜月笙，刺戳得鮮血淋灕，形成杜月笙的平生唯一憾恨。

民國二十四年十一月二十一日，國民黨五中全會決定宣佈憲法草案，及召開國民大會日期，這也是促使吳紹澍決心拜杜為師的因素之一。國民大會代表之選舉厥重地方群以基礎，杜月笙當時實已掌握了上海及其近郊各地的廣大群眾，吳紹澍是江蘇松江楓涇鎮人，他有意角逐此一最高民意議席，於是他在選舉期屆重來上海，直接向杜月笙透露他的願望。杜月笙微微的笑，滿口應允的答道：

「這個容易。」

有了杜月笙的「言話一句」，吳紹澍不由大喜，果然，民國二十六年初，國民大會代表特種選舉候選人名單發表，杜月笙、吳紹澍和許許多多位恆社弟兄，一概榜上有名。吳紹澍興沖沖的到上海來從事競選活動，他得了杜月笙的保證，連競選費用都沒有帶夠，卻是，恆社弟兄在上海還怕缺錢用嗎，當他把自己的「費用不繼」困難向陸京士一提，陸京士毫不遲疑，頓時借了一千大洋給他。——這筆錢往後無論吳紹澍怎樣發達，他都不曾歸還，因此，時至今日，他那張親筆借據，還捏在陸京士的手裡。

8 中日戰前一段秘辛

民國二十五年底，和二十六年初，中日關係空前緊張，華北華中，兩軍嚴陣以待，大戰一觸即發，但是我國建設伊始，準備未週，中央秉承蔣委員長的指示：「和平未到完全絕望時期，決不放棄和平；犧牲未到最後關頭，決不輕言犧牲！」因此，當時的國策是「力謀以外交方式調整中日兩國邦交，冀弭戰禍。」

日本方面，從民國二十五年起，外相廣田弘毅提出了舉世聞名的廣田三原則，作為日本侵略中國所應採取的路線。所謂的「廣田三原則」，簡言之為：

一、中國政府徹底拒絕反日。

二、中日「滿」合作，華北特殊化。

三、中日「滿」共同反共。

揭開廣田三原則的虛偽面具，骨子裡，廣田給中國人下的毒藥是「經濟提攜」，也就是利用經濟提攜方式，來推進它的「大陸政策」，完成「日滿支集團」的迷夢。抗戰爆發的前一兩年裡，無可否認，大多數國人都被這美麗的糖衣迷惑，以為中日大戰在短暫時期可以避免，藉外交途徑可以解決中日問題。

民國二十五年十月，日方派遣其外務省東亞局局長桑島來華，協助他們的川越大使，謀求中日談判的進行。根據我國外交部所存檔案，十月九日我國參謀本部致送外交部的一份抄件，報告滬上日本聞人某某的表示，「桑島此次所攜新訓令，比較上或為緩和辦法。……日方各界領袖，大致同此意見，努力奔走，不願真正陷於絕境，同歸於盡也。」緩和些的辦法是什麼呢？據說，「仍在華北經濟問題」，因此，這位高級情報人士敢於指出：「上海情形可望和緩，」他在情報中指出：「本日午某又與山本、楠本三人晤談，據伊等表示，亦側重於北方之交涉，並向（錢）新之、（王）曉籟、（杜）月笙等約定，共同維持上海金融及治安，勿使人心浮動等語。」

接下來，日本「經濟提攜」運動的最高潮，便是民國二十六年三月十二日，日本新外相佐藤在眾議院發表演說，聲明日本對華政策是仍然堅守廣田三原則，不放棄既得利益。兩天後，日本便派出了一個大規模的「經濟考察團」，以日本國家銀行總裁兒玉謙次為團長，重要團員中有當時的大日本製糖株式會社社長，政壇要角，戰後曾任外相的藤山愛一郎。

這一個「經濟考察團」之來華，在戰雲瀰漫，低氣壓籠罩下的遠東，可謂舉世矚目，咸寄厚望，因為，它的成功，至少可以暫保東方的和平，它若失敗，戰火恐將不旋踵而爆發。

中日雙方對此一和戰關鍵的「考察團」，事先早有週密妥善的安排，多一半為了敷衍日本人的步步進逼。有關方面同意，以日本經濟考察團為骨幹，配合我國的金融工商界有力人士，合組一個「中日貿易協會」，負責推進「日支經濟提攜事項」。

擬議中的「中日貿易協會」，分設籌備主任二人，華方主任委員為華北金融巨子周作民，日方則係日本銀行總裁兒玉謙次。這樣子安排，日方又恐周作民不能代表南方的金融工商界，於是他們透過外交途徑，表示希望杜月笙也能參加。因此，政府乃指定杜月笙為該協會的常務委員，同時，中日雙方都要求他負起「經濟考察團」抵步時的一應聯繫招待之責。

這一項重要的任務確使杜月笙的聲望為之增進，地位為之提高，然而，卻也帶給他礙難出口的極大痛苦，在基本立場上，他是不折不扣的愛國反日主義者，為此他迭曾有一鳴驚人的表現，另一方面，他更是上海金融工商業者的義務保鑣，大家寄望於他利用地方勢力抵拒外來入侵力量。日本經濟考察團分明是掛著侵略者的招牌而來，政府方面也在戰備不夠充份之際，有意委曲求全，在這種情形之下，全國金融工商業者以至各地民眾都得準備犧牲，「以空間換取勝利」，「以最後犧牲之決心為和平最大努力」，任何人都不能違反既定的國策，問題在於，杜月笙有多大的權限，能夠代表全體商民，在蠶食鯨吞，貪得無饜的日本經濟考察團對面，作迫不得已的讓步。

當兒玉謙次一行抵達上海，周作民、杜月笙等予以盛大熱烈的歡迎，杜月笙正強顏歡笑，滿腹愁悶，很幸運的使他間接獲得了中央的指示，因而得以心胸一壯，開始堅守他自己的立場。日本「經濟考察團」在民國二十六年三月十四日抵滬，當天便接奉蔣委員長的請柬，於是，次日便由周、杜等人，陪同他們晉京，參加蔣委員長的招待茶會。

杜月笙興奮鼓舞，聽到蔣委員長在茶會上正告日本經濟考察團，義正詞嚴，斬釘截鐵，無異當頭一棒，蔣委員長強調的說：

「己所不欲，勿施於人！」

當時，杜月笙冷眼旁觀，日本經濟考察團諸人，如兒玉、天羽、藤山等，聽了蔣委員長的這一句訓斥，頓時臉色大變，彷彿有不勝憤慨，敢怒而不敢言之狀，真叫他看了，感到非常之痛快，從此內心中也就暗暗的有了決定。他應可設法抵制日本人的經濟侵略。

尤其當夜十時半，藤山愛一郎寅夜往訪行政院副院長孔祥熙，次日下午二時，又去會見了外交部長張群。孔張二氏，都曾明確指出，日本擴充軍備，支持華北的種種非法行動，而日本本身財政經濟相當困難，斷然不能放棄中國這一個最大市場，因此，經濟提攜，必須立於平等互惠的立場，尤須設法消除中國民眾對於日人的反感。

聽到這許多大義凜然，坦白衷誠的談話，杜月笙的歡欣寬慰，可以想見，他瞭然中央的對日方針，益更堅定了自己的反日決心。

所以，當日本經濟考察團回到了上海，杜月笙便開始採取不合作態度，確保利權，固守立場，在各項談判中當仁不讓，據理力爭。除此以外，他尤請上海大佬，前任總商會長虞洽卿，趁日本考察團在滬時期，出席日本商工會議所的一次集會，即席發表演說，滿口都是中央的論調，藉收彼此呼應之效。於是，翌日的日本「讀賣新聞」報上，便以重要地位刊載特電，指出中國實業界和中央政府，對於日本所採取的立場和態度，完全相同，因此他們認為佐藤外相所謂的：「中國贊同佐藤外交，歡迎經濟使節」云云，都是「聊以自慰的淺見」。三月十六日，連蘇俄的「真理報」，也登出了佐藤演詞的評論，他們說：「佐藤二十三日的演詞竟已完全接受軍部立場，所謂中國問題應分華北、華中、華南三部對付，亦即日本軍人分化中國之一貫政策，……中國抗日情緒日見緊張，此次經濟考察團之失敗，即由於中國資產階級不願予日本以經濟侵略機會，中國民眾亦要求光復失地，後談經濟合作，足見日本今後將在中國遭遇強大的抵抗。」

日方大失所望，因為中國政府和人民，立場堅定，不容動搖，一致表示「政治問題不獲解決，談不上經濟提攜」，日本人經此碰壁，圖窮匕見，所能採取的途徑，唯有訴諸武力，於是在同年七月七日，爆發了震驚世界的蘆溝橋事變。

兒玉謙次「經濟考察團」訪華鎩羽而歸，是為中日大戰，亦即第二次世界大戰肇端前的一段外交秘辛，令人想像不到的是，本傳主人杜月笙在其間居然扮演了很重要的角色。

9

黃炎培佈署包圍圈

抗戰揭幕，吉星文堅守宛平的消息傳來上海，使杜月笙同仇敵愾，奮袂而起。當時，他是中國紅十字會副總會長，上海市地方協會會長，又兼上海市臨時參議會議會長，然而，他卻並非中國國民黨黨員，因此，上海地方協會秘書長黃炎培，認為天賜良機，萬不可失，他搶先到杜月笙跟前去下功夫，慫恿他說：

「上海地方協會的前身，便是抗日後援會。現在全面抗戰已起，前方將士需要上海人民的協助很多，後援會應該立刻恢復。」

史量才事件之後，黃炎培的表現越來越左傾，杜月笙對他早有戒心，如今聽他這麼一說，當下便想更進一步的加以試探，於是他問：

「怎麼樣的恢復法呢？」

黃炎培搔頭播腦，頭頭是道的回答：

「求速效，利用原有班底，只消把機關名稱改過來。求擴大影響，發揮力量，一定要容納各黨各派，各方面人士參加。抗戰是全民的戰爭，不是任何黨派所能單獨應付得了的，譬如杜先生，還有我黃某人，就不屬於任何黨派呀。杜先生，你說我這個話說得對嗎？」

心裡有數了，杜月笙莞爾一笑，淡淡然的答道：

「蘆溝橋剛剛開火，還不曉得阿會又要講和，這件事，非同小可，歇兩日看看風色再談吧。」

支開了黃炎培，隔不多久，第二位客人到了，是為上海市黨部常務委員兼組織部長吳開先。杜月笙一見名片，連聲請進，兩位好朋友分賓主坐定，吳開先約略分析了一下當前形勢，他認為七七的砲聲，已為全面抗戰揭開序幕，中日問題，唯有付之一戰，因此，他向杜月笙請教，應該如何發動民眾組織，支援前線將士。杜月笙靜靜的聽他把話說完，驀地流露出興奮的神色說：

「我認為這件事應該由上海市黨部出面領導，發動全上海的各民眾團體，組織上海市抗敵後援會。」頓一頓，他又果決的說：「全上海只許有這一個抗敵後援會的組織，市黨部只管積極領導進行，我一定盡全力協助。」

一席話，將黃炎培等左傾份子，利用杜月笙和上海地方協會直接發動民眾，藉以打擊國民黨，操縱深厚民眾力量的陰謀，粉碎無遺。杜月笙和吳開先商定原則以後，他一再強調決不容許任何人另起爐灶，分散力量，他的表示，不但提高了吳開先的警覺，而且使他衷心感激，歷久難忘，認為杜月笙能夠摒棄黃炎培這種幾十年的同鄉、老友，而凡事以國民黨的利害為前提，此一情誼對於他個人以至國民黨，都是極可珍貴，令人感動的。

為了爭取時間，杜吳二人立即採取行動，兩人就在華格臬路杜公館客廳裡，研擬了一紙名單，並且登時命人繕寫請帖，分頭投送。這份請柬由杜吳二人具名，邀集上海市聲望最高、潛力最厚的大好佬們，翌日上午，在愛多亞路中匯銀行開會，商討重要問題。

次晨，黃炎培等還在籌思如何說服杜月笙，操縱後援會，中匯銀行的會議室，早已冠蓋雲集，高談闊論，迅即順利無阻的正式成立「上海市抗敵後援會籌備會」，當場推定杜月笙、潘公展、錢新之、虞洽卿、徐寄廎、黃涵之為主席團，尚且議決在三天以後，召開大會。

10 抗敵後援原壁歸陶

待黃炎培那邊得到消息，木已成舟，左派人物，在抗敵後援會中一概榜上無名，屏諸門外。於是，他非常著急，再拉上方自蘇州監獄被釋的「七君子」之首，「救國會」頭腦，在黃浦灘上走紅、活躍了好幾十年的名律師沈鈞儒，無日無夜，百計包圍杜月笙，他們要求杜月笙「解鈴還是繫鈴人」，逼迫他在抗敵後援會中增加左傾份子，親共人物的名額，「不容國民黨一黨把持、操縱」，杜月笙吃這一班人纏不過，發了脾氣，居然也滿口新名詞，振振有詞的說：

「抗敵後援，是要大家一道來的，不能東一個來西一個！我們應該把力量集中起來，不可以分散，國民黨領導抗戰，就該國民黨領導抗敵後援。不管你們怎樣說，這樁事體已經決定了。」

三天以後舉行成立大會，到了各界代表好幾百人，當場選出了一百二十一位委員，再由委員複選常務委員三十五名，左派人物不但輒不進一腳來，連黃炎培夢寐以求的秘書長也未能到手。說來也是湊巧，一二八事變時的抗戰後援會老秘書長陶百川剛好學成歸國，如今又膺斯選，正好原壁歸「陶」。

大會決定設立籌募、供應、救護、宣傳等各委員會，大家七嘴八舌，鬧哄哄的在推舉負責人選，杜月笙不耐煩，站起身來高聲的說：

「抗敵後援的事體要自告奮勇，讓我杜某人先來自告奮勇看，各個委員裡面，最難做的的大概是籌募委員會了，這一個就由我來！」

等一歇，不曾看見有第二位自告奮勇者，於是杜月笙又在喊：

「第二難的就要算供應委員會了吧，新之兄，你來做這個，阿好？」

錢新之只好笑著點頭，表示接受。

大會組成，人選推定，杜月笙說：

「支援前方，等於救火，不能躭擱一刻，我們要立刻開始辦公。」

但是，問題來了，辦公所需要的經費呢，市黨部沒有這筆預算，即令有，數目太大，也難以負擔。杜月笙說要銅鈿容易，成立初期的一切開支，由我杜某人一個人負責墊出。

不久，上海各界一致熱烈支持抗戰，掀起比一二八事變時期更為盛大壯闊的捐獻浪潮，捐款之來，有如風起雲湧。秘書長陶百川查查賬目，發現杜月笙私人墊付的經費數值已不在少，因此遵照前議，從捐款中提出一部撥還，杜月笙一看那張支票，登時退還，他說：

「市民捐款是為了抗敵勞軍的，我杜某人那能可以在這裡面扣賬？」

說得大家都笑了，告訴他說：

「那杜先生也不能白墊這錢呀?杜先生既不肯收，賬上也不便處理，要不然，就移作杜先生的捐款吧！」

杜月笙才點點頭說：

「做捐款可以，不過不必寫我的名字。」

「不寫杜先生捐的，寫誰呢？」

想了想，杜月笙決斷的答道：

「就寫——常務委員會捐助！」

打仗，要錢，而且要花大錢。正當杜月笙在為抗敵後援會的事，忙碌緊張，席不暇暖，一日，華格臬路到了貴客，財政部長宋子文，來找杜月笙商量，政府決定發行五萬萬元救國公債，財政部已組成一個「勸募委員會」，辦公地點，必須設在上海。

「宋部長，」杜月笙脫口而出的說：「要辦公地點，不曉得我杜美路那幢新房子夠不夠用？」

「儘夠了。」

「那麼，我立刻騰出來，捐給勸募委員會用，不管用多久，杜某人分文租金不收。」

接下來，宋子文和杜月笙商談一個更重要的問題，上海一地，公債應該如何勸募？杜月笙深思熟慮，他建議說：

「募公債，當然是越多越好，這一次，最好方面廣點，工商界的朋友，希望他們儘量認購。上海市民，也要他們普遍的買。」

宋子文對他的建議，頗表讚許，於是，杜月笙便一口氣成立了兩個勸募隊，上海市民勸募總隊長由他自家擔任，上海商界勸募總隊長則推上海總商會長王曉籟，後來王曉籟說他一個人「杭不住」，向杜月笙請救兵，杜月笙便一腳跨過去，兼了商界勸募隊的副總隊長。

11 募公債七千五百萬

如所週知，對於抗戰初期貢獻極大的五萬萬元救國公債，上海市勸募成績之優異，輿論備致讚揚，大家都曉得這是杜月笙及上海熱心愛國人士四出奔走，努力勸募的結果。——在全國總額五萬萬元中，僅祇上海一地，便募得了七千五百餘萬元，折合當時的美金，亦達兩千三百餘萬元之巨。

七七事變以前，我國駐日大使，杜月笙的老朋友許世英，返國述職，旋不久他生了病，正在就醫時期，大戰爆發，中日交涉劍拔弩張，所以他在七月十三日奉命力疾返任。杜月笙聞訊，趕到北站迎迓，然後一直送他到駛赴日本的海輪上，當時，江上風清，微波不興，懸太陽旗的軍艦就在附近停泊，許世英絕口不提他赴日交涉有否成立和議的可能，祇是意味深長的說：

「恐怕你又要大忙特忙一陣了。」

杜月笙瞭然許世英的暗示，他不禁慷慨動容，眉飛色舞的答道：

「我今年剛五十歲，年富力壯，身體也對付得過去，祇要國家有用得著我的地方，我杜某人必定萬死不辭！」

許世英非常感動，當時便嘉許他說：

「杜先生，像你這樣，真不愧為忠義之士！」

這一幕，許世英印象深刻，幾十年牢記不忘。但在當年，又給予杜月笙莫大的鼓舞，從此以後，他越幹越起勁了。

四天後，七月十七日，蔣委員長在廬山發表嚴正聲明，指出蘆溝橋事變便是我們的最後關頭，堅持最低限度立場，十八日全國各報均以頭條新聞刊出，舉國上下，即已抱定抗戰到底的決心，民心激奮，士氣昂揚，臻及白熱化的程度。與此同時，日本軍閥的猙獰面目亦已全部暴露，他們增派大軍，發動猛攻，向我華北各地濫施轟炸，七月底，北平陷落，八月初，上海形勢緊張，先鬧了一次水兵失蹤旋被尋獲的挑釁醜劇，八月九日，當全國各地軍政要員，應蔣委員長之召，紛紛赴京共赴國難，舉行軍事會議聲中，風雲險惡的上海終於響起了槍聲，日本海軍陸戰隊的一官一兵，乘坐汽車，強欲衝入虹橋機場，被我衛兵制止，雙方發生槍戰，兩名日本官兵當場擊斃，我軍陣亡一人。

於是，到了八月十一日，便有二十七艘日本軍艦，開進吳淞口，擺好備戰姿態，威脅我國撤退駐防上海的保安隊。從這一天起，上海人已知戰禍必不可免，而且迫在眉睫，閘北成千累萬的居民，攜帶箱籠細軟，像潮水般的擁向租界，人潮淹沒了街道，遍地都是棄置的傢俱行李，汽車被迫停在街心，彷彿一座座的孤島。湧進租界的難民實在太多，租界上的中國同胞無法加以全部容納，絕大部份的人唯有餐風露宿，抱著不曾打開的舖蓋，睏水門汀。——杜月笙因而又起惻隱之心，他督飭租界上的慈善團體，竭盡一切努力，施以救濟。

八月十三日，淞滬大戰爆發。「一二八」之役中力抗日軍的國軍勁旅，八十七師王敬久部扼守江灣新市區，八十八師孫元良部則進駐上海北站，明晃晃的刺刀，和隔陣的日本兵針鋒相對。

駐上海的日本海軍陸戰隊六千人，從天通庵鋼筋水泥，金湯鐵池般的兵營出動，九時十五分，分兵兩路，向江灣及閘北兩地的我軍搦戰，日軍一開頭便使用立體戰術，飛機濫炸，大砲猛轟，繼之以列隊衝鋒。第一天，我軍奮身反撲，越戰越勇，用手榴彈和刺刀，壓迫敵人節節後退。

十四號那天便掀起了滬戰的高潮，使上海人一時拍手歡呼，一時悲泣哀號，早上，報紙出了號外，日本空軍從臺灣松山機場起飛，我空軍基地杭州筧橋，經我機起飛迎擊，一舉擊落敵機九架，造成零比九空前絕後的輝煌勝利。捷報傳來，使上海市民雀躍三千，興奮若狂，因此，當天下午我機飛臨上海上空，轟炸敵軍根據地公大紗廠，虹口一帶，以及停泊黃浦江中的日本旗艦「出雲號」，上海人全然忘了自身的危險，爭先恐後，萬人空巷的到江干觀戰。中日戰鬥機、轟機炸在租界以外的天空中鏖戰，上下翻飛，落彈如雨，俄而虹口被炸，騰起了千百丈高的烈燄濃煙，俄而浦東的孚油庫中彈，團團煙霧瀰漫江面，觸鼻的濃煙被江風吹到了浦西來，沒有人躲得過它的侵襲，好幾百萬人全在嗆嗆咳咳。

虹口、閘北、八十七師和八十八師大發神威，更番衝刺，使東洋水兵只有招架之功，全無還手之力，包圍圈漸次的縮小。杜公館電話機響，從有關方面傳來好消息：國軍第三十六師宋希濂部和第九十八師夏楚部即將開到；四個師的主力部隊同努力，可望將六千敵軍全部包圍而加以殲滅。

正在歡天喜地，額首稱慶，突然之間傳來天崩地坼的巨響，華格臬路杜公館房屋搖搖晃晃，玻璃窗嘩啷啷，嚇得杜月笙以次諸人臉色發白，目瞪口呆，萬墨林方一清醒，立刻便去撥電話問出了啥個事情？那曉得他的問話還不曾說完，接連著又是一聲爆炸，天搖地動，令人失魂落魄，萬墨林手中的電話聽筒差點兒被震落到地上，他一疊聲的問訊，等到對方答覆過後，他來不及掛上電話便高聲大叫：

「爺叔！不好了，大世界門口落了一顆彈，炸死了不曉得多少人！」

杜月笙勉定心神，疑惑不己的問：

「是一顆炸彈？還是兩顆？」

於是，萬墨林再撥電話，又去打聽，這一次，消息得來詳細得多了，他報告說：

「爺叔，是一架中國的飛機，受了傷，飛過租界，一共落下來兩顆炸彈，頭一顆落在大世界，炸死了一千多人，第二顆落在大馬路外灘，也炸死好幾百個！他們說那兩處地方正是血流成河，屍積如山，慘極了！」

這便是淞滬之戰第二天的一大悲劇，正因為中國軍隊打了勝仗，租界馬路上人山人海，居民都出來軋鬧猛，歡歡喜喜的像是過年，詎料受傷的軍機失去控制，所攜炸彈自動墜落，造成了兩千餘人的重大傷亡，使上海人樂極生悲，啼笑皆非。卻是，上海同胞的愛國熱情空前高漲，他們抹去眼淚，態度更加堅強，他們沒有埋怨，相反的都在稱頌那位不知名的空軍英雄，他冒著機毀人亡的危險，強使那架受創甚重的飛機，飛越人煙稠密的租界和市區，如果他跳傘逃生，任讓飛機墜降，那更不知要帶給上海人多大的災害。

12 情同手足戴笠訪晤

八月十五日，滬戰的第三天，日本軍機全面出動，猛炸京滬沿線，閘北虹口戰況空前激烈，便在這一天的晚上，華格臬路杜公館，到了一位神祕而又極不尋常的貴賓，使杜月笙欣喜莫名，矍然而起，一疊聲的在喊：「戴先生，請進，請進！」

於是這位貴賓笑容可掬的被請進客廳，他中等身材，一舉一動充滿活力，高額、隆準、兩道劍眉，有一對炯炯有神的眼睛，懇摯而熱情，正甲字臉上鼻大、嘴闊，天庭特別的飽滿。他便是戴笠，字雨農。從那一天他和杜月笙緊緊的握手以後，成為杜月笙最親密的戰友，如手足般的至交。戴杜的結合，並肩作戰，使他們二人對於抗戰貢獻出莫大的力量。

戴笠，原名春風，又字徵蘭，浙江江山仙霞鄉人。家庭務農，父親入過縣學，他六歲喪父，七齡入塾，十七歲進浙江省立第一中學肄業，十九歲和毛秀叢結婚，同年便投筆從戎，投身潘國綱的浙軍第一師，充任一名志願兵。其後曾一度回到家鄉，當保安鄉學務委員，又興辦自衛團，自任團長，由於經費無著，維持了一段時期，便告解散。

民國十五年他三十歲，在江山縣悅來客棧，無意間邂逅文溪高小時代的老同學毛人鳳，一席長談決定了他的終生志業，戴雨農欣然就道，南下廣州，考取了陸軍軍官學校第六期騎兵科，編在一團三營七連，同時他宣誓加入國民黨，而且甫入黨便被推舉為連黨部執行委員。

國民革命軍北伐，國民政府定鼎南京。戴笠被選拔為騎兵營的列兵，加強訓練，準備北上作戰。清黨之役，他根據平時細心觀察，詳盡調查，一舉肅清騎兵營的二十餘名共黨份子，這是他受知於蔣總司令，寖假從事情報工作之始。

黃浦二期學長胡靖安，是戴笠在廣州入伍時期的舊相識，風聞戴笠清黨建立殊功，當時他正擔任蔣總司令的侍從副官，負責蔣總司令的警衛，兼且偵報各地的軍政重情，提供蔣總司令參考。胡靖安對戴笠器重賞識，於是也邀他參與自己的情報工作。

民國十六年八月十五日，蔣總司令為促成寧漢團結，不吝功成身退，宣告下野，蒞奉化溪口故鄉掃墓以後，便轉赴上海，買棹東渡。行前，杜月笙曾登輪謁見，並且派出手下弟兄，密佈碼頭四週，加強警衛。當時，戴笠也上船去請謁校長，陳明在蔣總司令旅日時期，願予蒐集各方情報，寄送校長參考。在這一段時期，戴笠尤曾聯絡十二位擔任團長的黃浦同學，聯名發表通電，懇促蔣總司令回國復職。

中樞無主，人心惶惶，十二位團長的籲請，發皇為全國同胞的熱切嚮往，十七年元月四日，蔣總司令俯順輿情，勉應舉國人士的籲求，返京復任，繼續北伐，底成中華民國的一統大業。這一年，戴笠三十二歲，他被委派為國民革命軍總司令部聯絡參謀，正式主持情報工作。一年後，他便被擁兵割據的軍閥，朝秦暮楚的政客，視為不共戴天的讎敵，十八年十二月，在平漢鐵路前線稱變的唐生智，即曾懸賞十萬大洋，要買戴笠的腦袋。

民國二十一年三月十八日，軍事委員會成立，蔣委員長就職，召開軍事會議，四月一日成立前所未有的軍事情報機構，蔣委員長指定由戴笠主持，並且派唐縱為書記，鄭介民為偵查科長，邱開基為執行科長。

此一軍事委員會的核心組織，重要機構，和杜月笙第一次交往，就鬧得很不愉快。一日執行科長邱開基專誠到華格臬路拜會杜月笙，有要事商談，當時邱科長穿一襲藍布長衫，上門來時一不遞名片，二不說來由，他為保持機密百事諱莫如深，杜公館的司閽卻無法偵知他是甚等樣人，一語不合，拉長了臉，硬將這位執行科長給轟了出去。邱開基難免憤懣不平，口出怨言，事後不久遂為杜月笙所偵知，他三尸暴跳，極為懊惱，除了重責有眼不識泰山的司閽，苦於莫測高深，無從解釋，為此，他曾一再揚言乾脆把煙賭兩檔都收了，免得動輒得咎，腦筋傷透，縱使做煞也是吃力不討好，四面八方，應付難週。

13

惺惺相惜肝膽以照

自民國二十二年設立以來，即已蜚聲海內，視為無線電工作人員養成所的三極無線電學校，便是戴笠為了吸收專門技術人員所創辦。學校設在上海，被軍統局吸收的人才則再送往杭州訓練。由於這一項措施，軍統局的秘密通訊系統，漸次建立。軍統的組織日益擴大，到了二十四年七月，全部人員乃自一百四十五人增加到一千七百二十二人，三年之間，增加了十二倍。

戴笠對於國家民族的最大貢獻，在抗戰以前，厥為民國二十二年閩變的敉平，他除了蒐集叛軍部署情報，並曾冒險入閩，策動十九路軍六十一師毛維壽和六十師沈光漢部相機反正，使李濟琛、陳銘樞等人的叛亂為之冰釋瓦解，大流血的內戰，因而避免。此外如民國二十五年的「兩廣事件」，倘若不是戴笠派鄭介民秘密南下，策反粵軍，使巫劍雄、黃質文的兩個師，鄺文光、鄧瑞功的兩艘魚雷艦，以及粵方全部空軍全部飛離廣東，歸順中央，使陳濟棠陸海空三軍不戰而降，巨變因以傳檄而定；那麼，華南內戰早已爆發。否則那一仗要是打起來的話，兄弟鬩牆，兩敗俱傷，民國二十六年日本軍閥的大舉侵華，勝負如何，實難逆料。

民國二十五年十二月西安事變，蔣委員長被張學良、楊虎城劫持於西安，消息傳出，舉世震駭，張學良、楊虎城實已稱兵叛變。當時戴笠正在廣東處理緝私工作，聞訊他立刻趕返南京，十月二十二日，他不顧友人和同志的勸阻，抱定必死的決心，陪同蔣夫人直飛西安隨侍蔣委員長，效法蔣委員長赴難永豐軍艦伴從國父的精神。他一到西安就被監視，張學良曾親自去看他，出示一份東北軍軍官的聯名簽呈：「請速殺戴笠，以絕後患。」

當時，這位硬漢便大義凛然的抗聲答覆：

「主辱臣死，古有明訓。現在領袖蒙難西安，凡是領袖的部屬，便決不會忍辱偷生。戴笠怕死，就不會來此！不過我死以後，我的同志必將繼承我的志願，維護領袖，為國除奸！」

一腔忠義，竟使張學良為之懾服，他不曾殺戴笠，僅只將他囚禁。十二月二十五日張學良終於幡然悔悟，親送蔣委員長夫婦回南京，自縛請罪，事變結束，戴笠也恢復了自由。事後在他被囚的地下室中，有人揀到他遺留下的一張親筆便條，那上面寫著使他名噪天下，萬流景仰的幾句話：

「自昨日下午到此，即被監視，默察情形，離死不遠。來此殉難，固志所願，惟未見領袖，死不甘心！」

抗戰前夕，戴笠所領導的軍統，規模已很龐大，軍統人員的活動範圍，從通都大邑直至邊陲村鎮，乃至海外各地。這一股新興的力量，使一切中華民國的敵人，包括日本軍閥，外國列強，共產黨徒，陰謀禍國與為非作惡者，都因之頭痛萬分，極其忌恨，日本軍方特意給他們起個名字，叫「藍衣社」。

杜月笙和戴笠肝膽相照，都是至性中人，他倆之間結識甚早，但都只能說是泛泛的點頭之交，不過自從西安一役，使杜月笙對於戴笠，更增惺惺相惜之感。因此，民國二十六年八月十五日那天夜晚，當戴笠的一張名片遞進杜公館，杜月笙確實是不勝欣喜，頗有倒屣相迎之概，但是當他和戴笠分賓主坐定，數語寒暄，戴笠直截了當的說明來意，卻竟使杜月笙大費躊躇。

因為戴笠指手畫腳，侃侃而談，他所提出的請求和計劃，在做了半輩子太平紳士、社會領袖的杜月笙聽來，委實過於瘋狂與大膽。

就在不及半月之前，戴笠在天津憑幾則電令，無中生有，組成了一支兩千餘人的軍隊，擁有長短槍七百餘支。這是他電令軍統天津站長設法組織「便衣隊」，在敵軍倫領地區，從事襲擊敵軍，由於愛國青年的同仇敵愾，紛紛自動投効，不數日間便成立了兩千多人的勁旅，這一次的成就激發了戴笠的雄心壯志，他親赴上海往訪杜月笙，想用「別慟隊」的名義，在上海擴大範圍，建立一支人數更多，力量更強的新軍。

14

蘇浙別慟隊建軍史

極其興奮熱烈的，戴笠滔滔不絕，向杜月笙透露他的驚人計劃，他希望這支新軍能有足夠的兵力，分佈於滬西、浦東和蘇州河一帶，正式協助國軍作戰。由於此一地區是如此的繁複和遼闊，使杜月笙忍不住打斷了戴笠的話，他試探的問：

「戴先生所講的足夠兵力，大致需要多少人呢？」

回答簡潔而乾脆，戴笠斷然的說：

「最低限度，要一萬人。」

杜月笙聽了，不禁倒抽一口冷氣，旦夕之間要組成一萬大軍，真是談何容易？如果是打相打，吶喊助威，聚眾滋事，憑杜月笙在上海工商兩界的龐大勢力，白相人地界的無上權威，莫說萬兒八千，便要十萬八萬的人馬，也是叱嗟可辦，然而戴笠是在說編組軍隊，在頑強敵人的大砲機槍飛機炸彈之下，叫黃浦灘上吃油著綢，紙醉金迷的少年兒郎，脫下便服，著上軍裝，長期離開家庭，別妻離子，不經訓練就上火線去打仗。杜月笙容或豪情勝慨不改，脫得下這件長衫，再去當一名中將少將，可是，他能拖得動上萬兒郎不惜拋頭顱，洒熱血，為國犧牲嗎？

戴笠看他沉吟不語，煞費躊躇，頓時便加重語氣的說：

「這是一件很重要的事情，抗戰前途，與此大有關聯，所以，我離開南京以前，已經跟蔣委員長請過示了。委員長認為事在必行，他並且答應，所有的番號、軍械、彈藥、糧餉，都可以由中央頒發。」

一聽中央，一聽蔣委員長，杜月笙便眼睛一亮，與此同時，心中也作了決定。既然戴笠極力主張，蔣委員長也認為事在必行。那麼，不管成功與否，結果如何，就唯有盡量的朝這個目標去做。

卻是，他還不敢肯定的答覆，先說是：

「既然這是一件大事，那我們就得多找幾位朋友，分頭設法，大家幫忙。」

「杜先生這個話說得很對。」戴笠劍及履及，行動敏捷，答話時，便已掏出了紙筆：「我們彼此商量，開一個籌備者的名單出來。」

兩個湊在一起，有商有量，不多一會兒，便開出了一張洋洋乎大觀的名單，政界的要人，有上海市長俞鴻鈞，新任廣東省主席吳鐵城，金融工商界的貝祖貽、錢新之，軍警兩界的則有吉章簡、蔡勁軍，杜月笙、戴笠都是當然委員，此外再拉上一位杜月笙的老朋友，精通韜略，擅長指揮大軍作戰的劉軍長劉志陸。

名單擬好了，戴笠很高興的搓搓手說：

「籌備的地點，暫時就設在三極無線電學校。」

三極無線電學校，便在法租界辣斐德路，距離杜月笙姚氏夫人的住處不遠，這個安排，對杜月笙來說，當然是很方便。

談到行動隊的編制，和人員的募集，戴笠條分縷析，甚為輕鬆的說：

「杜先生，募集一萬人馬，其實並不太難。我說的五個支隊，和一個特務大隊，我在京滬一帶負責情報和行動工作的人員，集中起來，編一支隊一特務大隊，綽有餘裕。還有此刻正在受訓的高中以上學生，要他們投筆從戎，自動參加，我想得個兩三千人，應該沒有問題。照這樣算起來，杜先生你這邊只要號召個六七千人，編成三個支隊，就盡夠了。」

說得杜月笙也興奮起來，他當時便道：

「方才我也想到了的，上海各區的保衛團，有人，也有槍，而且多少受過一點訓練。他們的團長，多半是我的學生，譬如說閘北保衛團團長洪雁賓，吳淞保衛團團長唐承宗……，叫他們去問問保衛團的弟兄，願不願意參加？我想，找個千把人，或許不生問題。」

「對呀！」戴笠歡喜得一拍掌，又提醒他說：「杜先生，你莫忘了，你還有兩員大將。」

「那兩個？」

「陸京士和朱學範。」

「啊！」杜月笙恍然大悟，當下便說：「戴先生的意思，是到工人中間去徵集？」

「當然囉！」戴笠說得很有把握：「上海工人有一百多萬，他們大都是愛國不肯後人的，請陸京士他們站出來一號召，集合幾千人，那還不是言話一句。」

15 一聲號召萬人從軍

八月十五，杜月笙、戴笠的一席長談，便這麼奠立了「蘇浙行動總隊」、「忠義救國軍」的成立基礎，同時也締結了杜戴二人生死不渝的真交情，使戴笠成為杜月笙一生之中最親密摯切的好朋友，同時，更重要的，由於這一次會，竟使行年半百的杜月笙，在他往後的十四年生命中，命運與前程，全部為之丕然改變。

經過杜月笙、戴笠、和其他相關人士的一致努力，他們在短暫的一兩個月中，完成了中國歷史上破天荒的奇蹟，一支出生入死，百鍊雄師在指顧之間倉卒成軍，人數多達一萬另八百餘人。此一新編勁旅，在民國二十六年九月上旬，分別由蔣委員長以支未、陽巳兩次電令，頒給「蘇浙行動委員會」，和「蘇浙行動委員會別慟隊」的番號。行動委員會設三位常務委員：杜月笙、戴笠、劉志陸，十五位委員，杜、戴、劉，和負責籌備諸人之外，又加上了財政部長宋子文，軍方的俞作柏、張治中，此外還有杜月笙硬拖進去的嘯林哥——張嘯林，由於張嘯林在抗戰初起時便不斷的發出頹廢悲觀論調，使杜月笙關懷舊侶，防患未然，先把他的名字列入委員名單，免得他果真落水當了漢奸。

別慟隊的五個支隊，第一支隊長何行健，別號天風，是杜月笙的學生，第二、三兩支隊長同為杜氏愛徒陸京士與朱學範，這三個支隊，人數共達七八千，其組成份子以各業工人為主。杜月笙很佩服戴笠的神機妙算，料事不爽，陸京士、朱學範在各工廠中原有不公開的護工隊組織，專以保護工人，反對共黨為目的，他們以護工隊為基本骨幹，徵求自動報名從軍，不出幾天，四千名的員額居然登記屆滿，如果再招，只有更多，愛國工人的熱烈表現使「行動會」的委員大為感奮，於是第二、三支隊順利組成，分由陸京士、朱學範每人率領兩千隊伍，書生報國，當起獨當方面的作戰指揮官來。

第一支隊長何行健所率領的，也有兩千多人，來源都是清洪兩幫的弟兄，聽了杜先生的言話一句而來，白相人地界的朋友肯著二尺五的軍裝，抗七斤半的步槍，跟東洋正規軍隊拼命、打仗，由此可見杜月笙對於他們，有多大的影響力量。

別慟隊正式組成，戴笠迅即在青浦成立技術訓練班，又在佘山成立教導團，更設特訓班於松江。由於地點小，人數多，一萬另八百條好漢，便只好分批予以短期的訓練。訓練的項目，則除開作戰以外，另外加上了從事游擊戰所必須的技能：偵探、破壞、突擊和暗殺。

戴笠原在京滬一帶的部下，都編為第四大隊，由軍統幹部張業任支隊長。第五支隊長也是戴笠舊部陶一珊，他帶的是自動投効，曾受軍訓的熱血青年，以及高中以上學生軍訓總隊的全體官長學生。

蘇浙行動委員會的書記長，由戴笠親自擔任，行動隊的總指揮，則由杜月笙推薦了他的老友劉志陸。

倉卒編組一萬餘名軍隊，事情真不簡單，中央的命令，行動隊的被服裝具，一律自備，武器彈藥，應由當地的駐軍撥給。駐軍只撥了一部份，數量實在不夠，於是杜月笙他們便到處設法，徵用民間所存的各種武器，其間以各保衛團的捐獻為最多，上海金融工商界，也捐了些錢，購辦一些。

閘北、江灣，中日大戰打得如火如荼，天崩地坼，整個黃浦灘，成天到晚都聽到隆隆的砲聲，和咯咯的槍響，抬頭一望，便是烈燄騰霄，濃煙蔽天，淒厲恐怖的戰爭景象，使黃浦灘五百萬人觸目驚心，同樣的也讓他們熱血沸騰，義憤填膺。以杜月笙為例，自八一三戰幕揭開，他便步入一生中最繁忙緊張的一段時期，每天從早到晚，由晚入夜，他有數不清急於晤面的訪客，也有無其數的事物在等待他決定和處理。別慟隊的成立和編訓急如星火，救國公債的募集也勢同燃眉，抗敵後援會裡百事如麻，從腦滿腸肥，日進斗金的大老闆，到三餐不繼，形容枯槁的黃包車夫，他們人人踴躍輸將，個個爭先捐獻，黃金美鈔，法幣銅板，醫藥用品，毛巾肥皂，把所有的「後援會」辦公地點堆成了五花八門，無所不有的百貨公司。這許多慰勞物品和金錢，都必需逐日統計公佈，並且送上前線。

16 軍中所需要啥捐啥

中日大戰越演越烈，東洋軍隊不斷增援，我國各地的部隊也在源源不絕，投入上海戰場，川軍滇軍，中央部隊，上海戰事最烈時期，在淞滬一線的部隊多達五十餘萬，這麼雄厚的兵力集結，誠然開上海亙古未有之壯觀。杜月笙個人不管怎樣繁忙，他抱定一個主張，每逢有大部隊開到，他便不惜親冒鏑石，上最前線去勞軍。他帶去大批的慰勞品，同時也帶回前線將士的需要。當前敵總指揮張治中到了，他便帶了大隊人馬前往真茹前線訪問，張治中和他晤談甚歡，於是在臨別的時候，杜月笙又照他的老規矩，殷殷的問：

「總指揮這邊還需要些什麼？」

張治中也就老實不客氣的告訴他說：

「現在軍中最需要的是交通通訊器材，譬如電話機，機器腳踏車一類的傳令工具。」

杜月笙立刻便慨然擔承的說：

「請總指揮放心，我們今天回去，一定盡快的送來。」

一行慰勞人士，精疲力竭的回到抗敵後援會，杜月笙不理眾家弟兄的勸促，不肯回家休息，他氣喘咻咻的關照他手下人：

「火速去買一門電話總機，十架分機，還要四部機器腳踏車，派人連夜送到張總指揮那裡。」

手底下人反問一句：

「阿是用會裡收到的捐款？」

「不，」他斷然的答道：「這是我自家要捐的，跟會裡不生關係。」

看他已經累乏得狠了，杜月笙的隨從又在勸：

「交代過了嘛，可以回去休息休息了。」

「不，」口吻異常堅決：「我要看到東西送出去了再回去。」

還有人以為他過於操心了呢，果不其然，隔不多久，派出去採辦的人打電話回來，電話總機，市面缺貨，無論出多少價錢都買不到。

急了，還不相信，當時命人到處打電話，徵購電話總機，事實證明無法搜購是實情，杜月笙唯恐前方需要殷急，又怕自己輕諾寡信，他向坐在對面的吳開先說：

「實在沒有辦法，只好先把我中匯銀行的電話總機拆下來，送到真茹去。中匯銀行沒有總機不生關係，前方實在是需要得急。」

說罷，便撥電話到中匯銀行吩咐拆電話，正在這時，有人滿頭大汗的跑了回來，進門就說：

「好不容易找到西門子洋行有一架電話總機，結果又是不行，西門子洋行說是人家定的。」

「西門子洋行？」杜月笙眼睛珠子一轉，頓時便改撥電話，打給楊志雄，他高聲的說：「喂喂，楊老雄，你做過西門子的總顧問，我現在有樁事體託你……」

取銷別人的定貨，買下正在缺貨的這部總機，此一交涉不但頗費週章，而且十分難辦。不過經過楊志雄的快馬加鞭，奔走談判，總算不負所託，順利買下。杜月笙耐心的等了好幾個鐘頭，然後親自目送諸物齊備，夤夜運往真茹前線。

右翼軍總司令張發奎抵達浦東督戰，杜月笙因為時間來不及，先派代表去拜訪、慰問，同時也說了：

「請問貴部有何所需？」

張發奎哈哈一笑，直率的答道：

「我的部隊，一切軍需齊備，並不需要後方任何供應，只要多來幾位朋友，給弟兄們打打氣就好。」

17

裝甲汽車送張發奎

代表回報，將張發奎的話一一說了，杜月笙頗覺抱歉，又很感動，便去和吳開先商量：

「張總司令的豪爽坦白，真正令人欽佩。他說他們不要物品供應，只是歡迎我們多去幾個人鼓勵士氣，不過，站在老百姓的立場，跑去幾個人，空口說白話，什麼慰勞品都不帶，似乎不太隆重。所以我想總歸還是要送點東西過去，現在問題是張總司令不開口，我還不曉得送什麼東西的好了。」

吳開先回答他說：

「上海市民送到後援會的毛巾、香煙、罐頭、食品堆積如山，我們爽性多運一點去，讓張總司令部下的官兵，一人分到一件，大家歡喜歡喜，杜先生你看如何？」

杜月笙莞爾一笑，說道：

「好是好，不過光送這些，彷彿還是不夠莊重，我曉得張總司令作戰勇敢，他總是不避危險，經常出入第一線。他是國家堂堂的大將，他的安全非常要緊，因此我想買一部裝甲保險汽車送給他，他坐裝甲汽車在前線指揮，不是可以保險得多了嗎？」

「好極了！」吳開先熱烈贊成，但是，當他轉念一想，又覺不妥，因而他擔憂的說：「後援會存的捐款雖多，但是裝甲汽車也是市面缺貨，買一部可能要花一萬多，尤其車子是送給張總司令私人的，就怕引起物議，反而不美。」

杜月笙揚聲大笑，說道：

「哎呀，我祇不過問你老兄贊不贊成罷了，你既贊成，買裝甲汽車的錮鈿我自會得出，我出錮鈿買了來，再用後援會的名義，送給張總司令。」

吳開先覺得又要杜月笙大為破費，而且他出錢出力，向不沽名釣譽，心裡面固然佩服，但他為朋友著想，如果常務委員會通得過撥款買車，還是莫讓正在四處舉債的杜月笙再花大錢好，因此他還是向後援會常委會提出此案。其結果，是杜月笙堅持自家開銷，用後援會名義送往前線。

數日後，一輛簇新的裝甲保險汽車買到了，杜月笙邀同錢新之、吳開先、潘公展、陸京士、陳小蝶等人，押送新車，外加實行吳開先「一人一件」主張的大批慰勞品，由外灘渡江，送到浦東前線，直抵張發奎的總部，實施精神、物資的雙重慰勞。

這一部杜月笙私人斥資購贈的保險裝甲汽車，張發奎一直用到抗戰末期，六年多後，張發奎時任第四戰區司令長官，駐防桂林，有一次，吳開先赴桂林公幹，張發奎為盡地主之誼，予以接待，他和吳開先一道坐在那部車上，還特意提醒吳開先說：

「吳先生還記得這部車子嗎?就是民國二十六年，你們上海抗敵後援會送給我的啊。」

吳開先當然記得，不過他當時祇是笑著點點頭，他仍然不曾道破：

「其實，這部價值逾萬的保險車，是杜先生私人買來送給你的啊！」

吳開先回憶往事，他曾懷念不已的說：

「當時，杜先生對於抗戰，捐款之多，真是不可勝數，以上所說的兩則故事，僅只是我個人親眼目睹，而且最不能忘的而已。」

最不可思議的一件事，便是當杜月笙毀家紓難，參加抗戰，把支援前線，推銷公債，編組新軍的工作幹得有聲有色，勁道十足的同時，日本軍要、特務頭腦、親日人士和準備刀口舔血，混水摸魚的漢奸，卻依然想得出法子，找得到空檔，對杜月笙施以威脅、利誘、百計糾纏，他們想盡一切方法，不惜一切代價，目的只有一個，那就是利用杜月笙在上海灘深厚的力量，幫助他們早日占領上海，徹底有效統治並運用遍地黃金的黃浦灘。

乍聽起來這簡直是癡人說夢，與虎謀皮，像煞不近情理的笑話奇談，但若認真分析起來，大風起於蘋末，每一件事情的發生，必定有其背景與起因。日本人侵略中國，有如水銀瀉地，無孔不入，黃浦灘上有一個路路皆通，無往不利的杜月笙，日本人早就百計籠絡，希望拉他過去大加利用，上海的日本總領事館，陸軍部、海軍部的特務機關，甚至於每月列出經費預算，專做杜月笙的工作，派人窺伺刺探，跟蹤調查，將杜月笙的交往情形，生活狀況，列成專案，經常分析研判，向上級提出報告，作為爭取杜月笙的參考資料。

18 永野之餌三千萬元

戰前的日本憲法，陸相海相由各該兵種自行推舉，他們直接受命於天皇，不受首相的節制。非但如此，陸相、海相還有權決定參加內閣與否，這也就是說：只要陸相海相搖一搖頭，內閣便必倒無疑，在這一層取捨的大權，於是日本的政黨內閣只有被軍閥們牽著鼻子走，內閣的政策和施政，常被軍閥所左右。日本戰敗以前軍閥之拔扈囂張，與乎每屆首相組閣時的輒常難產或流產，其故即在於軍閥可以藉由他們的特權直接操縱政局。

在這種奇特而微妙的政治制度下，日本對外侵略的主張乃分為三大派系，譬如說文人政客寧願持重，認為對中國應自經濟侵略入手，寖假掌握一切的人力物力資源，以及龐大的市場。海軍覺得中國已是日本的囊中之物，不必浪擲兵力，挑起戰火，他們主張向南洋和美國進軍，以為日本陸軍應該專為對付聯而用。陸軍以少壯軍人和關東軍系為中心，堅決主張先解決中國問題，取得廣大的人、物力資源，充作侵略全球的基礎。

同一個國家、同一個內閣、同一個時期，始終都在進行三頭馬車政策，陸軍海軍專橫跋扈，自行其是，內閣中的政客也不得不另闢途徑，以便在惹出大禍時作為緩衝。於是，形諸於外也就各有各的手法，各有各的機關，各有各的辦法，甚且各自開闢各人「特別經費」的財源。

狂風巨浪中也有小小的急湍漩渦，中日大戰初起前後，杜月笙便曾陷在日本政、海、陸三方面的漩渦之中，經過一番糾纏，生出許多麻煩。

有一個很顯明的例子，足以證明日本海軍對於挑起中日之戰並不熱中。就在抗戰前夕，日本海軍軍令部長永野修身，從日內瓦回日本時途經上海，他曾由翻譯官，和日本駐滬總領事陪同，到法租界華格臬路，登門拜訪杜月笙。

杜月笙非常訝異，因為這位日本海軍大將，竟是專程前來跟他談生意。永野修身推崇杜月笙在金融工商業方面的「長才」，認為以杜月笙的聲望和才具，應該放開手來做大買賣，當杜月笙遜謝的說：一來自己眼高手低，不是經營大事業的材料，二來做大買賣需要大本錢，他沒有這個能力。於是，永野修身便立刻提出實際方案，他這個方案是足以令人疑信參半，驚喜交集的，他說：日方準備投資日幣三千萬元，和杜月笙開一爿「中日建設銀公司」，他並且坦白供承：日方所以這麼做的目的，是要跟宋子文所辦的「中國建設銀公司」別別苗頭，搶搶生意。他不相信「中日建設銀」，做不過「中國建設銀」。

永野修身的提議大膽已極，但也非常切合實際，他為杜月笙描繪美的遠景，上海有日本海軍的機關，駐軍也是海軍陸戰隊，倘使說得更明白一點，日本陸軍的勢力在東北與華北，華中華南則屬於海軍的，以日本海軍艦隻與陸戰隊，加上受他們操縱指揮的僑商和浪人，——配合杜月笙在上海的廣泛人緣，深厚潛力，莫說「中國建設銀」不足為懼，甚至他們能夠掌握整個華中和華南的資源和貿易，倘若以發財而論，這一個機會實在是舉世無儔，空前未有。

儘管永野修身說得舌翻蓮花，天花亂墜，杜月笙曉得他有誠意，而且所說的話也是真的，但是他始終保持禮貌的態度，微微而笑，凝神傾聽，等永野修身把所有的話說完，杜月笙非答覆不可了，他卻是眉頭微皺，連聲苦笑的在搖著頭，他說：

「我是中國老百姓，無錢無勢，永野部長先生未免太抬舉我了。」

於是永野修身趕緊聲明，他所說的都是由衷之言，希望杜月笙不要藉詞推托，說兩句客氣話敷衍了事。這樣，豈不是辜負他一片誠心了嗎？

逼著要攤牌，杜月笙只好這麼說了：

「一個中國老百姓，去跟外國的政府機關合資開辦公司，這恐怕有點不合體制吧。」

連這個說法都不能使永野修身知難而退，因為他還備有十分遷就的第二套方案，那便是由杜月笙自己出面組設一家規模宏大的銀公司，其所需資金則全部由日方供給，銀公司的經管方法，和日本海軍方面的陰為助力，尤其悉照前議。

杜月笙簡直無詞推諉了，他祇好虛晃一槍，暫且避過，他說：

「這是一件大事，請永野部長給我一段時間，容我詳加考慮。」

多日後，他派人往見日本海軍駐滬武官，請他轉陳永野修身：

「前此所談，極感盛意，惟礙於國家民族之義，未敢從命，歉仄之處，伏祈鑒諒。」

19 土肥原來不許他走

八一三滬戰既起，日本特務人員千方百計，遊說勸促，糾纏不休，利誘之不可，甚至於施之於恫嚇威脅，小角色施盡解數，無計可施，則更派出一等一的高級軍要。日本人彷彿亦已下定決心，讓杜月笙留在上海，幫助他們統治這即將陷落的中國第一大都市。他們低估了杜月笙的愛國熱誠，偏又將杜月笙對他安身立命所在的大上海之戀，估計太高，他們認為杜月笙決不會離開他的根據地——上海，捨不得放棄他在上海擁有的「龐大」事業，尤有一層，杜月笙是上海人的杜月笙，上海人從富商巨賈到販夫走卒，娘姨聽差，都和杜月笙有一層深厚摯切的感情，他和她們不能想像黃浦灘上突然不見了杜先生。

正由於日本過分致力蒐集有關杜月笙的情報，使他們的判斷發生錯誤，日本人對杜月笙的生活情形非常瞭解，他要賭一場十萬八萬的牌，接濟無其數的朋友和貧苦，萬金一擲，了無吝色，他有一個龐大而安富尊榮的家庭，杜月笙的家人從不曾有一日吃過苦頭。再說他自己吧，日本人不相信他不怕「龍遊淺灘遭蝦戲，虎落平陽被犬欺」，杜月笙離了黃浦灘，他往那裡走？

更重要的，根據日本人的情報資料顯示：杜月笙經濟拮拘，債台高築，民國二十六年八月間，他積欠各銀行和私人的款項，業已高達三百餘萬元。

將杜月笙「絕對走不了」此一判斷深信不疑，日本人便多方面的下功夫，由於許多二等角色游說的失敗，曾經當過張作霖的顧問，日本關東軍要角的板西利八郎，居然高軒莅止，光臨杜寓。板西一連拜訪杜月笙好幾次，利用他在日本軍部的崇高地位，和顯赫聲勢，他曾當面許過杜月笙，一俟皇軍完成佔領上海，他將畀予杜月笙許多重大的政治、經濟利益。

杜月笙起先和板西利八郎虛與委蛇，凡事避免正面答覆，漸漸的他使板西失卻了耐性，杜月笙的太極拳打得不著邊際，於是板西一怒而去。

利誘失敗，再繼之以威迫，緊接著板西不斷登門拜訪的是換穿便裝、相貌堂堂的肥土原賢二。這個日本侵華的急先鋒，心黑手辣，殺人如麻，他是日本特務的開山祖師，從東北而熱河、而冀察——天津、豐台、冀東和香河，但凡他所到的地方，要不了多久必有重大災禍。在華北一帶，肥土原這個名字，大有止小兒夜啼之概。土肥原綽號亞洲的勞倫斯，他當過日本駐東北特務機關長、第五師團旅團長，二十六年七月中日之戰爆發，尤且高升日本大本營特務部長，當時他的軍階是中將，土肥原中將隨著滬戰南下，他鑒於板西利八郎的軟功失敗，因而在杜月笙面前唱起大花臉角色來。

土肥原一開頭便指出杜月笙沒有離開上海的可能，他聲勢洶洶的說：即有可能他也斷然不會允許，他將竭盡一切努力，截斷杜月笙離開上海的出路。打消他遠行的企圖，因此——

「杜先生你既已失去離開上海的一切希望，您就應該徹底而充份的和皇軍合作。」

除此以外，土肥原還氣勢洶洶，嚴詞指責杜月笙不該出錢出力，奔走呼號，如此熱心誠懇，廢寢忘食的支援國民政府，鼓勵國軍與皇軍對敵，造成皇軍的重大傷亡。他極力威脅的說：

「如果杜先生不肯為皇軍效力，我們要列舉你對皇軍的敵意行為，然後施以膺懲。」

面對著如此強橫霸道，無理可喻的土肥原，杜月笙真是啼笑皆非，怒火中燒，卻是他拿土肥原無可奈何，杜月笙住在法租界，土肥原有權揚長來去，旁若無人。更何況，他是日本大本營的特務部長，詭譎狡獪，神鬼莫測，杜月笙明明知道土肥原必然有備，斷乎不容杜月笙命人將他抓下殺了，此即所謂：「來者不怕，怕者不來！」

20

派飛機來盤旋監視

土肥原不愧為日本的特務部長，他能調兵遣將，故佈疑陣，當他一度拜訪，大放厥詞的第二天，下午，杜月笙為了聯絡方便，那些時一逕在辣斐德路辣斐坊十六號，姚玉蘭夫人的香閨裡見客。他正跟學生子徐懋棠促膝密談，軋軋的機聲，一陣陣的吵擾了他們的談話。

正感到煩躁，姚玉蘭一腳踏進客廳來，清脆悅耳的京片子，卻是在說：

「今兒個可怪啦，這架飛機，怎麼直在咱的頭頂上轉呀！」

一句話，驀地兜起杜月笙的一樁心事，眉頭一皺，側耳傾聽。——越聽越不對了，杜月笙虎的跳了起來，奪門而出，到了天井裡面，他以手遮陽，仰起了臉，朝天空眺望時，驟然臉色都變，莫不是土肥原的大言炎炎，真要兌現？可不是有一架東軍洋機，髹漆紅色膏藥，便在辣斐坊杜公館的附近，繞過來又兜過去，儘在頂空低飛盤迴。

大事不好，杜月笙滿面驚慌，憂心忡忡；折轉身又匆匆的跑回客廳，往沙發上沉沉一坐，他兩眼發直，誰也不理，定定的坐在椅上出神。

徐懋棠方才聽說了土肥原口出狂言，飾詞威脅；此刻便就明白，杜月笙為什麼會突然之間，跑到天井裡去看飛機，而且看過以後，立即神色大變。於是，這時他便低聲的喊：

「先生，先生！」

「嗯？」杜月笙像是猛的被他驚醒，眼睛望著徐懋棠，茫然的問：「啥事體？」

「先生，土肥原無非是逞逞威風，」徐懋棠忙道：「表示他能調動得了飛機，飛到這裡來兜幾個圈子，用意是嚇嚇我們。」

姚玉蘭插嘴說道：

「說不定他們也真的是來偵察什麼的，自從閘北江灣開了仗，咱們這兒，大門口天天車水馬龍，達官要人，出出進進。」

杜月笙依然不置一詞，只是望了姚玉蘭一瞥，做個無言的苦笑。

客廳裡靜了些時，飛機還在盤旋不去，三個人都在深思長考，默不作聲。終於，徐懋棠靈機一動，雙手一拍，歡聲的喊了起來：

「先生，我有個對付他們的好辦法！」

杜月笙望著他說：

「你且說來聽聽看。」

「先生，最近我在蒲石路買了一幢公寓，十八層樓的洋房。地點適中，房子也很講究。先生跟娘娘何不搬到那邊去住，一來避人耳目，二來十八層樓公寓房子，先生住在中間，日本飛機即使再來，也是什麼情形都看不出來的呀。」

杜月笙一想，這個主意確實不錯，問聲姚玉蘭，她說毫無意見，於是一聲決定，說搬就搬，姚玉蘭從辣斐德路搬到蒲石路，住進十八層樓的公寓大廈，時間一久，上海人便改口稱她為「十八層樓太太」。

張嘯林在浙江避暑聖地莫干山，置有一座別墅，修竹萬竿，一色青碧，因此號為「林海」。八一三滬戰一起，此公閒情逸致，百事不問，那管黃浦灘上打得天翻地覆，屍山血海，他卻一個人悄悄的上山歇夏，享他的清福。但當滬戰一打三個月，日軍精銳齊出，立體作戰，國軍寸土必爭，漸呈不支，眼見即將轉移陣地，日本人便更積極於從事統治上海的準備，對於杜月笙，爭取更急，由軍方定計，一面嚴密監視他的行動，一面穩住上海三大亨之二，勸黃金榮一動不如一靜，保證他的生命和財產，再派人潛往莫干山，跟他密談，叫他如此這般，討個日本老倌的喜歡。張嘯林局門山中坐，貴賓遠道來，當下不禁大喜，立即匆匆就道，遄返上海。

一到上海，杜月笙便得到了消息，他很歡喜，興沖沖的穿過中分杜張兩家的那扇月洞門，一進張嘯林的客廳，便親親熱熱的喊了聲：

「嘯林哥，回來啦！」

張嘯林把鴉片煙槍一放，身子抬也不抬，他側過臉來，望杜月笙一瞥，十分冷淡的回一句：

「月笙，這一晌你大忙啊。」

一聽這話，便知大帥有點不對勁，杜月笙決意陪小心，他裝一臉的笑，走過去，就在張嘯林的對面一靠，於是兩老兄弟並排躺著，隔盞煙燈，杜月笙搭訕的說：

「倒是越忙精神越好。」

張嘯林不答，也不理他，引槍就火猛抽，他故意將那極品雲土光噴不吸，一口口的煙噴過去，把杜月笙那張臉，緊裹在雲霧之中。

21 大帥趕來針鋒相對

老弟兄別後重逢，怎可以不搭腔的呢？杜月笙忍不住了，便又開了口道：

「嘯林哥，最近前方的消息不大好。」

直等到那一筒煙抽完了，張嘯林才一聲冷笑的答道：

「干我屁事！」

「嘯林哥，」喊一聲，又頓一頓，杜月笙的語調，表示他的關切是出乎至誠：「難道說，東洋人打來了，你還留在上海？」

把煙搶重重的放下，張嘯林豹眼一睜，咄咄逼人——

「那能（怎麼樣）？東洋人要打進法租界呀？」

杜月笙勉強保持笑容說：

「進租界，我看一時還不至於，不過……」

一語未盡，張嘯林便已搶著打斷了他的話說：

「東洋人既然不會進租界，你喊我跑個啥？」

「不過，」杜月笙著急的說：「東洋人佔了上海，這租界就成了孤島，我們總不能困在這裡，十年八年出不了這幾條大街呀？」

一個欠身，虎的坐了起來，張嘯林目光閃閃，直盯著杜月笙，於是杜月笙也坐直了，兩兄弟面面相對，一問一答，卻是越問越快也就越答越快。

「到時候你出了租界又怎麼樣？」

「只怕東洋人不肯放過我。」

「東洋人為啥不會放過你？」

「因為我是中國人。」

「東洋人到中國來了就不要中國人了呀？」

「這個——我杜某人決不做亡國奴，受東洋人的欺侮。」

「東洋人什麼時候欺侮過你了？」

「嘯林哥，你聽到外面轟隆轟隆的砲聲沒有？你曉不曉得？東洋人每發一砲，我們要死多少同胞？」

「對不起，我沒有算過，我只要砲彈不在我的頭頂心上開花就好。」

「嘯林哥……」

又不答話了，張嘯林陰陽怪氣，身子一歪，閒閒的挑出煙膏，自己燒煙泡。

又歇了半晌，杜月笙下定決心，毅然的說：

「嘯林哥，無論如何，我們要一道走。老弟兄了，不分生死，我們都要在一起。」

張嘯林故意打個岔，反問一句：

「走到那裡？」

「香港。」

「你在香港有田？有地？開得有銀行？辦得有工廠？」

「我什麼都沒有，」杜月笙誠懇的說：「但是中央政府……」

「中央政府給你幾個錢一月？」

「嘯林哥，你曉得我一生一世不會做官的。」

「那麼，你要我跟你到香港去跳海？」

「不，嘯林哥，少年子弟江湖老。有道是：『在家靠父母，出門靠朋友。』

「你忘記了，月笙，你跟我一樣，這一生一世齊巧就沒有靠過父母，我們的吃喝用度，是自己賺得來的，我們的花花世界，是自己打出來的！」

「就是說嘛，嘯林哥，我們到香港，一樣可以辦事業，開工廠呀！」

「你省省吧，月笙！」手裡的煙籤，啪的一聲，丟在煙盤裡，張嘯林冷諷熱嘲，先來一句，然後骨嘟嘟連喝幾口茶，抹抹嘴，哇哩哇啦的一陣吼叫：「自從前些年，為了一八一號你我兄弟鬧過一架，本來我打定主意，從此你走你的陽關道，我過我的獨木橋，我們何妨來個『蘿蔔青菜，各人各愛。』月笙你愛開銀行辦工廠，當那摩溫（No.1）首席紳士，當議長、會長、十七八個董事長，那你儘管去當。我呢，我愛洋錋，我要發財，我還是做我的土，做我的賭，等到國民政府當家，新生活運動一來，土跟賭都做不成了，我就在租界上小來來，賺到了錢，小樂意，賺不到錢，我回家啃老本。月笙，你說這樣不是很好嗎？」

前塵往事，齊集心頭，面對老友，杜月笙覺得非常難過，他只喃喃的喊了聲：

「嘯林哥！」

「雖說我有心橋歸橋來路歸路，各走各的，但是月笙，」張嘯林聲音一低，就彷彿有不盡欷歔：「今朝事體不同，我眼看你就要一腳豁往大海裡去了，見得到想得到的，我若怕你懊惱而不說，那就是我對不起朋友。」

「嘯林哥，你請說。」

22 君子絕交不出惡言

「我剛才說過，你杜月笙所愛的調調兒，聲望呀，名氣呀，地位呀，現在你大約莫致都有了，這個，你有你的本事，做阿哥的不能不說一聲佩服你。你阿曾想到？除了一個名，這些年來你究竟得了些個什麼？社會公職擔任了幾十處，一隻角子不拿，還要倒貼開銷。銀行開了好幾爿，各有各的後台真老闆，董事長理事長掛了十七八個，說句不好聽的，月笙你數給我看看，有那一家真正是你杜月笙的財產。民國十六年愚兄陪你玩槍，打共產黨，那一年上你便欠了三百萬大洋的賬，替你還清債務的是土檔．這一次到了民國二十六年，十年以來，你那一年不是挖東牆補西牆，我替你算算你身上背的債，至低限度也有個三五百萬，你人在上海，還可以通融商量，你踏出上海一步，聲望地位扳了個莊，就不曉得有多少隻手向你伸過來？到那時候，你拿什麼錢去還？」

提起這個惱人的大問題，張嘯林以為杜月笙必將嗒然無語，垂頭喪氣，詎料，杜月笙竟會哈哈大笑，一開口便這樣說道：

「嘯林哥，承你指教，不過呢，對於錢財，我有我的看法，我不說什麼『生不帶來，死不帶去』，『錢財是身外之物』一類的話。我只是抱定一個主張，錢財用得完，交情吃不光！所以別人存錢，我存交情，存錢再多不過金出銀海，交情用起來好比天地難量！」

張嘯林語結，怔了半天，方始緩和語氣，換個題目來談：

「月笙，你倒給我說說看，東洋人有那點不好？」

「嘯林哥，你不必考我，」杜月笙深沉的笑笑：「你要我說東洋人的壞處，要末只有一樁，那就是自古以來，我們中國人從不曾跑到東洋去殺人放火，到處開槍！」

「我再問你一句，月笙，東洋人對於我們，會不會有什麼好處？」

杜月笙答得斬釘截鐵：「就算有好處，那也只是毒藥！」

「即使是毒藥，終歸是好處！」張嘯林卻把話倒轉來說，他又振振朋詞的道：「月笙，你阿曾想到，東洋人來了，可能把全中國都變成從前的勃蘭西地界，到了那個時候，你，我，金榮哥，還有無數的老弟兄，也許可以再開一個比大公司大十倍、百倍、千倍的大公司。」

杜月笙瞑目正容，虔敬的說：

「過去種種，都是惡夢！」

「我看你要坐禪入定了哩！」張嘯林其意至為憾然的說：「好了，月笙，我們不必再往下談，士各有志，無法相強。歸根結柢，我只問你一句：你以為我把心中的話，都跟你說過了麼？」

「說了。」

「那麼，我也告訴你，」張嘯林一臉苦笑的道：「我要對你說的，就祇剩幾句俗話了。你『兩眼不觀井中水，一心只想跳龍門』，謹防『物離鄉貴，人離鄉賤』，『剃頭擔子一頭熱』，我只巴望你不要有朝一日懊悔起來：『熱面孔貼了冷屁股！』」

「嘯林哥，不會的。」

「但願如此。」張嘯林嘆口氣，又扮出笑容來說：「月笙你幾時榮行？讓我為你餞個行吧？」

杜月笙笑笑道：「八字沒有一撇呢，還早。」

「你我的話都說盡了。」張嘯林不惜重複一遍：「從今以後，不論你我的遭遇如何，我們就算是問心無愧，彼此都很對得起了。」

「嘯林哥！」

「你去忙吧，月笙，」張嘯林忽又藹然可親的說：「我沒有事，還想香兩口。」

杜月笙又捱了會兒，黯然辭出，回到家裡，他像有了心事，悒悒不樂，久久不語。終於，耳畔起了腳步聲響，猛抬頭，看見是陸京士，心中一喜，臉色又復和霽，杜月笙展顏一笑，開口問道：

「京士，你來得這麼匆忙，是有什麼事嗎？」

「方才奉到命令，」陸京士走到杜月笙的跟前，坐下了，方始低聲說道：「別慟隊五個支隊，一律集中，看樣子，是有作戰任務了。」

「啊！」杜月笙頓即十分關切的問：「你們的三個支隊，被派到那裡呀？」

「上面叫我們分駐南市浦東，」陸京士壓低聲音答道：「協助國軍第五十五師，肅奸防諜，支援前線，掩護全軍從上海撤退。」

杜月笙神情沮喪，不勝黯然的說：

「如此說來，上海失守就在眼面前了。」

陸京士強顏歡笑，加以譬解：

「日本人誇口三個月可以解決全中國，但是我們在上海一地，就守了將近三個月。現在全世界都曉得了，中國軍隊火力遠比日本差，然而我們遠是能夠打。」

杜月笙心情沉重，鉗口不語，廳中靜寂許久，他方始再問陸京士：

「南市的防線在那裡？」

「聽說是沿日暉港，從法租界南界的斜工路，一直到黃浦江邊，北票煤棲。」

「這麼近！」杜月笙驚呼一聲，旋又面泛苦笑的說道：「跟辣斐坊只隔了三條馬路，我立在門口，都可以看得見你們打仗。」

「就是說嘛。」

「京士，」杜月笙語重心長，關照他說：「你們著上了軍裝，下面還有幾千名朋友，這個責任就很重大的了，為國家効力，希望你有始有終。戲詞裡面有『軍令如山』，有了軍人身份，便得接受命令，這可不是鬧得玩的。」

「先生，我曉得。」陸京士點點頭說：「我們著上了這身衣裳，就已經下了為國犧牲的決心。方才我們奉到命令，弟兄們聽說戴先生說了：叫我們沿陣線選擇堅固建築物體，作最後孤軍奮鬥的準備。我就向弟兄們訓話，我說我們此刻成了軍人，命令要我們死，我們就不能偷生，倘使有膽子小的朋友，打起仗來嚇得要逃走，那我可對不起，發覺了立刻槍斃！」

陸京士慷慨激昂，血脈噴張，杜月笙聽到了，轉覺心中難過，於是他站起身來，親暱的拍拍陸京士肩頭說：

「你是國家有用的人，我不會讓你輕易犧牲。京士，你放心，到最後關頭，我一定會有妥善的安排。」

師生二人又談了一陣當前軍情戰況，陸京士報告杜月笙說：

「何天風的第一支隊和第二支隊的一部，要派到浦東去掩護撤退，朱學範的第三支隊和陶一珊的第五支隊在一起，守南市，上面指定由陶一珊負責指揮。其餘的第四支隊、特務大隊，幾個訓練班的官兵學員，大概是跟著國軍往蘇洲、溧水、繁昌、九江一線撤退，到安徽祁門附近。」

陸京士辭出以後，便率領弟兄，進入浦東陣地，民國二十六年十一月九日，日軍陸續增援的第三、第五、第九師團，集中全力，對我展開全線攻擊。我軍因長期抗戰全盤戰略關係，開始轉進，歷時兩個多月的淞滬近郊戰事，於焉告一段落。

同日，杜月笙協助戴笠一手組成，由他的徒子徒孫作為主力的蘇浙別慟隊一、二、三支隊，開始從事阻擋敵軍精銳猛烈來犯的激戰，九日正午，我軍大隊業已全部後撤，第五十五師也只留下一個張旅，守南市的除了這一旅人，便是陶一珊、朱學範倉卒成軍的兩個支隊，他們抱必死的決心，利用熟悉的地形，和如潮湧來的敵軍逐屋作戰，此一兵微將寡的「烏合之眾」，清洪幫弟兄和大批勞工，居然阻遏敵軍猛攻，前後歷時三天之久，誓死不退，前仆後繼，不能不說是抗戰史上的一項奇蹟。在連續三日的鏖戰之中，敵機和重砲從早到晚，連番猛轟，長日硝煙彈雨，烈燄騰空，將人煙稠密，市廛繁盛的南市，所有房屋幾於全燬，夷為一片平地。

這一仗連續進行三天，使大隊國軍得以從容撤退，免除敵軍啣尾直追的威脅，保全了作戰實力，以及無數彈藥輜重，五十五師張旅和蘇浙別働隊因而立下了大功。戴笠的一著閑棋，誰也不曾想到，竟會發生如此重大的作用。

三、五支隊共有五千人馬，由陶一珊任總指揮，作戰最烈時期，戴笠派他的偵諜組長周偉龍，買了兩萬個麵包，命人冒著砲火送到南市，作為緊急食糧，五千弟兄便以麵包果腹，繼續作戰。不久戴笠又遣人送去兩百面國旗，力戰不屈的孤軍將兩百面國旗全部懸起，表示他們與陣地共存亡的決心。

在華格臬路杜公館，杜月笙和他的家人朋友，登樓一望，便可以看得見南市浦東濃煙處處，彈道交織成密集的火網，杜月笙視他的徒子徒孫有如家人骨肉，那三天裡面他焦灼徬徨，目不交睫，以致紅絲佈滿了兩眼，他不斷的眺望南市浦東，不斷的派人出去打聽消息。當他聽說敵軍攻勢越來越凌厲，南市守軍情勢危急，他便愁眉苦臉的在客廳裡往返蹀躞，急如熱鍋螞蟻。

陳氏太太，杜維藩、杜美如兄弟姊妹，還有一些親戚朋友，都守在客廳裡，闃無聲息，陪著杜月笙在乾著急。華格臬路杜公館的氣氛，緊張得幾乎凝結。驀地，萬墨林移步杜月笙身旁，悄聲的說：

「京士兄的太太來了。」

杜月笙立刻吩咐：

「快請。」

陸京士太太滿面憂惶的走了進來，杜月笙忙步過去迎接，他不讓陸太太說話，當著自己的妻子兒女，朋友傭人，杜月笙斬釘截鐵的說：

「陸家嫂，妳放心，我杜某人的兒子可以犧牲，但是我決不會犧牲京士這種人才的。」

陸太太深心感動，她噙住兩泡眼淚，嗚咽啜泣的說：

「杜先生，謝謝你。杜先生這麼講了，叫我還有什麼話說哩。」

於是杜月笙咬咬嘴唇，沉思半晌，然而在一廳肅然中，他彷彿下定了決心，撥轉頭來，交代萬墨林：

「我要跟戴先生通電話，你去聯絡一下。」

在電話裡，戴笠同意了杜月笙的建議，南市一戰，任務全部達成，再打下去，蘇浙別慟隊唯有全部犧牲，為了保全實力，繼續從事游擊，戴笠決定撤退。南市守軍，化整為零，一部份由杜月笙設法，進入租界，一部份轉進浦東，另行編組游擊隊伍。當時，戴笠放下了聽筒，立刻親筆寫好一道命令：

「蘇浙別慟隊應即放棄陣地，向法租界撤退。」

這一道命令，由戴笠面交宋子文，宋子文迅即送交杜月笙。杜月笙得了撤退命令在手，馬上就派人送到南市十六舖招商局碼頭，蘇浙別慟隊的指揮部。與此同時，他忙碌緊張，親自和法捕房連絡，南市的中國軍隊退入租界，請予便利協助，法國總領事說：

「杜先生的意思我們可以照辦，只不過，退下來的軍隊，必需按照國際公法的規定，全部解除武裝。」

杜月笙的答覆是——

「那當然。」

不過他還是難以放心，於是飛符召將，派出大批人馬，佈置在法租界鄰近南市的沿線，命他們接應，照料撤退過來的弟兄。另一方面，又有消息傳來，陸京士在浦東指揮作戰，他無法突破敵軍的包圍，杜月笙一聽又著了急，尤有陸京士太太關懷夫婿，一疊聲的：「怎麼辦呢？」於是杜月笙只好勉作笑容安慰她說：

「陸家嫂，妳不必著急，妳看我自有辦法，把京士接出來。」

想什麼辦法呢？杜月笙一口氣派出兩支小火輪，冒著槍林彈雨，駛往浦東美孚油棧碼頭，叫小火輪上的人，一定要設法接出陸京士，否則的話，杜月笙硬起心腸下了一道嚴厲的命令：

「你們也就不必回來了。」

民國二十六年十一月十一日下午，南市的蘇浙別働隊，紛紛奔向法租界，通衢要道，各個路口，都有法國兵和大批巡捕駐守。杜月笙派去的兄弟就站在他們後頭，每跑過來一個，解下槍枝子彈，交給法國兵或巡捕，便算恢復自由之身，杜門中人立刻迎上去，解衣推食，殷勤慰問，尤有聞訊不斷趕來的家屬親友，呼爺喊子，尋尋覓覓。撤退過來的弟兄雖然打了三天三夜仗，卻是一個個精神抖擻，神采飛揚，他們儘在訴說打東洋鬼子的經過，他們很亢奮，很振作，因為他們實已經過一生之中最壯烈闊大的一幕。

杜公館上下等得焦急緊張，一直守候到傍晚時分，由外入內，一路發出歡呼：

「京士兄回來了！」

杜月笙聞聲大喜，快步出迎，陸太太和大批親友跟在他後頭，陸京士滿面風霜，精神還好，他帶了兩名親信伴當，身挾兩支短槍，正準備冒死衝鋒，突圍而出，在碼頭上正好遇見杜月笙派來迎接的小火輪，於是他登輪出發，沿黃浦江而行，順利抵達外灘洋商碼頭，然後換乘汽車先到杜公館。

蘇浙別慟隊的五個支隊，何行健、陸京士的一、二支隊開赴浦東，他們在浦東建立了游擊基地，往後抗戰八年，他們不斷的與敵週旋。朱學範的三支隊，一部份撤回租界，後來成為地下工作者，一部份由俞作柏率領輾轉退到了安徽。唯有戴笠所部改編的第四支隊，遭遇最為悲壯慘烈，他們那一支隊在上海撤守初期，奉令由滬西挺進蘇州河北岸，佔領戰場要點，死守不退，掩護國軍向蘇州河南岸轉進。他們深入敵軍腹地，孤立無援，雖曾力阻敵軍陣前強渡，擊斃敵軍無數，但是他們在任務達成以後，兩千餘英勇的青年，竟然全部壯烈犧牲成仁。

第五支隊則跟二、三支隊一樣，化整為零，轉入地下，從此不斷的與敵軍戰鬥。

23 日軍佈下天羅地網

十一月初某一晚間，大家用過了晚餐，杜月笙華格臬路古董間裡，只剩下杜月笙、陸京士、朱學範和徐采丞四個人。

氣氛肅穆，神情凝重，堪為當時情景的寫照。四人密商由杜月笙先開口，他提出的議案是究竟走不走？——如何走？

陸京士搶先發了言：

「先生所說的問題，我以為其實只有一個，那就是怎麼走？」

「當然，」朱學範立刻起而附和：「先生提了如何走，實際上也就不會考慮走不走。」

「談到怎麼走，我有三點意見。」陸京士緊接著說：「第一，非走不可；第二，大家先把皮包準備好，放在手邊，以便隨時走；第三，要等到最穩妥有利的時機，才可以動身。」

杜月笙則告訴他的四位心腹，當時，日本人千方百計，要把杜月笙留在上海，國軍撤退的第二天，日方便派一位杜月笙的朋友，正式告以——

「今天日本軍方請我轉告杜先生兩件事情，第一，東洋人佔領高橋以後，頭一件事，便是派一隊憲兵，去保護杜家祠，禁止閑雜人等前去騷擾。」

杜月笙說，他曾報以一聲冷笑，說道：

「依我看，這是他們的誘擒之計，他們以為杜月笙要離開上海，一定會去拜祠堂，祭告祖宗，趁此機會，正好把我捉牢。」

來人付之一笑，又道：

「第二件事，幾近威脅，據日本說：沿江一帶，日本兵業已佈置重兵，嚴密防止杜先生等出境，十六舖和楊樹浦兩邊都有大隊日兵把守，我看他的意思說，如果杜先生從租界碼頭上船，必要的時候，他們不惜闖入租界，也得阻攔。」

杜月笙眉頭一皺，說是：

「這麼說起來，東洋人是決心要把我杜某人困在黃浦灘了。」

來人還是望著他笑，深深的點頭，移時，又說：

「東洋人已經開好一張名單，要在下月份成立『上海市民協會』，內定杜先生擔任會長，委員則有王曉籟、陸伯鴻、榮宗敬、姚慕蓮、顧馨一、尤菊蓀等等……。」

「好歹叫東洋人死了這顆心，」杜月笙輕輕的一拍桌沿說：「至低限度，王得天早就上了船，此刻只怕已經到達香港了。」

說客知難而退，走了。四個人聽杜月笙詳細說完這一幕，方由陸京士插嘴問道：

「先生大概都問過了吧，到底還有那些人，準備撤出黃浦灘？」

於是，杜月笙將他多日以來，一一勸駕或試探的結果，屈指數來：

「金榮哥說他年歲大了，吃不來風霜雨露之苦。隔壁頭走火入魔，即使我們動身也還要瞞住他點。廷蓀哥有點遲疑不決，他決意留下來看看風色。」

朱學範便問：

「顧先生他們幾位呢？」

提起顧嘉棠，杜月笙便得意洋洋的說：

「顧嘉棠、葉焯山他們倒是很難得，他們寧願放棄在上海的事業和財產，決定跟我到天涯海角。」

陸、朱、徐三人讚嘆了一番。杜月笙向徐采丞微微的笑，意味深長的說道：

「依你看，東洋人派重兵扼守楊樹浦和十六舖，監視租界碼頭，他們的目的，恐怕並非在我杜某人一個人身上吧？」

徐采丞也笑了，他坦率的答道：

「自然囉，租界裡還有不少大好佬不會走，譬如說宋子文、俞鴻鈞、錢新之、胡筆江、徐新六等等，假使能夠生擒活捉，影佐的功勞也不在小啊。」

24 兩百萬債一舉還清

杜月笙聽後，哈哈大笑，然後便掃一眼跟前的四名心腹，寬慰他們說：

「因此之故，你們便不必為我操心了，還有這麼多要人在上海，逃離虎口，戴先生他們一定有穩當妥善的萬全之策。」說到這裡，頓一頓，眼睛望望陸、朱二人，問道：「現在的問題，就在你們兩個了，京士、學範，你們打算怎麼個走法。」

陸京士答說：

「我早已決定了，先到寧波，再從浙贛鐵路去長沙，轉漢口。學範決定直接到香港。」

「很好。」杜月笙點點頭說：「時候不早，你們還是各自準備。中央政府遷川，我往後必定會到重慶去的。今日就此分別，把晤之期，相信不會太遠。」

最穩妥有利的時機，一直等到十一月二十五日，晚間，宋子文一隻電話打到杜公館，簡單明瞭，他只是通知杜月笙說：

「船票買好，法國的『阿拉密司』號，停在法界碼頭，明天晚上上船。」

當日，杜公館家人親信議論紛紜，唯恐日本人派兵，或是密遣便衣，劫持攔阻，因此，有人建議杜月笙化裝了再溜上船去；有人主張多派弟兄，沿途佈置，遇有緊急狀況，拼死保護，突圍登輪；又有人要借重捕房和英法軍隊的力量，請他們在杜月笙登輪前後，派隊戍守，宣佈戒嚴。

「算了吧。」

杜月笙卻一揮右手，不耐煩的說：「我杜某人一不化裝，二不要保護，到了時候，我一個人走。至於戒嚴，頂好請你們戒戒隔壁頭的嚴，現在只要張大帥聽見你們哇哩哇啦的喊，那我才真的走不成咧。」

嚇得眾人不敢言語了。於是他先和妻子兒女，道過了別，略作陸續赴港的安排，臨到最後，杜月笙才說出他的苦衷：

「明天我走，上船前後難免要冒三分險，所以我誰也不帶。」

第二天，行前，又召見了萬墨林、黃國棟，他先問黃國棟：

「你算清楚了沒有？我的負債額一共是多少？」

「老早算好了，只是爺叔一逕忙，不曾問起。」黃國棟報了一筆數目，人欠欠人兩抵，杜月笙的虧空，數逾兩百萬元。

萬墨林暗地裡一吐舌頭，卻不料被杜月笙一眼瞥見，當時他帶笑的問：

「這筆數目很大啊？」

萬墨林聲音宏亮的答道：

「當然囉，爺叔，兩百多萬咧！」

於是杜月笙出人意外的揚聲大笑，他站起來，一拍萬墨林的肩，朗聲的說：

「墨林，你不必擔心。你看好了，這趟我出門，到抗戰勝利了回來，最多換掉一隻金痰盂，就可以把這兩百多萬的債還清。」

杜門中人，將杜月笙的這幾句話，反覆咀嚼，私下頻頻討論，大家都弄不懂，他怎麼會有先知之明。杜月笙終其一生，既乏經濟眼光，也無數值觀念，可是他這一次作個預言，八年之後果真兌現，抗戰八年，勝利復員，幣值一貶再貶，勝利後偽幣兌法幣是兩千對一，旋不久改金圓券，杜月笙還清八年前兩百餘萬巨額債務，拿金圓券折算，真是輕而易舉。

當時，他再問萬墨林一句：

「墨林，這些天來，我陸陸續續關照你的事情，你都記牢了沒有？」

「記牢了，爺叔。」

「那麼我就不必再說一遍了。」杜月笙寬慰的笑笑，又道：「還有許多我一時想不起來，不曾關照你的事件，我也不必多提，總而言之，我在上海的時候，一切事體應該怎麼辦，我不說，你也曉得，我離開了上海，不妨照舊辦理便是。」

「曉得了，爺叔。」

是夜，杜月笙輕裝簡從，微服成行，他只帶一名隨身僕役，一部汽車開到法界碼頭，一路順利無阻。「阿拉密司」號法國客輪燈光燦燦，倒映在黃浦江裡，像有無數銀蛇亂閃亂竄。

25

噩耗頻傳傷心落淚

平安無事，上了法國豪華郵船，洋茶房鞠躬如也，導引杜月笙到大餐間，燈光熒熒，暗香浮動，正當中有一張大圓桌，環坐一群高冠峨服，雍容華貴的中國大好佬，他們之間有人偶一回頭，看見杜月笙翩然駕到，於是欣喜萬分的發出一聲歡呼：

「好啊，杜先生來了！」

杜月笙一眼掃去，宋子文、錢新之、胡筆江、徐新六、……都是極熟極要好的朋友，於是一一握手寒喧，謙讓入座。一群老友雖然還不曾逃出虎口，卻是興緻很高，不歇的在歡聲談笑。移時，又由杜月笙領頭發出一陣歡呼，大餐間裡更熱鬧了，因為上海市長俞鴻鈞姍姍來遲，但仍及時趕到。

當法國郵輪大餐間裡的中國大好佬分別歸房就寢，成千上萬的日本「皇軍」，正在餐風露宿，披星戴月，荷槍實彈的十六舖、楊樹浦，沿黃浦江兩岸緊密佈崗，虎視眈眈，準備隨時截攔劫持中國留在租界的那幾位大好佬，只是他們徒勞無功，非常失望。翌晨「阿拉密司」號啟椗，萬千「皇軍」也只好眼睜睜的望著法國郵船徐徐通過黃浦江，辭離吳淞口，駛入萬頃煙波，浩瀚無際的中國東海，直航香港。

有這麼許多要好朋友朝夕與共，同船南航，杜月笙香港行的旅途愉快，自是可想，一行人整天談談說說，將十一月二十六日之夜，上船前的恐懼緊張，暫且遺忘。

抵港之初，杜月笙約錢新之為伴，兩位一搭一檔的好友，同住九龍半島飯店。真正是「在家千日好，出門一時難」，他平時的習慣，夜裡一個人睡不著覺，房裡裡沒有夫人，也得有個男伴，否則他便在風吹草動之時，疑神疑鬼，嚇得輾轉反側，無法入寐。又有一個怪毛病，夜夜要別人為他捶背捶腿，一直要捶到他闔眼睡去，方始可以歇手，然後悄然退出。在家中，凡此毛病再多些也無所謂，到了洋味十足的大旅館，——杜月笙到了香港，正是「十手所指，十目所視」，人人都在用好奇的目光，加以密切注視。於是，杜月笙的生活起居，眠食情形，經茶房繪聲繪影的一說，立刻便在香港的茶樓酒肆，引為笑談。

除了語言不通，食住不安，環境太不習慣，杜月笙乍到香港，勞心焦思，困擾還多。日本在上海的三員主將，滬戰統帥永野修身，陸軍指揮官松井石根大將，和特務機關長川本大作，乃至奔走各地的日本大本營情報部長土肥原賢二，這一批「不可一世」的日本軍要，當滬戰爆發前夕，即已威脅利誘，千方百計，使杜月笙留在上海「助紂為惡」，幫他們統治在上海的五百萬市民。上海陷落以後，他們便派遣密諜，佈置重兵，準備在必要時將逃離上海的杜月笙加以劫持，他們自以為佈下了天羅地網，斷乎不容杜月笙插翅飛去。然而，杜月笙卻偏偏利用他們的警衛森嚴，如臨大敵，十一月二十六日晚上，跟往常一樣，只帶了一名隨從，自華格臬路登車出門。當時，在杜公館附近守候偵伺的日本特務，都以為他是跟往常一樣，驅車回浦石路十八層樓公寓安歇，那想到他汽車遶過十八層樓，轉一個彎，到了法界碼頭坐進阿拉密司號的大餐間。

杜月笙、宋子文、俞鴻鈞等全部安然離滬的情報，送到了日本軍部，永野、松井、川本不禁為之老羞成怒，他們重責各級特務，同時決定對杜月笙的相關人物，施以嚴厲報復。

所以，杜月笙離了上海，抵達香港，反而和日本軍方展開了明爭暗鬥，而且此一鬥爭由於他人在海外，難以遙控局勢，再加上杜門中人一時的疏忽大意，因此在一開頭時頗為吃虧。中匯銀行和恆社偵騎密佈，每天都有幾位杜門中人無緣無故，被日本便衣綁架到特務機關部，嚴刑拷打，百般凌辱，有不少人死去活來，或則成了殘廢，或則奄奄一息，不知下落。

杜月笙人在香港，鞭長莫及，每天聽到這種噩耗，使他情急落淚，忘寢廢食，他擔心家人親友的安全，更為無辜被拘者傷心難過，引為無上的咎恨，成天到晚，他盡在跌足欷歔太息的說：

「我累了他們！我害苦了他們！」

與此同時他還得振作精神，諸多策畫，如何想盡方法，援救陷身黑暗世界的家人親友出來。首先他命令留在上海的學生門人，把家小護送前來香港，但是他家庭之中意見很多，除了孫氏夫人帶了維屏、維新兩個兒子，因為留學，早已去了英國。他的嫡妻沈月仙阿芙蓉癖已深，根本無法——也不願意出遠門，後來說是陳氏夫人也想看看風色，暫時不走。凡此問題倘若杜月笙人在上海，只要一聲大喝，幾句責罵立刻可以解決，但是「君」在外，閫中有所自由，杜月笙在香港急得再跳腳都沒有用，他望眼欲穿，等了許多天，姍姍而來的只有姚玉蘭，外加長子杜維藩、長女杜美如，以及幾個小兒女。

26 大戰方休糞戰來哉

恆社中人，多一半棄家離產，投身抗戰陣營，留在上海的，也不在少，頭一樁，因為上海是一處重要工作基地，杜月笙不能把恆社中人全部撤離，否則的話，將來的滬上地下工作，刀光劍影，神出鬼沒，便那來的那許多好戲可看？

上海是一個光怪陸離，無奇不有的大都市，尤其租界地區，由於洋人統治，扞格難入，他們唯一的武器——巡捕，又被幫會人士，多年壟斷把持，清洪幫勢力之大，莫可禦京。待三大亨崛起滬濱，「杜先生」一枝獨秀，他治清洪兩幫於一爐，「白相人」脫穎而出，所有租界居民的衣食住行，都跟杜月笙息息相關，租界裡出了重大的案件，儘管外國人雞毛令箭一道道的下，破與不破，巡捕房要先看看杜公館的風色，天大的事情，天大的糾紛，外國人拉砲來轟都沒有用，只消有「老朋友軋腳」（白相人挺身干預），便憑杜月笙的「言話一句」，兩造揎拳擄袖，撚槍弄棒，即令在性命相搏的當兒，要旁邊有人輕輕的提一聲：「杜先生關照你識相點啊！」再狠些的人，立刻便俯首貼耳，乖乖的不敢動彈，息爭而去。

因此，多年以來，十里洋場，簡直就是杜月笙的天下，自從杜月笙從善如流，洗心革面，十里洋場的達官巨賈，升斗小民，人人都把杜月笙視為生存的憑藉，安定的力量。杜月笙在華格臬路，雞鳴狗盜騙徒宵小，為非作歹都得有個限度；杜月笙要廣結善緣，他們便不能不「盜亦有道」。

在這種情形之下，杜月笙一離開了上海，清洪中人，地痞癟三，反倒解脫了桎梏，打開來枷鎖，他們無拘無束，一湧而出，將人煙稠密堪稱世界第一的租界，鬧得雞犬不寧，天翻地覆。搶案、竊案、暗殺案，各色各樣的罪行，層出不窮，直線上升，鬧得上海人無法安居樂業，捕房中人，一個個亂了手腳。

舉一個例，早年沒有化糞池，上海租界住戶的排洩物，全靠挑著「黃金汁」擔子的糞夫，按時按刻，前來清除。否則一個拖延，立將糞滿為患，全家大亂。這些糞夫的營生雖髒雖臭，卻是收入相當可觀，因為他們作的是沒本錢的買賣，反倒可以兩面進賬，家家戶戶，每月要付他們一個數目，作為酬勞；「米田共」車到了鄉下去，又能當著肥料賣給農家。因此幹這一行的，反而成了熱門，經常都有人在爭相角逐。

為了爭奪這一門好生意，自從上海開埠以來，也不知道打過多少次架，流過多少次血，鬧得租界居民，「三個和尚沒水吃」，經常有米田共出不了大門之苦。於是，在無數次群毆械鬥之餘，有人結幫，有人拔刀相助，群「雄」角逐的最後結果，乃有一位最強最狠的脫穎而出，成為全體糞夫的頭目。

這位頭目，上海人肇以嘉名，叫做「糞頭腦」。糞頭腦手下有無數糞夫，聽他的命令，受他的指揮，所有收入，還得按月提成，孝敬他老人家，因此之故，沒有一個糞頭腦不是勢力龐大，面團團為滬上的鉅富。同時由於好處太多了，必須蘄求自保，所以糞頭腦也玩上了「萬世一系」，夫妻父子，代代相傳。

法租界糞頭腦，是大名鼎鼎的范開泰。他之當「權」得道，為時很早。范開泰的妻子是黃浦灘上天字第一號女白相人史金秀。史金秀藉了糞幫的勢力，再加上她頭腦靈活，敢作敢為，在白相人地界，人人要尊稱她一聲：「范家大姆媽」。

史金秀和杜月笙是同時出道的人物，打天下的時候，彼此關照，成了通家交好。後來杜月笙當了法租界的家，史金秀上有杜月笙的照應，下有成千上百糞夫的効忠，她在法租界，也成了不可一世，睥睨一切的名雌。

二十六年冬天，杜月笙辭離虎口，逃難到了香港，法租界的事，他只好擱下不管，於是自他走後，群「雄」競起，為所欲為，把法租界鬧成一個沒有王法，毫無秩序的混亂世界。這時候，早已垂涎范家獨霸糞業三十餘年的一班有志之士，看范家靠山移走，後台已拆，正好趁此機會下手。

法租界自開埠以來，「糞界唯有力者居之」，大力人士，於是先向范開泰施以恫嚇，「六十年風水輪流轉」；「好飯不能一家子吃光」，他們逼迫小范，將糞頭腦一席自動讓出。

范開泰苦於杜月笙已走，無處求救，他被迫無奈，已經打算將金飯碗雙手奉送，圖個平安無事，照樣過他的小開生涯。然而，事為眾糞夫所知，由於「一朝天子一朝臣」，唯恐新頭腦來，自家的飯碗要敲破哉！利之所在，不容袖手旁觀，於是他們揚言保護舊主，誰想插足，誓以武力對付。

那一邊，大力人士欣逢良機，志在必得，當然要調兵遣將，與糞夫們決一死戰，他們一面百計杯葛，阻止糞夫進入租界，一面派出打手，四出毆擊糞夫，如此這般，使得黃浦灘上中日大戰方休，里鬧銜堂的糞戰又起，一連多日，糞杓子扁擔對小刀斧頭，打得好不熱鬧。

糞夫被攔住了不能進租界，又忙於聚眾械鬥，四下應敵，租界居民便手足失措，大叫「性命交關」，糞夫不上門，米田共無法清除，三五天一積，全租界都是臭味撲鼻。中日大戰租界居民儘可以爬到屋頂上去看熱鬧，糞戰時期他們根本無處可逃，這下子家家戶戶天下大亂，急得團團轉，大街小巷，怨聲載道，到這時候人人都懷念起杜月笙來了：

「杜先生不走，阿會有格種事體吧？」

由這一件小事見微知著，舉一反三，可以觀知杜月笙在上海人生活上的重要。

27 許世英勸他做個官

杜月笙住在九龍半島酒店，急於撤退家屬親友，門人弟子。當時，日本第三艦隊司令長谷川宣稱封鎖中國海岸，封鎖線自上海直到汕頭，此一舉措，使杜月笙的搶救工作，更增危險與困難。然而，民國二十七年元月二十日，駐日大使許世英奉召下旗歸國，他逶道看港，特地和杜月笙見了面，告訴他說：

「我即日赴漢口，大戰一起，賑濟工作千頭萬緒，今後我想專任賑濟委員會的工作，普救百餘生的天下災黎。杜先生，我很希望你能幫我的忙。」

杜月笙聽罷，十分爽快的答道：

「靜老，這有什麼問題，還需要勞煩靜老鄭重其事的提出嗎？」

「不然不然。」許世英笑著搖頭說：「這話是該鄭重其事講的，我這一次所謂的幫忙，是要你到賑濟委員會來，實際擔任一個名義，擔任一份工作。」

杜月笙不由一愕，他急急的問：

「靜老，你是要挑我做官？」

許世英曉得杜月笙有他「決不做官」的論調，——他曾私下向他的親密朋友，透露過他的心聲：「你們不要看許多大好佬們，都跟我稱兄道弟，要好得很，就此以為我想做官是很容易的了。殊不知，他們是在拿我當做夜壺，用過之後，就要火速點藏到床底下去。」因此，許世英便不得不向他解釋：

「我之所以這樣想，一則，因為這是全民抗戰，人人有責，人人相關。二來呢，賑濟工作多少帶點慈善事業的性質，它不過是政府的一個機構，在賑濟委員會辦事，也未必就能算是做官。」

杜月笙因為原則問題，難免還在猶疑，卻是許世英一再婉勸，敦促，使他礙於情面，推辭不得。許世英旋即遄赴漢口，晉謁中樞首要，他輕而易舉的為杜月笙謀到一個官職：賑濟委員會常務委員，兼港澳救濟區特派委員。

幸虧有許世項這一次的勸請「出山」，由北而南，救濟了不知多少淪陷敵區的名公巨卿，達官聞人，連前清兩廣總督張鳴岐，息影津門，都由於獲致杜月笙的濟助，得以免除凍餒之苦，保全晚節，不曾失足當了漢奸。張鳴岐對於杜月笙的雪中送炭之舉，由衷感激，他特意集杜詩兩句，親筆寫好一副楹聯，託人帶到香港來，送給杜月笙，使這產自高橋，君臨歇浦的一代奇人杜月笙，得到了他平生罕見的最高恭維。張鳴岐送他的楹聯用了杜工部這兩句詩：

老夫生平好奇古；

使君意氣凌青霄。

此外，不久以後劉航琛受王纘緒之迫，逃出四川，輾轉抵達河內，被杜月笙派顧嘉棠迎往香港，一住三月，招待了一日兩餐魚翅席，歷時三月之久。烽火連天，患難餘生，老友把晤，份外親切，第一次相見，杜月笙便問劉航琛：

28
異域香港重打天下

上海人謂之「孵豆芽」，說得文縐縐些，便是「韜光養晦，深自斂抑」。杜月笙在上海紅透半爿天，跑到香港來總歸是個「逃難的」，論交結官府，香港自道光二十一年（公元一八四一）即被英國佔領，那邊是英國人的天下，杜月笙自總督以至差館警察，一點關係也拉不上。談幫會弟兄，清幫中人為後被稱為「香港杜月笙」，「夜總會皇帝」的李裁法，當年纔二十八歲，他在上海為打抱不平，遠走高飛，到香港三四年間剛剛正在往上竄。李裁法自幼敬仰杜月笙，他一生一世都在想向杜月笙看齊，他在上海時曾拜在「通」字輩王妙紀的門下，而在新光大戲院擔任售票，他因新光戲院老闆夏連良之介，認識了杜月笙的結拜弟兄，小八股黨之一的芮慶榮。李裁法對芮慶榮這位大名鼎鼎的人物很尊敬，杜月笙抵港不久，芮慶榮不旋踵而來，李裁法便與芮慶榮異地重逢，遂為一氣，間接也成為杜月笙在香港的一支力量，相反的，杜月笙等人到香港，清幫在港聲勢，自也為之一壯。

日本人在上海佈下了天羅地網，結果還是被杜月笙從容不迫，「絕不化裝」而逃出，新憾加上了舊恨，他們便對杜門中人狠狠的報復，使得杜月笙倔促香港乾著急，心憂如焚，日處愁城，儘量設法讓他要緊的人，多逃出來幾個。家人之中是姚玉蘭先來，和他在九龍半島飯店闢室而居，長子杜維藩繼亦趕到旋又回滬，沈月英離不了鴉片煙榻，三樓孫氏夫人遠遠的去了英國，二樓陳氏夫人則祇在他旅港時期來探過一次夫，視同掌珠的大小姐杜美如跟她母親姚玉蘭往返港滬之間好幾回，杜公館裡最能幹的大媳婦，多一半時間留在華格臬路照料一切。

要好朋友來的是張驥先，跟北洋中人交情很深的吳家元，小八股黨的頭腦來了顧嘉棠、芮慶榮和葉焯山，杜公館秘書翁左青，後來加上徐采丞介紹的胡敘五。杜月笙分配工作，派翁左青管文電和賬房，胡敘五則專任記室，學生子裡面則召來了沈楚寶、林嘯谷、朱學範、郭蘭馨、還有一個要緊人物張子廉，杜月笙要叫他來從速建立洪門關係。

張子廉一到，旋即展開活動。張子廉是洪門中很有名氣的人物，雖然他香港碼頭不熟，但卻跟香港洪門早有關連，多年以前他便聯絡上另一位洪門大哥向松坡，河南的明德，香港當地的梅光培與朱卓文。梅光培是國父的外甥，民國初年，擔任過粵軍南路司令；朱卓文也曾是粵軍將領，由這五位洪門大哥聯合，早年曾在香港共開一座五聖山。五聖山的五位大爺裡面，張子廉來自浙江，向松坡籍隸湖北，明德是河南旱道上的人物，在香港當地，起不了多大作用。不過梅光培和朱卓文確是老資格，吃得開，兜得轉，尤其梅光培，旅港多年，在警察、海員和漁民中，掌握住不少的弟兄，五位大爺拼一山後，共為山主，自以梅光培為五聖山的主峯。

洪門規矩，開山還得立堂，就五聖山來說，五位大爺都是立了堂的，他們的堂名，用「仁義禮智信」五個字，再加上各人名字中之一字而成，譬如說梅光培的堂名是「仁培堂」，朱卓文的則為「義文」，明德的叫「禮德」，向松坡的謂「智松」，張子廉的呢，便稱為「信廉堂」了。

幫會人士有一句口訣：「但見金盆開花，不聞清洪分家。」辛亥革命成功，「韃虜」業已如願驅逐，清幫洪門中人，由於身份漸次公開，往來日見親密，洪門中空前絕後開過雙山號稱「雙山頭大爺」的楊慶山，和清幫裡「一步登天，領導群倫」的杜月笙，數十年來通誠合作，彼此呼應，便是最佳例證。杜月笙初到香港，香港洪門中人仰他的盛名，爭欲一睹風采，洪門「檢口令」中有道是：

「洪門訪的是將才，古來英雄多親愛！」

但是他們乏人援引，沒人介紹，苦於不得其門而入。杜月笙那頭，更是亟於結識香港的洪門人物，希望能夠引為臂助，俗話道：「強龍不壓地頭蛇」「唯有行客拜坐客」，他要在香港拜碼頭吧，偏是門徑不通，禮數不熟。兩方面便這麼僵住了，這便是他急於召來張子廉的道理。張子廉到了香港，找他早年老弟兄梅光培、朱卓文的手下，杜月笙才能跟洪門人物「慰洽平生，互通聲息」，儘管他在客中，手頭相當拮据，但是他對洪門弟兄還是一擲千金，掬誠交好，譬如楊慶山的左右手劉聯珂，時在香港，寫了一部「幫會三百年革命史」，請他題字，杜月笙請楊千里代筆題了以後，立贈港幣五千元，要劉聯珂印行十萬冊，廣為流傳。

29 弟兄門徒漸次集中

人馬一波波來，場面漸漸打開，開旅館長住房間，終究不是長久之計，於是杜月笙便派人找房子，作小住香港的打算。這香港杜公館便在姚玉蘭抵步不久以後，設立於九龍柯士甸道一一三號到一一五號，雙開間門面，樓凡三層，恰與上海華格臬路杜公館相埒。屋主是澳門煙賭大亨，素有「澳門杜月笙」之稱的高可寧，其後大鬧澳門，為虎作倀，某做共黨爪牙的澳門煙賭頭腦何某要算是他的第三代。「澳門杜月笙」高可寧有的是鈔票，前些年他一口氣娶了兩位「名兒媳」，一個是葛蘭，一個是尤敏。

起先張驤先、吳家元、顧、芮、葉等人大家住在一道，後來各人的家眷也來了或有了，顧嘉棠、芮慶榮搬出去自立門戶，這兩位以及往後陸續從上海來的朋友、弟兄或門人，大都住在柯士甸道前後左右，亦即德承街上一些公寓房屋，四面圍繞，把杜月笙簇擁在正中間。

許世英於民國二十年七年一月二十日，自駐日大使任內下旗歸國，沒有尋到房子以前，便住在香港杜公館的三樓，居室和老革命黨張驥先遙相對，閒來無事，他臨了八大幅王右軍的聖教序，送給杜月笙，杜月笙很高興，懸在客廳的兩壁，往後江南名士，革命前輩，和于右任一齊辦過民呼、民吁報的前監察使楊千里，也被杜月笙接到香港，倘有重要文稿，題詞題字，難免要借重他的大手筆。楊千里曾集杜句，為杜月笙題了一副對聯，杜月笙便喜孜孜的掛在客廳中間，聯曰：

三顧頻煩天下計：

一生好做名山遊。

楊志雄和楊管北兩位智囊，由於上海方面事務尚多，這兩位總是來回的跑，楊志雄去了上海，楊管北便留在香港，楊管北要走，楊志雄再來。秦待時、江倬雲、龐京周、毛和源，一般老朋友，都接受了杜月笙的忠告，相繼避難香江，這幫人也是杜公館的常客，唯獨賭興不如上海時期那麼高。

當時杜月笙擔任得有兩項職務，那是每天都有事情做的，一個是「中國紅十字會總會」副會長，會長王正廷，時在菲律賓，一應業務，杜月笙交給他的得意門生，「紅十字會」秘書郭蘭馨代拆代行，郭蘭馨便在杜公館三樓右首要一個房間，作為辦公室，長駐治公。——另一個職務是「賑濟委員會常務委員」，主管第九區的賑濟工作，日常行政事項，杜月笙派他另一得意門生林嘯谷負責主持，林嘯谷在樓下也要了一間房，每天過來辦事。因此，柯士甸道一一三——五號杜公館，裡面又設了「中國紅十字會總會」和「賑濟委員會」兩大機關。

賑濟委員會的對面，住的是芮慶榮和吳家元，後來葉焯山到了，芮慶榮的家眷不旋踵也趕來，他搬到德承街去，自立門戶，他的那間房便移交給葉焯山，——葉焯山在當時算打光桿，這位百發百中的神槍將，他一直在香港替杜月笙把頭一道關。顧嘉棠跟芮慶榮兩個，住是住在外頭，每天中午以前，一定會照往先早年的老規矩，準時準刻，到杜公館來向月笙哥報到。機密大事，還是要老兄弟商議參詳。

杜月笙自己一家，不論來了多少人，總歸是「杭不啷」住在二樓。

無意間，倣傚了曾國藩的會食制度，每天中午，開一桌飯，人多再加，家人父子，親朋友，老弟兄，師爺秘書，還有學生子們，談談說說，聚而食之。菜色不多，卻是極精，因為港滬之間多的是輪船飛機往來，香港市場買不到的江南菜餚，川流不息送到杜公館，因而使這一幫流浪客減了蓴鱸之思，餐餐吃得朵頤大快。交換消息，商議事體，在這一餐飯間，輕鬆愉快的進行。

杜月笙在香港，吳家元怎麼會貼得這麼近？那是因為杜月笙負有重大任務，必須借重他的關係。吳家元做過青島鹽務督辦，他曾是張宗昌的門下客，跟過氣的北洋要人都很熟。除此之外，日本在華三大特務機關「松、竹、梅」之一，「松」機關的主持人和知鷹二，他手下有兩名爪牙，何益三和李擇一，跟吳家元一是好友，一是賭伴，藉這點香火緣，他可以自由出入華北淪陷區，達成杜月笙交付的使命。

民國二十六年十二月十六日，中日大戰進行了五個多月，我國首都南京陷落，日本軍方希望趁此機會，迫我訂城下之盟，所以，兩天後的東京「朝日新聞」便發表消息：「中國若願議和，日可停止戰爭」，但是，我國上下已經決心抗戰到底，中外人士都認為戰事延長，日本必敗，英國記者尤脫萊在戰爭前夕，便寫了一本著名的書：「日本的泥足」（Japan's Feet of Clay），戰事開始，上海撤退，亞細亞雜誌即著論指出：

「當日本軍閥冒冒失失的毀壞了大上海的買辦階級資本家與江蘇、浙江的銀行家與地主，它便錯過了獲勝此次戰爭的唯一機會，因為——毀壞了他們，便等於毀壞日人所欲實現和平妥協所必不能缺的份子，毀壞了他們的經濟基礎，以及他們在政府中具有左右力量之政治勢力。」

南京失陷，日本亟欲結束戰爭，他們授意德國駐華大使陶曼，向我國提出議和條件，與此同時，進攻蕪湖的日軍第六師團都已經奉令「凱旋」，日本兵歡聲雷動，紛紛將行裝搬回碼頭，結果是日本議和條件被蔣委員長斷然拒絕。於是日方老羞成怒，二十七年元月十六日由內閣總理近衛文麿發表聲明：

「日本政府今後不以國民政府為對手，期望真能與日本提攜之『新政府』成立且發展，而擬與此『新政府』調整兩國國交。」

日方致力於製造漢奸傀儡政權，有以貫徹其「以華滅華、以華制華、以戰養戰」的政治陰謀，是為軍事進攻以外的另一毒辣險惡新攻勢，我國自須運用一切力量，加以對抗。二十七年初，杜月笙經政府明令發表為「賑濟委員會第九區特派員」，同時，由時已升任軍事委員會調查統計局副局長，而實際主持局務的戴笠，撥給他一筆經費，請他多方設法，派人去把日方矚目的「漢奸」對象，自民國十五年段祺瑞垮台即分佈於平津京滬一帶做了寓公的皖系人物，亦即所謂安福派人，一一的接赴自由地區。

30 段內閣拉到香港來

杜月笙的此一使命，其實並不簡單，因為安福也罷，皖系也好，段祺瑞手底下的人物，多半親日。日方操縱漢奸組閣的那一紙名單，其榜上有名的，跟日本人不有公誼，便有私交，而且交情還來得個好。民國九年七月十四日爆發的直皖之戰，吳佩孚在短短四天之內，把段祺瑞的皖系大軍打得土崩魚爛，風流雲散，那班安福要人困處北京，無路可逃，進東交民巷和六國飯店，英美法等各國領事開會決定拒絕庇護和容納，也唯有日本使館加以收容，陸續協助潛逃而脫險，這一股人投置閒散了將近十二年，官癮又相當的大，政府有意營救他們南下，他們自家的心中所願，卻是誰也無法臆測。

但是杜月笙亟欲對於中央和抗戰大業有所表現，因此他派吳家元和李擇一，還有「松」機關中的朋友朱秀峯與陳蘭，穿梭不停的往來於港滬、港津道上，分別拜訪，再三致意，拍胸保證，秘密安排，居然在敵偽特務嚴密監視搜查之下，讓他從虎口中搶救出來大部份列名漢奸榜的偽朝新貴，使日方費盡心血，威逼利誘擺出來的偽政府「堂堂陣容」，被杜月笙「拉角」拉得台柱盡拆，慘不忍睹，祇剩下小貓三兩隻。總計在這一段時期，經杜月笙之手接出來的日方目標，擇其著者有段祺瑞的司法總長章士釗，交通總長曾毓雋，財政總長賀德霖、外交總長顏惠慶、陸軍總長吳光新，臨時參政院副議長湯漪，這許多顯赫一時的北洋皖系大好佬，抵達香港之初，大都住在杜月笙的家裡，詩酒留連，日夕盤桓，再加上半個東道主，曾經當過段祺瑞任臨時執政的北政府第二十八任國務總理許世英，內閣十大閣員到了六、七個，香港杜公館開出一桌飯，儼然是段祺瑞內閣復活了。

杜月笙拉角拆台，使日本人密鑼緊鼓，積極籌備的漢奸傀儡大為狼狽，二十六年十二月十四日開鑼於北平的「中華民國臨時政府」，只能推曹錕賄選總統時期暫代過財政總長的王克敏出來領頭。二十七年三月二十七日獻醜於南京的「維新政府」，班底更慘，為首的祇是段祺瑞臨時執政府秘書長梁鴻志，倒是「道不同與為謀」，決心下水當漢奸的陳老八陳群，搖身一變，居然攫得「內政部長」一席。

基於此次重大的勝利，杜月笙的「賑濟工作」，於是擴大範圍，繼續爭取，從退休政客起始，他還拉散了駐滬日軍在上海演出的「市民協會」，二十一位委員中如王鴻敬、榮宗敬、周文瑞等等，有的被他勸來香港，有的經他安排出遊，避過風頭，有的由他掩護，躲在租界硬不露面，東洋人陣容排出，人找不到，當他們偵悉這又是杜月笙的傑作，簡直把他恨得牙癢癢的，卻是拿他莫可奈何。

從爭取日方亟欲利用的人物，再擴充為接濟或因病老家累，或為短絀斧資，因而陷身敵區，處境艱窘的前清遺老，北府官員，甚至社會名流，文人學者，能來的，替他們安排秘密南下，不能來的話，遣人按月送一點錢去，使他們安定生活，解決問題，遂而身在陷區而嚮望中央，有以堅其心志，發揚正氣，抹得下臉來抗拒頑敵的威逼利誘。

花用的是中央撥給的經費，宣揚的是最高領袖的德意，居間供應，嘉惠四方，——杜月笙避難香江，真的給劉航琛一言道中，成為「中國的杜月笙」了，陷區各地逃來香港的耆彥名流，工商巨子，杜月笙或則作居停，或則為東道。尤其是他設法營救出來的那一批批大好佬，衣食住行，杜月笙真正一力肩承，想轉赴內地，他為之安排路線，送上旅程，抵步以後尤且派人照料，絕對負責到底。其餘希望留在香港的，他更為之租賃房屋，供給薪水，務使其各遂所願，生活粗安。

漸漸的朋友越交越多，舊侶越聚越眾，從此柯士甸道又是車水馬龍，門庭若市，恢復「座上客常滿，杯中酒不空」的猗歟盛況，杜家門裡，依舊和在上海時期一樣的熱鬧風光。

為了便於治事會客，九龍、香港，隔了個偌寬海面，杜月笙便在香港告羅士打飯店，開了七百另五號這個長房間，請翁左青、胡敘五兩位秘書前往坐鎮，這一個長房間一直維持到香港淪陷，由於杜月笙每天下午睏過中覺便要過來這邊，然後到吃晚飯前回去，因此這裡便成為海派人物，各地名流的麕集之地，影響所及，設於八樓的告羅士打咖啡座，也就成了杜月笙的大會客廳，生意因之大有起色，譬如王曉籟和林康侯，幾乎是每天必來久坐的常客。

可能下水的拖了他們來，已經變了節的尤須加以制裁，這不僅是國法所在，尤其是全國同胞痛恨漢奸的結果，在這種情形之下，上海的鐵血鋤奸運動，也就驚天地、泣鬼神的展開。

由於二十七年十月二十一日廣州失陷，同月二十五日國軍撤離武漢，就情報工作來說，香港的地位驟形重要。在亞洲戰場上它等於二次大戰歐陸淪陷後的卡薩布蘭加，日方、偽組織的諜報人員開始大肆活動，而我方自廣州以至上海、天津、東北、乃至海防、曼谷、新加坡、菲律賓，所有的情報聯絡，勢將以香港為中心。於是軍事委員會調查統計局派出他們最幹練有為，時方三十出頭的王新衡，擔任香港區區長。

王新衡立刻和杜月笙切取得聯絡，並且迅即成為杜公館座上常客，晨夕與共，頻頻籌商大計。

當民國二十六年九月，滬戰初起之時，杜月笙在上海所有的群眾力量，幾乎是絕大多數都參加了忠義救國軍，戴笠掌握了這支部隊，在上海陷落前後發揮重大的功能，忠義救國軍從事掩護撤退任務以後，犧牲了一小部份，又有若干精銳撤退到安徽祁門縣的歷口鎮，由俞作柏將軍接替劉志陸的總指揮職務，從事整編和訓練。

大部份忠義救國軍官兵經由法租界化整為零，這原本是戰時徵調人員執行臨時的任務，放下槍桿換上便裝各人也就回家，但是還有一批跟杜月笙直接相關，剽悍善戰，殺人不眨眼的浦東地痞、盜匪和鹽梟，他們成軍以後便不願意解散，他們保持一支武力，留在浦東家鄉打游擊，這一支武力是杜月笙人在香港，都可以遙遙掌握和指揮的。

31 沈月英死不及一面

突然之間從英國倫敦來了航空信，孫氏夫人帶維屏和維新兩個兒子負笈英倫，民國二十七年底兩兄弟轉赴美國求學，孫氏夫人關切國內大局，和杜月笙的行止，當她獲悉杜月笙業已逃出虎口，到了香港，她便命維屏、維新自去美國，自己飄洋過海的到香港來探視丈夫。

杜月笙對於孫氏人萬里來共患難，非常高興，孫氏夫人從民國二十七年到民國三十年，足有三年隨侍杜月笙之側。

杜月笙家庭之中，抗戰發生後最大的一項變故是沈月英之逝世，沈月英身體一向虛弱，鴉片煙癮又越來越大，鎮日價從早到晚，一榻橫陳，噴雲吐霧，鴉片剝削了她的健康，毒素在加速她的死亡，民國二十七年底，她舊疾復發，衰弱不堪，杜維藩兩夫妻一日二十四小時衣不解帶的侍疾，一度情勢危急，孝心可嘉的杜維藩還割了股，母子相依二十三載，晚年時期沈氏又等於是和杜月笙分了居，杜維藩對他母親之死是非常傷心的。早在民國二十六年底，杜月笙逃出重圍，隻身抵達香港，當時便有不少親友向他忠告，日本人既已對他的門徒學生採取報復手段，杜維藩和杜美如這一對長子長女，安全堪虞，因為老上海大都能夠津津樂道：杜先生最歡喜的便是大少爺和大小姐，杜維藩之結婚和杜美如之滿月，鋪張之盛，場面之大，向與杜月笙開祠堂、陳氏夫人過生相提並論。杜月笙自家曾經解釋他為什麼對這兩個孩子特別鍾愛，因為——

「維藩和美如出世，腳步走得最正。」

這話怎麼說呢？原來，杜維藩誕生於民國五年，從那一年起，黃金榮一記耳光，張嘯林千里來投，三大亨義結金蘭，打出了十里洋場的大好江山。而杜美如之出世，是為民國十九年，杜月笙從這一年起脫穎而出，連升三級，和財金工商，乃至黨務政治，都結了不解之緣。

所以，杜月笙聽到親友們的警告，便身在客地，思念子女，想得他愁眉不展，魂夢為縈，他向上海家中拍出一封封的電報，叫杜維藩和杜美如快到香港來，杜維藩在民國二十七年春匆匆的到香一趟，旋不久便因為他母親的病，夫妻二人雙雙又回了上海。杜月笙暗底下極是擔憂，卻是苦於攔阻的話說不出口，他不能留下兒子不許他去娘面前盡孝心，因此一直到民國二十八年九月，杜維藩在上海辦好了他母親的喪事，方始戴著重孝，十分沮喪的重來香港，當他見到望眼欲穿的父親，又是悲從中來，杜維藩放聲大哭，撲跪在杜月笙的面前，那一晚杜月笙心情悒悶，他辭卻一切應酬約會，跟杜維藩談了很久的話，是在傾吐他自己的感慨，同時也是撫慰慘遭失恃之慟的大兒子，他曾意味深長的說道：

「當初娶你娘進門，兩夫妻一家一當還是朋友們幫的忙，我沒有正當職業，用錢又鬆，家裡經常青黃不接，我們一家也祇有你娘跟我吃過幾年苦頭。開不出伙食的時候我常在想，只要兩夫妻同心協力，有朝一日混出一個平安是福，窄門淺戶，粗茶淡飯，我跟你娘就此滿足。那裡想到往後場面越來越大，事體越來越多，一直到現在為止，我們都沒有過過那種衣食無憂，綿密深穩的小家庭生活咧！如今回想起來，越加叫我心裡難過。」

那一夜，父子二人都覺得是從所未有的親近，軍國大計，銀行公司，朋友弟兄，徒子徒孫全拋開了，兩父子間彷彿就只有沈月英淒然帶笑的孤魂，正和他們在一起，杜月笙一生感觸，又談起了許多不堪回首的往事：

「小時候我從浦東到浦西，水果店裡學生意，每天清早忙到夜晚，老闆給飯錢，只夠到攤頭上吃兩客蛋炒飯，人家食量小，叫一客蛋炒飯還可以喊一盅黃豆肉骨湯，我剛從鄉下來，身體結棍，食量大得嚇壞人，一頓兩客蛋炒飯還不夠飽，因此一日到夜肚皮裡鬧饑荒。天一亮西瓜船到哉，船老大把西瓜一隻隻往下拋，我們這些小夥計在碼頭上一隻隻接，做過不久，只要西瓜碰到手，我就曉得瓜好瓜壞，挑一隻好西瓜，裝做一時失手，西瓜落地，碎成幾瓣。老闆看見了，跑過來罵兩句，等歇收了工，把地上的碎瓜揀起，吃蛋炒飯以後，嘴裡面渴，正好拿爛西瓜當湯汁茶水。」

接下來有一晌，杜月笙悼念亡妻，撫慰愛子，一改常例，他和兒子媳婦也一道玩玩。孵豆芽時期，閒居無聊，一吃過晚飯，朱文德、沈振華、郭蘭馨、杜維藩等幾對年輕夫婦，鋪張檯子打打一元、五角的小唆哈，杜月笙偶或看到，便叫其中之一立起來，由他越俎代庖，替打幾副，但是他向來只挑挑土，從不自家與賭，某次有一位女太太問他：

「杜先生，你為啥總是自家不來？」

「我自家來做啥？」杜月笙笑著回答：「檯子上不是兒子媳婦就是學生子，妳叫我贏誰的錢？」

「輸兩個給我們，不也可以嗎？」

「輸給你們，」杜月笙這才吐露了箇中緣故：「那豈不是長了你們的志氣，滅掉我自家的威風？」

32

千金一席吃蛋炒飯

民國十四年九月一日，蔣總司令二次東征，由建國粵軍第三軍長改任國民革命軍第五軍軍長的李福林，退休以後，在九龍大埔鄉間，闢了一處果園，園中花木芬芳，風景怡人，李福林久仰上海杜月笙的大名，他到上海，杜月笙也曾請客招待，因此，杜月笙到了香港，他便來登門拜訪，當時約好了日期和時間，他要請杜月笙駕臨他那座果園作半日之遊。

屆期，杜月笙帶了杜維藩同去，李福林慷慨豪爽，熱情好客，他陪杜月笙父子參觀果園，談笑風生，也講了些苦經，說什麼來一次颱風，就要損失幾百幾千。那一日，杜月笙玩得十分盡興，到了下午一點多鐘，李福林大開盛宴，款待嘉賓，端上來的菜餚，一共只有三道，而且掀開盅蓋，熱氣騰騰的，裡面盛的是什麼菜，上海來客一個也說不上來。

於是，李福林朗聲大笑，狀至得意的告訴在座列位貴客說：

「丟那媽個契弟！今天杜先生光臨，是我李福林的榮幸，招待貴賓，我只有這三道菜，各位不要看菜少簡單，這三道菜都是本地最有名的：蛇羹、烏龜、果子狸！」

旁邊尤有陪客低聲的加上一句：

「這三道菜要港紙一千元！」

蛇、龜、果子狸，港幣千元，但是杜月笙卻唯有愁眉苦臉，這三樣名餚都是他不吃的，不但不吃，坐在旁邊都覺得噁心，因而這一頓飯吃得很尷尬！主人花了大錢，杜月笙偏偏一口不能下嚥，一頓飯吃到下午三點鐘，杜月笙依然腹內空空，饑腸轆轆，所以一回到家裡，便學李福林的口吻，高聲的喊大司務：

「丟那媽個契弟，阿陶快來蛋炒飯！」

一位四川將領的太太，專程到香港來「耍」，將軍來函，請杜月笙就便照料。這位太太來了，照料倒是用不著，祇不過請吃一頓飯，殊不可少。於是，杜月笙便和錢新之聯名，帶了太太兒子女兒等等，一道請將軍太太吃西餐。

這一家餐館的規矩，每一道菜用大盤子盛來，順序請客人自行取用，四川來的將軍太太不明就裡，當侍役捧了一大盤子白塔煎魚來，她先把自己面前的空盤子挪開，然後便從侍役的手中，將全席人吃的魚輕輕接過，往自己面前一擺，再向那位西服畢挺的侍役道一聲謝，也不顧同席各人的驚駭錯愕，她低下頭去據案大嚼。

杜月笙發出一個暗號，眾人祇好一律吃麵包，聊作奉陪之狀，那一大盤魚被將軍太太吃了不少，卻是十幾客魚她一個人畢竟還是吃不了，看看剩了那麼一大堆，她抬起頭來向杜月笙笑笑，曼聲說道：

「杜先生，你喊的菜太多了。」

杜月笙祇好報之以莞爾一笑，他的旁邊，同為主人的錢新之把二郎腿一翹，眼睛斜睨著杜月笙，意思彷彿是在說：我倒要看看，您如何解決勢將接連下去的尷尬場面。大菜一道道的上，將軍太太一定會一道道的接過去，來個照單全收，各人的麵包都已經奉陪光了，總不能十幾個人呆坐著，光看將軍夫人一路吃到底。

第二道菜是一大缽茄汁牛尾湯，缽中插好了一支大湯杓，將軍夫人很吃力的將湯缽端在自己跟前，眾人視線集中在杜月笙臉上，他笑了笑，立起來，向木立在將軍夫人身旁的茶房說：

「不好意思勞動客人，這道湯，請你代某夫人分一分。」

侍役頓即會意，搶上一步，抓住了杓柄，避免了將軍夫人用大湯杓喝湯的笑話，侍役在將軍夫人的空盤子裡裝一盆湯，立將湯缽端走，依然按照規矩依序請客人自行取用。將軍夫人還算聰明，當時會過意來，以後的菜她再也不「獨霸」了。於是，錢新之乘席上談笑正歡，悄聲誇獎杜月笙說：

「月笙兄，真正沒有你化解不開的場面！」

杜維藩在正始中學畢了業，儘管他父親開了那麼多爿銀行，那麼許多家工廠，但是杜月笙雅不欲他的兒女遊手好閒當小開，吃碗現成飯，他叫杜維藩去投考中國銀行練習生，考取以後從頭學起做了幾年，二十八年秋他再到香港的時候，差不了幾天就算練習期間屆滿，即將升任試用員，與此同時，他一向白天上班，夜裡讀滬江大學夜校，也是祇差四十多個學分，就可以獲得滬江大學畢業文憑。杜維藩覺得很懊悔，杜月笙卻安慰他說：

「人家為抗戰不惜犧牲了生命財產哩，你吃這點虧又算得了什麼？要緊的是，書要繼續讀，事情要繼續做，不可就此荒廢。」

民國二十七年八月二十四日，交通銀行董事長胡筠（字筆江）搭乘航機由香港飛重慶，途中猝遇日本軍機，竟被追逐掃射，終至機毀人亡，無一倖存。交通銀行董事長一席，遂告出缺。

早在民國二十四年四月，財政部長孔祥熙深感中國、交通兩大銀行，對於政府的合作不夠密切，因此他下了徹底整頓的決心，修改兩行條例，而把杜月笙、錢新之等人拉了進去，希望運用他們長袖善舞的才能，志切報國的熱情，改善交行業務，俾與國家行局打成一片。

杜月笙和錢新之在交通銀行都是擔任常務董事，而在孔祥熙的心目之中，杜月笙的份量自較錢新之為重，所以胡筠墜機身亡，交行董事長出缺，這一席很可能落在杜月笙的頭上，尤其杜月笙幫過交行總經理唐壽民的忙，杜唐的交情也是勝於錢唐，唐壽民當然希望杜月笙來當他的頂頭上司，卻是杜月笙認為交通銀行董事長也是做官，他一力堅辭，繼任交通銀行董事長的，方始冷門爆出改成了錢新之。

錢新之在杜月笙身上，下的功夫相當大，觀諸他到港以後和杜月笙形影不離，便是最好的例證。再加上交通銀行董事長的此一禮讓，使錢新之倍增感激，因此，當杜月笙和錢新之商議，能否給杜維藩在交通銀行謀一席之地？錢新之不僅欣然應允，而且盛讚杜維藩少年英俊，他說他要給維藩安排一個優差，使他有以發揮長才。

「不不不，」杜月笙很著急的雙手直搖：「維藩年紀還輕，只有練習生快做滿的資格，新之兄你若肯幫忙，最好叫他該做什麼就做什麼。」

「那又何必呢？」錢新之說：「我們自己的兒女都不提拔，那又何必一年四季的儘在提拔人家！」

「話不是這麼說的，新之兄。」杜月笙剴切陳詞，吐露心臆：「小孩子讀書做事，那是要他們自家來的，我們今朝幫他們一分，將來便是害他們一生，我向來都在這樣想：我可以留下叫兒女做老爺太太的銅鈿，決不能讓他們有做老爺太太的鬆弛懶怠。」

錢新之不禁慨乎言之：

「月笙兄，你這個道理對極！」

杜維藩終於進了交通銀行，他得不到優差，錢新之派他當香港分行事務處末等事務員，月薪港幣六十元，他必須每天清早從九龍渡海到香港去上班，風雨無阻，不許請假，他那個職位僅祇比較練習生高一級。

學業方面，杜月笙禮聘中英文造詣俱深的呂光，擔任杜維藩的家庭教師，專教英文。

33

吳開先隻身探虎穴

民國二十七年十二月二十九日，汪精衛從重慶出走，經昆明、潛抵河內，發表通敵求和的艷電，主張停止抗戰，對日謀和。二十八年元旦，國民黨中常會舉行臨時會議，決議：汪兆銘危害黨國，永遠開除黨籍，並撤除其一切職務。一直到五月三日，汪精衛方始在日本人的嚴密保護之下，由河內直赴上海。他起先住在虹口日本軍區，而當時的上海人有一句口號，那便是：「不過四川路橋！」因為一過四川路便就離開了租界，到了日本人佔領的區域，亦即上海人鄙夷的「歹土」。

汪精衛在四川路橋那邊住了幾天，旋即搬過橋來，卻是住進了辣斯斐爾路七十六號，那一幢寬大幽深的花園住宅，原來是陳調元的產業，日本人將它侵佔，撥給汪精衛充作舉行「偽國民黨全國代表大會」的會場，後來便改作汪偽政府的特務機關大本營。

汪精衛所召集的「代表大會」，議決了所謂「和平大計」、「改選總裁及中央委員案」，他們甘冒天下之大不韙，沐猴而冠，拿日本人「發還」的關稅餘金，每個月四千萬元作為經費，收買黨羽，招兵買馬，積極佈置成立為虎作倀的傀儡政權。當時，由於汪精衛在國民黨內地位甚高，許多忠於國民黨的上海市黨部人員，和工商金融界人士，受了他們的蠱惑，不明真相，貿然附從，使敵偽勢力，因以坐大，而國民黨在上海的組織，幾乎為之整個動搖。

於是，民國二十八年，時在軍事委員會第六部任職的，前上海市黨部主任委員吳開先，奉命趕赴上海，他身邊攜有國民黨蔣總裁致滬上耆彥虞洽卿等五人的問候函件，行政院長孔祥熙寫給上海銀行界領袖李馥蓀、秦潤卿等的私函十餘通。吳開先單槍匹馬，空手赤拳，他悄然的由重慶經昆明、河內而香港，先去探訪杜月笙。

舊友異域把晤，杜月笙非常高興，不過他深知吳開先此行任務之艱險，吳開先一到，他便吩咐手下，一律絕對保密，尤須嚴密防護。

和杜月笙及其心腹人士，扃室密談，吳開先簡略的說明他此行的使命，他說：

「頭一樁，我要分訪上海工商金融界的重要人物，向他們說明中央抗戰到底的決心。我身上還帶得有總裁和孔院長寫給他們各位的信。」

「開兄，你任務重要，目標太大，」杜月笙立刻插嘴進來，借箸代籌：「你到了上海，應該儘量減少公開露面的機會。我看這樣子吧，你所攜帶的信件和密碼，統統交給我，由我指派妥人代你秘密運進去。此外我再寫信給黃老闆和金廷蓀，請他們兩位出面，把你所需要拜望的人，全部請到金三哥的公館，一頓飯吃下來，話也說了信也交了，豈不是可以免卻你一家家跑的麻煩和危險。」

吳開先欣然色喜的說：「杜先生肯幫這個忙，那真是再好也沒有了。」

「於公於私，這都是我應該做的，」接下來，杜月笙又向他的左右心腹解釋的說：「開兄這一次去上海，要緊得很，最近以來汪精衛、陳公博、周佛海他們在上海大造其謠，說他們出來『組府』是中央默許的，上海方面已經有不少人上了他們的當，必須開兄去當面解釋，才可以粉碎這幫子漢奸的謠言，有這一層緣故，日本人和汪精衛一定會想盡方法來攔住開兄。」

「宣達中央意旨以後，」吳開先一聲苦笑：「我還有第二個任務，留在上海，加強上海的黨務工作，關於這一點，我也要請杜先生幫忙，頭一個我就希望跟抗敵後援會那一批朋友取得聯繫。」

「留在上海，加強黨務，」杜月笙眉頭一皺的說：「這個問題更大了，不經事先佈置，唯恐萬一有失。開兄，你該在香港多住兩天，讓我為你佈置妥當了再動身。」

「這個——」吳開先覺得很為難了，他遲疑不決的說：「可是我的任務很緊急。」

「開兄放心，」杜月笙深沉的一笑：「我跟上海有專用電臺，聯絡起來快得很，躭擱不了你幾天功夫。」

果然，兩天以後，杜月笙便替吳開先安排了輪船，以及沿途負責保護的專人，吳開先隨身所攜的密函密碼，也由杜月笙派人專程送到了上海。吳開先辭別了香港杜門中人，隻身入虎穴，船抵吳淞口，時已深夜，月黑風高，洋輪船正徐徐駛入黃浦江，一艘汽艇，乘風破浪，越駛越近，終於駛到大輪船旁邊，輪船上立刻有人放下纜繩、船梯，然後，小船便有一個中等身材的胖漢，帶兩名從人，搖搖擺擺，爬上梯來。

吳開先很緊張的伏在船檻杆上，看此一幕，當他看清楚了來人，不禁歡聲大叫：「墨林，你來了！」

萬墨林帶領保鑣，親上輪船迎接吳開先，奉的便是杜月笙之命。當晚，小艇在租界外灘靠岸，碼頭附近，黑影憧憧，萬墨林附耳告訴吳開先說：

「他們都是在暗中保你駕的。」

34 倡議設立統一委會

吳開先在上海的住處，自備汽車，隨從保鑣，全由萬墨林安排好了。當天夜裡，萬墨林交給吳開先一個小冊子，上面印得有杜月笙「恆社」八百弟子在滬者的電話地址和所業，萬墨林報告吳先生說：

「杜先生交代過了的，所有恆社社員，都奉了杜先生的命令，從今以後，絕對服從吳先生的指揮，吳先生要喊他們辦什麼事情，只要吩咐一聲就是。還有，恆社社員和他們相關的人，開的那些公司行號、茶樓酒館、戲院旅社，吳先生可以隨時指定作交通站、居留地，或者是秘密聯絡機關。」

第二天早上，吳開先便由人陪同，分赴漕河涇黃家花園，和南陽橋金老公館，拜訪黃金榮和金廷蓀。黃、金二位已經收到「月笙的電報」，三個人聚在一處一商議，吳開先要見的工商金融界領袖很多，一次請齊，恐怕敵偽注意，於是改作兩次分別宴敘，同時為了保密，便請在南洋橋金廷蓀的家裡。由於請過這兩次客，上海工商金融領袖自虞洽卿以次，得到蔣委員長和孔院長的信，又聽到吳開先當面報告：汪精衛、陳公博、周佛海等背叛中央，賣國求和的真相，以及後方軍民，一心一德，集中全力抗戰到底的決心，吳開先兩度剴切陳詞，使全體聽者為之慷慨動容，汪陳的第一步陰謀，因而一舉摧破。

吳開先在敵偽偵騎四出，危機重重的險惡環境中，雍容鎮靜，指揮若定，在淪陷了的上海一住一年多，不僅己身安然無事，而且順利完成所有的使命，他說：

「月笙先生所予的助力，那裡是三言兩語所可以說得完的。」

在上海做了半年多的地下工作，民國二十八年夏天，吳開先請假回重慶，路經香港，和杜月笙又次把晤，歡慰逾恆。洗塵宴後，杜月笙和吳開先闢室密談，他先關懷的問：

「開兄這一次回重慶，將來還要不要再到上海去？」

吳開先當即答道：

「我這一次回重慶是請假性質，並不是奉令調遣，拿上海目前的情勢來看，中央必須繼續有人在那裡督導，工作才可以推行，臨時有事，也能隨機應付，我看我到重慶稍微歇上一陣，終究還是要回上海去的。」

略一沉吟，杜月笙又說：

「有一件事，我擺在心上很久了，就不曉得該說呢不該說？」

吳開先忙道：

「杜先生一定是有什麼高明的意見，我在這裡洗耳恭聽呢。」

於是杜月笙便說出了他的一個建議：

「上海雖然淪陷，但是還有租界，尤其上海這個地方相當重要，所以中央各院部會，經常都有人派在上海，他們各人有各人的任務，各人做各人的事情，也許見到面大家還不認得。這麼樣的做法，用人多用錢多用氣力更多，反而收不到相互配合，相互支助的效果。因此我說，開兄回重慶，可否趁此機會建議中央，能不能設一個總的機構，全盤負責上海方面的工作，人員不妨大家都派，有了事情便大家一道來。」

「杜先生這個意見高明已極！」吳開先高聲的說：「我到重慶以後，一定要設法向中央提出。」

在香港略事勾留，吳開先便回重慶去了，在吳開先告假返渝時期，中央又派蔣伯誠到上海主持一切。蔣伯誠是安徽人，年齡約與杜月笙相埒，雖然身為中央大員，卻很喜歡跟年輕朋友接近，他抵港後住在聖斯酒店，吳開先過港嚴守秘密，蔣伯誠則一起頭便公開露面，杜月笙為了投其所好，派他的大兒子杜維藩，世侄史詠賡（故「申報」主人史量才的獨子），還有他的學生郭蘭馨，再加上一位軍統局的金湯奉陪。這四個年輕人一天到晚「伯老，伯老」的叫，「伯老」則跟他們有說有笑，吃吃小館子，跑跑跳舞廳，玩得興高采烈，不分老小。

不過等到蔣伯誠快動身了，也就是杜月笙為他所做的安排和準備俱已完成，臨行之前，總有一段時期忙碌緊張，杜月笙這時會吩咐兒子一句：

「維藩，伯老那邊這兩天有事情，你們好勿要去煩了。」

杜維藩一聽，立即會意，他自會去通知史詠賡、郭蘭馨等，從此刻起，不要再去找蔣伯老，而蔣伯老的行蹤也就從此開始神秘起來，不數日後，小朋友們口耳相傳，蔣伯老到上海了。

35 顧嘉棠遠迎劉航琛

二十八年九月間，杜月笙在香港，送吳開先回了重慶，再送蔣伯誠潛赴上海，他自己方始喘過一口氣，打算好好的休息幾天，卻不料方回重慶四十天的好友劉航琛，又寄來了一封航空快信，信上不說理由，祇是催促杜月笙，請他剋日飛渝。

劉航琛和杜月笙在香港久別重逢，其間又有一段曲折離奇的故事——

劉航琛，四川瀘州人，祖上經營愛人堂藥舖，和愛人堂香花酒、大麴酒，歷時百年，富甲一方。他自己畢業於國立北京大學經濟系，少年英發，名動公卿，西北王馮玉祥想延他入幕，他飄然南旋，卻又被四川善後督辦劉湘，設個圈套，拉他去管財政，從此參與密切，成為劉湘的心腹智囊，乃至中央與四川間的橋樑。劉航琛一面輔佐劉湘，一面做他自己的生意，到了抗戰前夕，他所擁有的銀行和公司工廠，確有過半資本而當上的董事長頭銜，最低限度，要比杜月笙多上一倍。

但是，劉航琛和杜月笙，自民國二十一年起，是由「神交」而變成玩的朋友，事業方面，很少關聯。而且，民國二十七年年底的劉航琛，恰正霉運當頭，被迫出走。因為二十七年元月劉湘病逝漢口，繼任四川省主席的，先後有張羣，和蔣委員長兼任，到民國二十八年八月一日，中央又明令劉湘的部將王纘緒兼代。當劉航琛主持四川財政，他心目之中，祇有中央，祇有劉湘，遇事一概秉公辦理，於是，便為了一宗鹽稅問題，跟王纘緒結了怨。官拜主席以後的王纘緒公開揚言，只要他撞見劉航琛，必定不顧一切，將他槍斃。

劉航琛曉得這種事情並無道理可講，迫不得已，只好逃亡，他從重慶到了昆明，作雲南省主席龍雲的上賓，再自昆明走河內。剛住進旅館，一位虎腰熊背，相貌堂堂的大塊頭，大踏步的直搶進來，驚一驚，抬頭看時，不勝駭異的叫喊起來了：

「咦，你不是顧嘉棠先生嗎？」

「正是。」顧喜棠含笑點頭，坐下，然後說明來意：「杜先生聽到消息，劉先生某月某日到河內，因此吩咐小弟趕來迎接。」

劉航琛也不問，他此行極端保密，杜月笙是怎樣得到消息的？他衹是說：

「王纘緒在當權傾一時的四川省主席，而他又講明了要跟我過不去。」

顧嘉棠只當沒有聽見，他說：

「杜先生誠心誠意，約劉先生到香港小住。」

落魄遭難，流浪天涯，誰肯做王纘緒仇家的東道士，自貽伊戚？唯有杜月笙，他自己也是必需常往四川重慶跑的，他便甘於開罪王纘緒，向劉航琛致空前未有的最高敬意，派他麾下早已自立門戶的第一員大將顧嘉棠，千里迢遙，從香港專程來河內，躬自迎迓。這一份誠懇摯切的友情，使劉航琛認為可感，於是便放棄了預定的南洋行，由顧嘉棠陪著，到了香港。

一見面，杜月笙非常高興，兩位好友提起兩年前分別的情況，那一天正是民國二十六年八月十三，劉航琛在杜月笙家裡打麻將，到南京出席最高國防會議的四川省主席劉湘，打電話到上海，十萬火急的催劉航琛去南京，有要事相商。劉航琛放下麻將牌，匆匆趕到上海北站，等他抵達南京，有人來接，告訴他八一三之戰爆發，上海已經打得稀爛了。自那日一別，到此刻相見，為時正好三年，在這兩年之間，從國家以至個人，都發生了莫大的變化，烽火連天，有家難回，杜月笙和劉航琛有不盡的感慨，深切的惆悵。

當前天下大勢和中日之戰的前途如何，杜月笙很想聽聽劉航琛的意見，劉航琛的回答是抗戰前途非常光明，一切都有希望。

那一夕長談，談到最後，杜月笙又問起他這次盡棄所有，兩手空空的離開上海，對於他自己來說，「究竟做得對不對呢？」

「當然對嘍！」劉航琛誠心誠意的說：「杜先生，我正要恭喜你哩。在上海，你只不過是上海的杜月笙，現在你到了香港，一心一德，支持抗戰，對於國家、民族、社會以及若干個人，都有很大的貢獻，你的抉擇令人讚賞，你的作為令人欽佩，我敢於這麼講，如今你已是中國的杜月笙了。」

杜月笙聽後，莞爾一笑，謙稱幾聲：「豈敢，豈敢！」卻是劉航琛看得出來，他內心裡的感覺大概是「甚以為然。」

在香港招待劉航琛，杜月笙又跟杜劉初次相遇一般，唯恐王纘緒在香港下手，他派顧嘉棠晨昏與共，形影不離，全天候的陪伴著他，一方面充保鑣，一方面當導遊。劉航琛的住處，他安排在聖斯酒店，顧嘉棠也開了個隔壁房間。旋不久，劉航琛便得著消息，他派到重慶料理事務的何九淵，竟然遇刺，人雖未死，由而可知王纘緒對於舊仇新憾，依舊念念不忘。

36

一天一桌魚翅全席

當年香港，那有今日繁榮？像樣的外江口飯館還數不上十家，杜月笙曉得劉航琛即令是在韜光養晦時期，以他的交遊廣闊，慷慨好客，酬酢往還在所難免。於是他指定幾家餐館，循序輪流，每天送一桌上等的魚翅全席，到劉航琛先生的長房間，隨劉先生宴客也好，自用也罷，這一日一席絕對不許中斷。

如此這般，杜月笙客居香港招待劉航琛，前後歷時三個月之久。三閱月後，劉航琛去了一趟南洋，待他遄返香港，杜月笙又繼續招待如故。

轉眼間，到了民國二十八年八月，時任行政院長的孔祥熙，從重慶打個電報給劉航琛，電文中說，有要事相商，請即來渝。

劉航琛打定了主意回四川，結束為期將近兩年的流浪生活。當晚，顧嘉棠面容嚴肅，愁眉不展，走進劉航琛的房間，坐定以後，開口便問：

「杜先生喊我來問劉先生，這一次，你可不可以不到重慶去？」

「不可以，」劉航琛一聲苦笑：「因為我飛機票都買好了。」

顧嘉棠一語不發，拿起電話往外打，關照賬房間，就劉先生搭的那架飛機，再買一張票。

放下電話，劉航琛愕然的問：

「你這是做什麼?」

顧嘉棠笑笑，他回答道：

「杜先生關照我問劉先生可否不去的時候，他早已曉得劉先生的答覆一定是：『非去不可』，因此，他接下來就吩咐我，叫我陪劉先生回重慶，一直要寸步不離的陪你再到香港。」

這是何等的慷慨俠義，使劉航琛無法不為之深切感激，將杜月笙認作平生知己，由衷欽服他是「前不見古人，後不見來者」，空前絕後的英雄豪傑。因為，以顧嘉棠在幫會中的地位，官場中的關係，社會上的聲望，江湖上的威名，他可以稱為僅次於杜月笙之一人。杜月笙派出這麼一位方面大將，屈為劉航琛的隨行保鑣，這一份情誼，該有多重?

尤有一層，王纘緒是四川軍閥出身，他握有重兵，掌握大權，還可以運用在四川全省遍地皆是，無孔不入的袍哥力量。顧嘉棠是中年人了，論膂力、槍法、機警與經驗，他仍不失為標準以上的好保鑣，但是，「雙手不敵四拳」、「強龍不壓地頭蛇」，王纘緒若是還不肯放過劉航琛，那麼，杜月笙便無疑的是派顧嘉棠匹馬單槍，去向管理七千萬軍民的王纘緒搦戰。顧劉倘有不測，杜月笙焉能坐視?所以，這一件事並不在於顧嘉棠保一趟鑣的本身，一個弄不好，後果之嚴重，簡直不堪想像。

劉航琛非常瞭解杜月笙，他言話一句，駟馬難追，推托這番盛情是斷無可能的。向他道謝告辭，和顧嘉棠同機飛渝，見過了孔祥熙，奇怪的是孔祥熙不過寒暄數語，並不曾有什麼要事商議，王纘緒方面，居然是一片緘默，全無動靜。

顧嘉棠和劉航琛為防萬一，還是形影不離，到了重慶，便該劉航琛盡地主之誼，他招待顧嘉棠，祇好投桃報李，採行杜月笙的方式，每天請他一頓全席。

平安無事的過了四十天，忽有一日，時在二十八年九月下旬，重慶國府路范莊孔公館來電話通知，明日上午九時正，院長有要事就商，請劉先生準時到范莊會客室。

還是顧嘉棠陪著同去，在香港臨行前夕，劉航琛說過不敢勞動顧先生大駕的話，言下之意，隨便換個小朋友，反可使問題的嚴重性減少，而且讓他自己莫那麼過意不去。當時，顧嘉棠便說過這樣一句話：「杜先生特地派我，就因為劉先生去得的地方，我顧嘉棠也跑得進去。」這句話此刻便兌現了，孔祥熙也認得顧嘉棠，他有資格和劉航琛一齊升堂入室，作孔院長的座上客。

兩人到了范莊孔公館，副官引導他們進入外客廳，請他們坐，很客氣的說：

「院長還有一位客，請二位寬坐一會兒。」

於是劉航琛便跟顧嘉棠坐在外客廳等，時間一分一秒的過去，忽然內客廳裡響起了橐橐步聲，須臾，一位戎服輝煌的上將在前，面帶微笑的孔院長在後，劉顧二人曉得是孔祥熙在送客。但當那位上將臨近跟前，兩人不禁齊齊的一驚，孔祥熙所送之客正是揚言要殺了劉航琛的王纘緒。

當時，王纘緒站定了，也是一臉的驚詫錯愕，於是孔祥熙滿臉春風的往他們中間一站，打了個哈哈說：

「你們兩位許久不曾見面了吧，怎麼驚喜得連招呼都忘記打了？」

他這麼一說，王纘緒祇好勉強笑笑，伸手和劉航琛一握，一對冤家還寒喧了幾句，然後再握手道別，仍由孔祥熙送他到外客廳門口。

回過頭來，孔祥熙再邀劉、顧二人進去坐，坐定以後還是沒有要事商談，孔祥熙見了顧嘉棠，直是在問月笙好吧，上海方面情形如何？

儘在談著閒天，實在忍不住了，劉航琛便問：

「庸公，你不是說有要事相商的嗎？」

孔祥熙眼睛望著他，頷首微笑，答道：

「今天我邀你來，在我說確實沒有什麼事情，祇不過，對於你也許是很重要，因為王纘緒即將率部出川抗戰，他約好今天九點鐘來向我辭行，我通知了你，請你在外客廳等等，等我送王纘緒出來，讓你們二位在我的客廳裡見一次面，握兩回手，衝著我的面子，王纘緒即使對你有天大的不愉快，總也可以化解了吧！」

37 奉院長召初履重慶

劉航琛十分感激，連聲道謝，滿天星斗，便被孔祥熙此一巧妙安排，一掃而空。卻是，孔祥熙那日一眼看到了顧嘉棠，竟使他兜起一件很大的心事，他確有要事得跟杜月笙商量，因此，過一天，他又打電話召來劉航琛，當面交代：

「有一件事，我需要跟月笙面談，你替我寫封信，請他即日到重慶來。」

「庸公請杜先生來他一定到，」劉航琛鄭重其事的問道：「祇是他接到這麼一封沒頭沒腦的信，一定會感到詫異，為什麼我不在信上寫明庸公召見他的原因呢？」

孔祥熙笑了笑說：

「我請他來的原因，在信上是不便講的。」

「我可以在信上不寫，但是我卻不能不知道，」劉航琛斂容正色的說：「因為杜月笙是一個最重義氣的朋友，我寫一封不講事由就請他來的信給他，我就必須為他這一次行程所發生的任何事情負起責任。」

說得孔祥熙笑了起來，他說：

「你一定要先曉得，其實也不是什麼不可告人之事，祇是不必寫在信上罷了，中央遷川後厲行戒煙，偏偏又查獲了一批已經完過稅的煙土，中央的意思應予銷燬，可是四川老百姓反對，他們說這批煙土既然完過了稅，應該是合法的，因而使這一件事的處理，左右兩難。那天顧嘉棠陪你來見我，我見到了他，忽然想起，老杜雖然洗手已久，然而老關係可能還有，何不請他來一趟，當面商量商量。」

劉航琛一心只為杜月笙想，他更進一步的問：

「照庸公的構想，將來該是怎麼樣的一個做法呢？」

「直到現在，我還沒有什麼構想，」孔祥熙坦然的答道：「不過，原則上我希望再製為麻醉藥品，同時，為了避免滋生流弊，發生倒流現象，必須嚴格規定，絕對要銷到外洋去。」

劉航琛一想，杜月笙在香港，收入全無而開銷奇大，長此以往，終非久遠之計，他應該為自己做點生意，存土改製麻醉藥品，銷往外洋，政府可以增加外匯，支持抗戰，老百姓也得能收回成本，不至全部損失，杜月笙呢，皇帝不差餓兵，他再耿介，俗話說得好：「水過田也肥」，多少撈到點好處，對他目前的財務，自是不無「大」補。他私心很佩服孔祥熙這種公私兼顧，兼且挑挑杜月笙的用心，於是，當時立刻欣然應允，回去寫信，請杜月笙儘快回一趟重慶。

回到家裡，又想起了一個問題，杜月笙現在是賑濟委員會的常委、交通銀行常務董事，又是中國紅十字會副會長，他有職務在身，便具官常，由他親自出面，只怕不大妥當。因此，他寫信之前，跟顧嘉棠先不說明緣由，只是請他多留幾天，等杜月笙到了，接洽好事情，然後一道回香港。

杜月笙初抵山城，親眼看到敵機肆虐，濫行轟炸，而大後方的軍民，同仇敵愾，不屈不撓，早上家屋被炸毀了，下午便動員一家大小，空手赤拳，在廢墟上重建家園，種種精神意志的表現，使他不僅感動，而且振奮。另一方面，山城是長期抗戰的司令台，中華民國的精神堡壘，長官多、朋友多、學生子更多，朝野人士，所給予盛大熱烈而隆重的歡迎，更讓他歡欣鼓舞，欣幸萬分。

杜月笙這三個字，實在是太響亮了，不曉得有許多人希望瞻仰他的風采，不曉得有多少人渴求獲得和他接席懇談的機會。杜月笙抵渝之後，下榻於交通銀行樓上的招待所，由他的學生陸京士、于松喬、唐承宗，每天輪流抽出餘暇，隨侍在側，照料一切，卻是動員了那麼許多幹員，依舊人人忙得喘不過氣來。

杜月笙到重慶的消息傳出，吳開先便趕往會晤，兩個人一見面，杜月笙寒暄過後，便提出他甚為關切的問題，他問吳開先：

「中央統一指揮上海各方面的意見，你提出了沒有呀？」

「我已經向中央和有關方面分別的提過，」吳開先答道：「不過，直到今天還沒有聽說下文。」

「那麼，」杜朋笙再問：「你自己的事呢，究竟還要不要到上海去？」

「要去的，我預定在十天之內動身。」

「你不妨等一等，」杜月笙想過了方道：「我既然到重慶來了，這件事不妨由我直接去說，過兩天你和我一道回香港，等統一工作的辦法決定了之後，你再動身到上海還不遲。」

吳開先答應了，他在重慶多留幾天，坐候佳音，果然，不久中央便決定在上海組織工作統一委員會，並且連人事命令俱已發表。「上海工作統一委員會」設常務委員五人：戴笠、俞鴻鈞、蔣伯誠、杜月笙、吳開先，委員則有錢新之、潘公展、陸京士、馮有真、吳任滄、童行白等。常務委員吳開先兼書記長。

準備回香港了，杜月笙和吳開先一齊到戴笠的公館，商定初步的工作原則和計劃，照戴笠的意思，趁杜月笙、錢新之兩位在重慶，何不就便舉行第一次常務委員會議。

38 統一工作控制上海

於是杜月笙又在重慶多住了兩天，等開完常務委員會議，並且獲致了一個初步「統一」方案，——中央各機關留滬各單位，雖仍分由主管機關負責指揮，但各該單位在滬負責人，每月必須舉行會報一次，相互商洽，並隨時交換情報；一切有關整個問題，均應提會討論，在滬各單位除一體出席外，尤須接受指示負責召集。

吳開先覺得已經很滿意了，欣欣然的和杜月笙、錢新之飛赴香港，這一次因為兩人相聚的時日較多，杜月笙跟吳開先談了不少次，對於他二度入滬，設計安排，比頭一回尤為週詳縝密，杜月笙不吝一而再、再而三的叮嚀吳開先說：

「你這一次去上海，一定要事事重頭來起，但凡上次你所住過的地方，所用過的關係，這一次除非萬不得已，你就再也不要去接觸聯絡，免得給敵偽方面輕易的找到了舊線索。」

吳開先唯唯應諾，卻是他又提起了通訊聯絡這個大問題，他說：

「工作統一委員會的五位常務委員，杜先生在香港，戴先生和俞先生在重慶，蔣伯誠先生和我在上海，五個人分了三處地方，將來在必須切取聯絡的時候，可能會感到不便。」

杜月笙想了想，慨然答道：

「要解決這個困難，唯一的辦法是建立一個滬、港、渝三角無線電通訊網。現在上海和重慶之間的秘密電臺已經設好，重慶跟香港也不生問題，所缺的就只有上海和香港兩處地方的通訊聯絡了。開兄，你放心，我自會設法在香港另設一個專用秘密電台。」

吳開先行前，杜月笙又關照他說：

「最近我想起來，工作統一大有好處，但是也有危險，不可不防。你們在上海的人，一個月開一次會，開會的地點和時間，以及負責通知聯絡的，一定要十分機密妥當，依我看來，這些事情，你最好交給萬墨林辦，你不要自已為這些瑣碎小事操心，萬墨林那邊我自會關照他特別謹慎，不要一個弄不好，被敵偽特務把你們這些首腦份子一網打盡了，那才叫糟糕。」

後來，吳開先到了上海，他依照杜月笙的辦法，把通知開會以及會議時間地點的安排，一概委託萬墨林。上海工作統一委員會通常一個月還不讓開一次會，因此，萬墨林便只有把他所能找得到的穩妥地點，逐一輪流使用。華格臬路接連開過了幾次會，旋不久便引起敵偽的注意，在杜公館四週密佈偵騎，他們把華格臬路杜公館視作「神秘房屋」。萬墨林不敢再用，又打開了辣斐德路姚氏夫人的十八層樓，不久又嫌公寓人雜耳目也多，再改到南陽橋金廷蓀，和江一平、朱文德、虞如品、俞松筠和趙培鑫等的家裡，作為秘密會議場所。

統一委員會在上海做了無其數的工作，其中成就最大的，厥為竭力勸導金融工商鉅子，智識青年以及大後方最感缺之的專業工人，紛紛的離滬赴港，轉往後方，充實抗戰的力量。至於那些無法離開上海的，他們也能秉其良心，堅定「抗戰必勝，建國必成」的信念，斷然拒絕與敵偽合作，因而上海淪陷區的金融工商，竟能配合中央政府的各項政策，日方逼迫汪偽政府爭取上海金融工商界的支持，但是迄汪精衛之死，以至抗戰勝利，汪偽政府威脅利誘，千方百計，始終拉不到一個上海金融工商界的知名之士。反過來看時，當民國三十年重慶發行美金勝利公債，上海銀行錢莊兩業，工商機構，甚至平民百姓，倒能在杜月笙和統一委員會的號召之下，爭先恐後，踴躍輸將，募得了相當巨大的一筆數額。

吳開先將此一戰場所獲致的重大勝利，歸功於兩個人。其一是任國民政府行政院長的孔祥熙，孔祥熙和滬上金融工商巨子素有淵源，他實施廢兩改元、法幣政策的成功，使得民國二十二年以至抗戰之前那一段時期，全國工商經濟在破產的邊緣，起死回生般出現了嶄新的局面。孔氏財政政策的成功，挽救了上海的工商金融業者，尚且使他們陸續建立了新的事業，這許多大亨飲水思源，對孔祥熙極有好感，而且衷心敬服。吳開先為上海統一委員會的工作，經常往返於滬渝之間，每一次他到上海，孔祥熙必定託他帶十幾封信，分致那些滯留上海的大亨們，諄諄鼓勵，殷切慰問，勗勉他們堅定立場，不跟敵偽往來，並且許以抗戰勝利以後，中央必定一體保護，這些信情詞懇切，使陷區金融工商業者和中央的關係，從未中斷。

孔祥熙每次寫好了私函，杜月笙便以友誼身份，不時利用他的秘密電臺，向上海大亨們再三致意，請他們一應事宜，悉遵孔院長的指示辦理，至於如何才能與中央的財金政策配合？杜月笙老實不客氣，他常常有「詳為陳明」的電報拍到上海。所以吳開先強調的說：杜月笙是此一戰爭的第二位大功臣。

一系列的戰時工業，在西南大後方次第建立，這是長期抗戰生產戰線最重要的一環，關係抗戰前途至為重大，此一任重道遠的工作由資源委員會執行。資源委員會在大後方設立了很多工廠，當時我國所有的海岸線全被日軍封鎖，因此機器廠房儘可七拼八湊，唯有熟手的專業工人著實難求，當時有人提出：要找熟手專業工人，唯一的路道是到上海挖。中央將此一任務交給統一工作委員會，杜月笙立電上海吳開先，自己則儘力協助，並且交代了他該去找誰找誰。吳開先很順利的尋到上海總工會地下負責人周學湘。周學湘是上海工運的老前輩，跟陸京士、朱學範等人在勞工界的地位相伯仲，周學湘在二十七年秋天由浙東回上海，業已組成半秘密性質的「工人協力會」，集合愛國工人，共為抗戰効力。當吳開先找到了周學湘時，周學湘業已奉到杜月笙的通知，他乃利用「工人協力會」這個機構，秘密招徠了數百名志切報國的專業熟練工人，機器、紡織、造紙各業俱各大有人在。為了護送這數百熟手工人脫離上海，輾轉而赴西南，杜月笙下一道命令，恆社社員有錢出錢，有力出力，務必全體出動，數百工人從二十九年夏天開始，分水陸兩路，由恆社社員設法護送。陸路是由上海經杭州、紹興、金華，沿浙贛鐵路、萍鄉鐵路而江西、湖南，再穿山越嶺的經黔入川。水路則自上海乘船赴港，然後由杜月笙派人一一送入內地，此一計劃的完成，對於戰時生產，抗戰前途，實有極大之貢獻。

39

高陶事件轟動世界

當吳開先在上海和敵偽從事尖銳鬥爭，徐采丞充份利用其天時地利與「人和」，成為杜月笙在上海的方面大將，為了許多機密任務，他經常往來於上海香港間。二十八年十月，徐采丞方自香港回了上海，不兩天，杜月笙照例下午過海去告羅士打會客辦公，他正和翁左青、胡敘五商議事情，猛一抬頭，看見徐采丞神色匆匆的推門進來，愕一愕，便問：

「你不是剛剛回去的嗎？怎麼又……」

「有一件緊急大事，」徐采丞坐定下來回答：「不得不原船趕來香港。」

「什麼緊急大事？」杜月笙急急的問。

徐采丞先不答，從懷中掏出一張字條，遞給杜月笙。杜月笙接過來看時，見字第上只有幾個字：

「高決反正速向渝洽。」

「高——是否高宗武？」

「是的。」

「這張字條是誰寫的？」

「是黃溯初先生請徐寄廎寫的。」

「黃溯初是那一位？」

「他是老進步黨，梁啟超財政經濟方面的智囊，又是老日本留學生，跟東洋人關係很深，從前當過國會議員，抗戰之前做過生意，因為經營失敗，跑到日本去隱居。他是高宗武的老長輩，高宗武從讀書到做官，得到黃溯初的幫助很多。」

「采丞兄，阿是你認得這位黃先生？」

「不，黃先生是徐寄廎的同鄉友好。」

搔搔頭，杜月笙大惑不解的問：

「這件大事，怎麼會落到我們頭上來的？」

於是，徐采丞一五一十，源源本本的說了，此次他方回上海，剛剛到家，徐寄廎便登門拜訪，告訴他說：高宗武以外交部亞洲司長的身份，起先駐港從事情報工作，他一向抱著「和平救國」的大願，又因為日本前首相犬養毅的兒子犬養健，跟他是日本帝大時代的同學。犬養健在日本情報「梅機關非常活躍，因此種種緣故，高宗武方始成了汪精衛與日方間的穿針引線人。

「這個人我曉得，」杜月笙打斷了他的話說：「前些時香港華僑日報登過一條消息，隱隱的指高宗武來往上海香港，是在秘密從事謀和。高宗武看了大不開心，揚言要告華僑日報。華僑日報的朋友託我出面調解，我叫人去跟高宗武說了，這位朋友很落檻，一口答應看我面子，打消原意。」

「杜先生和高宗武之間還有這一層關係，那就更好了，」徐采丞欣然的說，又道：「高宗武後來跟汪精衛到了上海，一直都是負責辦交涉的重要人物，但是不久他到東京，近衛首相把『中日密約』開出來，他一談之下，發現東洋人所謂的『和約』要比二十一條還狠。假使簽訂了這項『和約』

的話，那麼整個國家民族的命運都要斷送，為此他覺得徬徨苦悶，於是他跑到長崎曉濱村，找到了他的父執黃溯初，向他討教。」

「是黃溯初教高宗武反正的？」

「高宗武自己早有這個意思，」徐采答道：「據黃先生說：高宗武認為他從事的是和平救國工作，決不是賣國求榮。黃先生不過鼓勵他，點醒他，答應幫他的忙，代他設法向重慶方面接洽。」

但是，黃溯初因為自己是進步黨人的關係，他對國民黨不無偏見，他在長崎和高宗武相約，高宗武回滬不久他也到了上海。徐寄廎和黃溯初是同鄉友好，黃溯初便去找到了徐寄廎，一席密談，末後提起如何安排高宗武反正，要使他平安逃出上海，又得保證國民政府不咎既往，許他將功折罪。徐寄廎一聽之下，當即說道：

「你要找這麼樣的一個人，要末只有杜月笙。」

黃溯初說杜月笙我雖然並不認得，但是這個人行俠仗義，一言九鼎，卻是有口皆碑，無人不知；他能答應承攬這一件事，我便放心。

杜月笙聽徐采丞說到這裡，岔嘴問道：

「高宗武是負責辦理日汪交涉的人，他若反正，那麼，汪精衛跟日本人訂的密約內容，是不是可以帶得出來，公諸於世呢？」

徐采丞斷然的說：

「那當然沒有問題。」

於是，杜月笙矍然而起，雙手一拍，眉飛色舞的高聲說道：

「采丞兄，這件事情關係抗戰前途，國家大局，確實值得一試。你便在香港住兩天，我乘最近一班飛機到重慶，我要去見蔣委員長，當面向他報告。」

時在中華民國二十八年十一月五日，杜月笙自香港直飛重慶，晉謁蔣委員長，請示高宗武反正事宜，應該如何處理？

40 敵機追逐從此得病

杜月笙謁見委員長，係由張群負責聯絡，陪同晉謁，他得到委員長的指示，從速反港，秘密進行。當下他十分振奮，搭中國航空公司的飛機，興沖沖的離開重慶，回香港去。

詎料，他所搭乘的這一架飛機，飛到半路，竟碰到日本軍機掃射追逐，飛機師為了保全飛機和旅客的生命，拼命盤旋攀高，他要逃脫敵機的轟擊。民航機逃，敵機則緊隨不捨，當年的民航機既沒有空氣調節，又缺乏舒適安全的各種設備，杜月笙在飛機上，一時但感到天旋地轉，金星四迸，身子猛烈的搖來晃去，時下時上，鶻起翻飛，轉得他頭暈眼花，幾乎昏厥。最後，飛機爬升到八千公尺的高度，機上不備氧氣，而高空空氣稀薄，杜月笙呼吸艱難，幾度窒息，撐到後來實在受不了，他便眼睛一閉，爽性等死。

天幸見，敵機追逐到了八千公尺以上的高度，眼看民航機駕駛員翻騰揉升，技術著實高明得很，再追下去，必然是徒勞無功，枉費心機，於是便在志不得逞之後，一個轉彎，飛開去了。敵機放棄了目標，這一飛機人才算是揀回了性命，然而，杜月笙卻特別的慘，他喘息不止，坐不下去，唯有躺在飛機上，一路到香港。

香港杜公館的家人親友門生弟子，都在啟德機場佇望杜月笙自渝返來，大家談談笑笑，時間在不知不覺中過去，驀地，有人高聲的一喊：

「弗對呀，辰光已經過了，怎麼飛機還沒有到呢？」一句話，提醒了大家，派人到航空公司去問，航空公司的職員唯有苦笑，事實上是他們已經得到客機遭日本軍機攻擊的消息，但為免得引起騷動與不安，他們奉命向接機者保守秘密。

時間越過越久，翹首北望，依然不見飛機的影蹤，杜門中人更著急了，有人議論紛紜，有人竊竊私語，終於，機場中人起耳語運動，紛紛口耳相傳，客機受到敵機的襲擊，卻是蒼天庇佑，賴駕駛員的技術優良，刻已擺脫敵機，毫髮無傷，正向啟德機場飛航。

方在額手稱慶，喊聲：「阿彌陀佛！」航空公司的職員，又是神情嚴肅，緊張倉皇，他們來尋接杜月笙的人，劈頭便說：

「杜月笙先生在高空體力不支，據飛機師的通知，需要準備擔架。」

眾人方在歡喜的一顆心，又齊齊的往下一沉，連忙找到機場醫護室，尋了兩個抬擔架的工友，飛機一到，便搶先衝上飛機，把急喘咻咻，無法起立的杜月笙抬下飛機來。

這便是使杜月笙煩惱痛苦十二年，嚴重損及他的健康，最後終於在六四之年難免一死的氣喘病之由來。他在那次敵機襲擊中逃出了性命，卻換來一副百病叢生，經常不適的身體。

在擔架上被抬回家中，龐京周給他打針吃藥，緊急救治，親友弟子忙得團團亂轉，好不容易使杜月笙喘過氣來了，他臉色蒼白，揮揮手說：

「你們都出去，請采丞兄留下來。」

在病榻上欠起身軀，他跟徐采丞說：

「請你即刻回上海，代我辦到兩件事體。第一、請黃溯初先生火速來香港，跟我當面接洽。第二、轉告萬墨林他們，祇要高宗武說聲走，便不惜一切代價，務必把他和他的家眷，平安無事的先送到香港來。」

徐采丞是在第二天動的身，他回上海，不上十天，黃溯初首先飄然南來。杜月笙大病方癒，親往迎迓，為了安全保密，就請黃溯初在杜公館下榻。

高宗武的一筆賬，都在黃溯初的肚皮裡，於是黃溯初和杜月笙促膝密談，他把高宗武三度赴日的種種經過，中日密約的要點，逐條逐項，向杜月笙一一細說。杜月笙咬文嚼字，坦然的說這實在太多了，一下子難以記得住。於是黃溯初哈哈大笑，親筆給他寫了一份報告要略，杜月笙歡歡喜喜的雙手接過，他眉飛色舞的說：

「我明天再搭飛機到重慶去。」

姚氏夫人見杜月笙連日忙碌緊張，飛重慶又飛出了氣喘毛病，她心中灼急，又不曉得他究竟忙的是什麼事情？

那日聽說杜月笙才隔十天又要飛重慶，她實在擔心得很，便向杜月笙苦勸：

「坐飛機未免太危險了，這一回，您就走河內、昆明，走陸路去，好嗎？」

「不好！」杜月笙打著戲腔，告訴她說：「我此刻恨不能身插雙翅，破空而去哩！走陸路，那又得十天半個月，怎麼來得及啊！」

41

高宗武盜密約全文

冒險二度飛渝，便帶了龐京周醫生同行，以防萬一。這一趟總算託天之幸，安安穩穩，到了重慶，委員長即刻傳見，杜月笙報告既畢，委員長便寫了一封親筆信，交給杜月笙，請他設法轉交高宗武。杜月笙得了委員長的親筆函件，心知大事已諧，當前最要緊的還是迅速採取行動，免得貽誤時機，一著錯，滿盤輸，他肩胛上的擔子著實沉重。

第二天便飛回香港，委員長親筆信交給穩妥可靠的人，秘密攜往上海。接下來，便是整日引頸翹望，苦等高宗武安然南來。黃溯初也住在杜公館苦苦等候，杜月笙長日陪伴佳賓，好在黃溯初見多識廣，為人又很風趣，天大的事擱在心上，他也是從容自在，談笑風生。杜月笙從黃溯初那邊獲益不少，杜公館上下人等，雖然並不清楚黃老先生的身份，卻是人人對他尊重而又親近，誰都喜歡聽他聊天，暢談國家前途，天下大勢。

由於敵偽方面戒備森嚴，防範緊密，徐采丞發動杜門中留在上海的人，要想營救高宗武安然脫險，確實很不簡單。還有一層，則由於日汪之間的「日支新關係調整要綱」談判，是在十二月二十九日完成，簽字儀式，則訂在民國二十八年十二月三十一日舉行，高宗武決心等到密約簽訂過後，再盜出原本，獻諸中央，揭破汪精衛等賣國的勾當。所以，他到元月四日方始成行，行前，他又救出了正有生命危險的陶希聖。

汪精衛舉行「偽國民黨全國代表大會」，新成立的偽中央黨部，先行設置的機構只有外交、宣傳和警衛三個「部」，當時推定的「外交部長」是汪精衛自兼，「警衛主任」周佛海，副主任李士羣、丁默村、宣傳「部長」一席，即由陶希聖充任。

「日支新關係調整要綱」開始談判，陶希聖一看日方提出的條件，日人全面控制中國的野心昭然若揭，他們把中國劃分為「滿洲國」、「蒙疆自治政府」、「華北」、「華中」和「華南」五種地帶，而把海南島和臺灣一般列為日本的軍事基地。五大地帶不曾包括外蒙、新疆、西南和西北，以及西藏，那便是說，日蘇業已有所勾結，他們要共同瓜分中國。陶希聖認為，像這樣「白紙寫上黑字」，要借中國人之手去簽署，這件事是「斷不可能的」，因此他拒絕簽字於中日密約，一面稱病不出，一面暗中策劃如何出走。

陶希聖的態度已使汪精衛、周佛海等大起疑忌，二十九年元旦前後，便有人秘密通知陶希聖，說是李士羣、丁默村主持的汪偽特務機關辣斯斐爾路七十六號，正在計劃刺殺他，陶希聖兩夫婦當時決定：「如果不能逃出上海，只有自戕之一法。」

便在這千鈞一髮之際，二十九年元旦那天，高宗武忽然在法租界環龍路陶希聖住宅出現，他來探病，並且拜年，當時陶希聖告訴高宗武說：

「他們有陰謀不利於你，你怎樣？」

高宗武便說：

「走了吧。」

事實上，徐采丞、萬墨林已經遵照杜月笙的吩咐，替高宗武預備好了船票，同時嚴密訂定保護他順利成行的計劃，臨時加上陶希聖同行，當然不致發生什麼困難。二十九年元月四日，上午，高宗武按照預定計劃登上了美國輪船「胡佛總統號」。陶希聖則獨自一人，乘車到南京路國泰飯店前門，下車後，進入大廈，逕赴後門口，換乘一輛出租汽車，直奔浦灘碼頭，果然也告順利成行。

42 幫陶希聖搶救家眷

高陶抵達香港，時在二十九年元月五日下午，杜月笙、黃溯初等人心頭懸著的一方巨石，方始輕輕落下。祇是頂要緊的人到了，日汪密約，原經高宗武的內弟沈惟泰，攝成底片，交由高宗武夫人秘密收藏，攜來香港。然而，將此一賣國密約，公諸於世，令普天下人認識日閥之狠毒，與乎漢奸之可悲，還有問題；因為，陶希聖的家眷，陶夫人和五個孩子，仍然留在上海，必須設法逃出，否則，一定會遭敵偽的毒手。

民國五十二年六月一日，陶希聖在「傳記文學」第二卷第六期發表「重抵國門」長文，對於陶夫人和五位哲嗣的逃離虎口，有很生動詳盡的敘述，謹將原文摘錄一段：

「二十九年一月四日上午，我從上海法租界環龍路住宅乘車到南京路國泰飯店前門。下車之後，進入大廈，從後門叫街車到黃浦灘碼頭，直上輪船。中午，船開了，航行到公海之後，我纔從船上打電報給冰如（按：即陶夫人）報平安。至五日清晨，冰如纔把我寫好留在家中的幾封信，叫人送到愚園路。

「愚園路諸人（包括汪精衛、陳璧君夫婦，及周佛海、陳公博等）得知我離滬往港，大為驚駭。我的住宅門口，一時之間，有親友來問訊，亦有便衣人員查與監視，廚子被調走了，工役不能出門。家中沒有飯菜吃，只是將日前剩下的飯菜燒熱吃。冰如帶著女兒和小孩子為避免煩擾，躲到法國公園裏，鎮日不吃亦不喝，在那裡枯坐流淚。大孩子們仍然各自上學。

「這種情勢何能持久。冰如決計到愚園路去看陳璧君。六日一早，她打電話請見，陳當即允見面一談。

「陳接見冰如，首先說道：『我派人到你家裏去，你總說你是陶家的親戚，不承認是陶太太。你是做什麼政治工作的？』冰如坦然解答說：『我是鄉下人，在陶家是洗衣服，做飯，養孩子，不知道什麼政治。希聖在外邊做什麼，我不知道。他跟隨汪先生十五年，為什麼要走，事前也沒有商量。』

「她又說：『我們家眷從香港搬到上海，只有兩星期。若是他有走的打算，他不會接家眷來到上海。』

「她接著說：『香港為是非之地。他這一去，難免不說話。等到他一篇文字發表了，那就遲了。』她又說：『我相信他不會輕易發表什麼。我決定自己到香港去，連勸帶拉，要他回上海。』

「陳璧君不肯答應冰如的要求，推辭的說：『這要看汪先生的意思。』冰如再三說：『我這回去，只帶兩個小的孩子。三個大孩子仍在這裡上學。』說到這裡，陳纔有允意。她去請汪到客廳來。汪起先還是未曾鬆口。恰好這時，林柏生送一封信進來，汪看信之後，面色大變。他將信遞給冰如看。冰如說不會讀信，原來這信是我從香港寄給汪的。信的意思是請他們保障我的家屬的安全，如果他們陷害我家屬，我只有走極端。至此，汪陳纔一口氣答應派冰如到香港去。只要希聖回上海，什麼條件都可以做到，並且要他在一星期之內先回一個確信。

「冰如得到允許之後，立即買船票，乘法國郵船離滬往港。她帶了四兒晉生及五兒范生，留下女兒琴薰，大兒泰來，三兒恆生。當冰如從十六舖碼頭上船時，三個大孩子在碼頭上，眼見他們的母親帶著弟弟們上船，船上與船下，都痛哭失聲。這一去是生離還是死別，是無從預知的。

「冰如到港後，我們住在九龍尖沙嘴亞敘里道。她先打電報給陳璧君，說『希聖即可偕返上海』。汪陳接到電報之後，隨即離上海到青島去了。

「我與杜月笙先生籌劃，如何救那三個孩子出險。我們商量的結果，派曾資生到上海，與萬墨林取得聯絡，圖謀偷運出口的方法。」

「墨林原住法租界華格臬路杜月笙的老公館。上海淪陷後，他移居杜美路新公館。新公館的牆外，是一座煤球廠。

「資生與墨林聯絡好了，便打電話給琴薰，指點了一個辦法。琴薰接到了電話，即將泰來和恆生送到滬西二姑母的煤舖去。她自己攜帶一個小包裹到法租界萬五姨住宅裡寄放。他們對那兩家的說法，是住宅吵鬧不安，他們要想在親戚家裡小住一兩天。安頓好了，琴薰仍回環龍路。

「次日清晨，琴薰帶書包到霞飛路西段上學，她從學校前門進，從學校後門出，坐上一輛準備好的街車，到滬西，接了泰來和恆生，到杜美路那座煤球廠。那廠裡是黑黝黝的，幾乎對面看不見別人的面孔。孩子們碰著的，都是些陌生人，那班陌生人支配他們分乘三輛街車，分途直駛十六舖。

他們在碼頭上，互不聞問。他們分乘舢板從義大利郵輪的尾部，被拉上輪船。他們在輪船上，分別四處坐下。孩子們都知道，若是三人之中，有一個被捕下船，其他兩人也只有各自逃生，不能關照。

「義大利郵輪出了吳淞口，到公海上，三個孩子和曾先生才聚會在一間房艙裡。兄弟們走到一處，不知道是笑還是哭。每一個眼眶裡都是淚珠。

「一月二十日，孩子們到了香港，我們才在二十一日把『日汪密約』發表出來，從重慶來與我們接洽發稿者，就是中央通訊社社長蕭同茲先生。」

43 正待揭佈又生波折

「日汪密約」經由沈惟泰所拍的底片，一共沖洗了兩份，一份送呈重慶中央，一份由高宗武夫婦共同署名，交給杜月笙，轉致中央通訊社發表，但是發表之前，又生了波折，中央社方面，因為高宗武在「密約全文」前面加了幾百字的序言，說明當時經過，他們許是認為不妥，便指出高宗武不曾親自蓋章，遂而不足徵信，且與手續未合。高宗武夫婦的解釋是圖章誠然該蓋，卻是倉卒離滬不及隨身攜帶，於是便為了一顆圖章的問題，雙方相持不下，即將功德圖滿的一件大事，幾乎就要鬧僵。急起來，杜月笙便耍一記噱頭，悄悄關照他的手下，說是：

「我此刻到吳鐵老公館去，你等好在這裡，等到十一點鐘，你再趕到吳家指明尋我。你不妨質問我，到底是全文照發，還是一定要刪去前言？你若見我尷尬，你就高聲發話，說你受高宗武之託，要立刻將全部文件收回。」

吳鐵城時已卸任廣東省主席，小住香港，是中央在港最高級人員，當晚十一點鐘杜月笙導演的這一齣戲，在他助手聲勢洶洶，裝模作樣，以強硬姿態演出，果使吳鐵老著起急來，他親自囑咐中央社，序言密約，一概照發。於是，民國二十九年元月二十一日，「日支新關係調整要綱」，及其附件之原文攝影全份，方始成為轟動世界的重大新聞。

「日汪密約」之揭露，使歐美各國瞭然日本侵華的野心，以及中日戰爭的本質，元月二十三日，蔣委員長發表為「日汪密約」「告全國軍民書」，和「告友邦人士書」，在後一篇重要聲明中，他曾嚴正指出：

「……日本軍閥一面在中國努力製造傀儡政權，一面與尚在製造中之傀儡政權簽訂協定，以組成所謂『日支滿』三國經濟集團，並以中國之政治、經濟、軍事、外交、文化等等，統由日本統治，俾其他各國之一切活動，均受日本國策之打擊，且以此『中日新關係調整綱領』之日汪協定，而根本取消各國在東亞之地位矣！」

於是，英、美、法等國家，對中日之戰的態度，漸趨積極，他們紛紛發表聲明：決維護「九國公約」，否認汪偽政權。二月十三日美國國會通過對華貸款二千萬美元，三月七日再由聯邦進出口銀行貸予滇錫貸款二千萬美元。英美法等國尤且在歐戰爆發前後，抽調兵力，增強遠東地區的防務。

日汪方面，高陶出走，密約揭露以後，據當時擔任汪精衛的秘書，兼主宣傳方針的「中華日報」總主筆胡蘭成自承：

「卻說汪先生（指汪精衛）組府，周佛海、梅思平、丁默村等力主，陶希聖、樊仲雲等則反對。希聖堅持戰則全面戰，和則全面和，惟我無可無不可。……轉瞬新年，汪先生飛青島與王克敏、梁鴻志會商解消臨時、維新兩政府，陶希聖、高宗武出走香港，揭露密約草案，上海當時唯汪夫人留守，她命陳春圃以汪先生的隨從秘書長名義，對此發表聲明。

「那天汪夫人（指陳璧君）叫我到愚園路汪公館看春圃擬就的聲明稿，我把它改了幾個字，還有英譯稿，是汪夫人自己改正，我因向汪夫人道：『希聖的三個學生，鞠清遠、武仙卿、沈志遠，怕七十六號也要逮捕，請夫人吩咐他們可以安心。』汪夫人怒道：『人家要我們的命，你還顧到他的學生安心不安心？』

胡蘭成又說：

「日方有意把基本和約與戰時暫定的協定混為一談，單方面提出了一個草案，但因這邊堅拒，遂成擱淺。及被陶高發表了，日方果然也驚，不得不又把基本和約與戰時暫定的協定分開，後來南京政府成立，頒佈的基本和約，即大體依照汪先生與近衛所作的，僅是些原則，多少也是陶高事件所賜。」

時在青島的汪精衛、周佛海等人當時的反應如何？據當年日方負責主持其事的犬養健，在他戰後出版的回憶錄：「長江還在流著」一書中說：

「一月某日正午，我和矢野、清水等人在青島市外海光寺菜館午餐，因汪精衛和我們為合併南京梁鴻志維新政府、王克敏的臨時政府一事，正在青島開會，周佛海也在青島。正吃飯時，周佛海忽打電話來，說他就來，約經十分鐘周佛海到了，拿出幾張文件給大家看，即二十三日大公報所載日汪密約消息。周佛海對大家說：『我對不住你們。』因此大哭，矢野君便說：『這不是真正的原文，不過他根據每日會議情形，所寫出的，……周君，你只是哭，無非承認自己戰敗了。』」

犬養健又說：當時密約會議，因恐高宗武洩漏，所以警戒非常嚴密，日方由矢荻，華方由梅思平負責收藏文件，任何小紙片，都須留下，不得攜出會場之外。據他們推測，高宗武等將每日結果，牢牢記住，一條一條寫下，故與原約無異。後來該密約正式簽字公佈後，當時英國駐重慶的外交官，甚為讚佩中國情報工作之巧妙。高宗武等，此次表現其國際大間諜之最高技能，因而使得對方的周佛海，不能不為之大哭。

犬養健又謂：六日晨日方始發現高陶二人失蹤，大為狼狽。他指出，根據他的調查，此一事件係由杜月笙出資進行。

44
汪精衛派特務刺杜

轟動一時的高陶事件尾聲，高宗武想出國留美，繼續深造，由杜月笙經手替他辦好了護照。當他知道杜月笙因為他們的事高空遇險罹了氣喘重症，他非常不安，曾在美國為杜月笙遍訪名醫，請教病因及治療方法，而且經常寄回藥品，歷時多年。民國三十八年大陸撤退，高宗武特往日本覓獲一處終年氣溫與氣喘病患較為相宜的地方，勸杜月笙舉家東渡，以便休養。結果是杜月笙再度避亂香港，終至一病不起。高宗武在美國驚悉噩耗，至為傷悼，曾函請他的好友李毓田代為致祭。民國五十六年夏季他曾專程來臺一行，親赴杜月笙的墓前，默哀致敬，憑弔良久。

陶希聖則由杜月笙派人嚴密保護，暫住九龍，他曾形容這一段時期的生活——

「我家寄住九龍根德道。根德道是在上九龍塘。從下九龍塘到上九龍塘，只有一條馬路。那馬路上，時常有各式各樣的人行走。就中就有杜公館指派來照應我的安全的朋友們。

「上海方面並沒有放鬆我一步。有一次，從上海到香港的秘密工作者之中，有七十六號派來的一人。他帶著白色的藥粉和手槍。他的任務是如果無法在我家下毒藥，即在杜公館請我吃飯時用槍襲擊。但是那位同志到香港後，將他的任務報告杜先生，他也就不回上海去了。

「我家的菜每天都由冰如自己到市場去買，自己拿回來做。他們要下手放藥，是得不到那樣的機會的。

「尖沙嘴過海的輪渡，是港九之間的咽喉。任何人從那裡走過，必然會遇著熟人。有一次，香港的皇后電影院放映伊利沙白的英宮六十年。我很愛過海去看，又怕暴露形跡。於是我帶上從上海街買來的一撮小鬍鬚，到尖沙嘴搭輪前往。次日，杜先生派人來警告：『你帶假鬍鬚，更容易被人發現。』」

為此「高陶事件」，汪精衛對杜月笙恨之入骨，他曾恨聲不絕的說：

「我跟他有什麼難過？他竟這麼樣來對付我！」

當時，他下令偽政府特務頭腦李士群，專程到廣州指揮，派遣凶手，到香港去解決杜月笙。幸虧杜月笙防範嚴密，刺客沒有下手的機會，因而作罷，但是汪精衛仍不甘心，他再派人運動香港差館（警署），藉口有人密告杜月笙是「流氓」，要把他驅逐出境。

王新衡首先偵得消息，十萬火急的去通知杜月笙。但是杜月笙不肯相信，他付之以淡然一笑，反過來安慰王新衡說：

「不會有這種事情的，新衡兄，你放心好了。」

然而，過不了幾天，柯士甸道杜公館，和告羅士打的長房間，居然有差館的人跑來說是奉命搜查。這一下，杜月笙方知事態嚴重，內情必不簡單，於是他便去跟王新衡商量。王新衡覺得，為了正本清源，徹底消除汪精衛的陰謀詭計，應該把事體鬧到香港總督那邊去，當時，俞鴻鈞正任中央信託局局長，住在香港，而俞鴻鈞在他擔任上海市長時期，招待過香港總督，他和港督私交彌篤。因而建議俞鴻鈞，以非正式的國民政府代表身份，向港督送上一份備忘錄，說明杜月笙中國的高級官員，社會領袖，他是國民政府正式委派的賑濟委員會常務委員，又是中國紅十字會副會長，此外尤且兼任國家行局交通銀行的常務董事，以及國家資本佔百分之五十以上的中國通商銀行董事長。他指出港警搜查中國官員的住宅，及其辦公會客的地點，純然是非法而無禮的行動。港督奉到了俞鴻鈞的備忘錄後，當即表示道歉，同時保證此後不會再有類似情事發生。一樁公案，就此了結，汪精衛的報復，迄他本人病逝東京，狡計一直無法得逞。

在國人交相詈罵聲中，汪精衛等一干漢奸，在南京成立偽政權，他邀約在上海的德、義、日三國駐上海的外交官、僑領、使館人員，由日、偽軍數百人隨車保護，自上海開一列專車到南京，參加他的「還都典禮」。這當一列車駛近滸墅關，便由忠義救國軍潛伏上海的地下工作者，預埋炸彈，轟然一聲，烈車全毀，死傷汪偽貴賓，和日偽軍數百人，釀成重大慘案。杜月笙在香港得到捷報，不禁頷首微笑，頻頻說道：

「我們送的這一串鞭砲，著實不少！」

45

鐵血鋤奸行動頻繁

軍統在上海設有工作站，站長是周道三，它直屬軍事調查統計局。情報工作「行動」一環，則向由戴笠親自指揮，他覺得上海需要成立「行動小組」，杜戴一家親，戴笠便請杜月笙介紹一位負得起責的人，擔起這個出生入死，冒險犯難的要緊任務。

杜月笙介紹的是陳默，他叫陳默去做，陳默，字冰思，中等身材，精神抖擻，他是杜月笙的得意門生，在軍校高教班受過訓，抗戰之前在做上海警備司令部稽察處經濟組長。陳默是杜門中後起之秀的狠角色，辣起手來斷乎不下於顧嘉棠，論頭腦精細，胸中學問尤其還在顧嘉棠之上，更理想的是他有軍事訓練基礎，條件非常適合。

陳默既然是奉杜月笙之命，加入軍統，展開「行動」，他便有資格在黃浦灘「要人有人、要錢有錢、要槍有槍」，他可以獲得杜門中人握有的廣大群眾心甘情願支援。上海行動小組和忠義救國軍老幹部嚴密配合，制裁敵偽的鋤奸工作，自此轟轟烈烈的展開。二十七年一月十四日，正在活動上海兩特區法院院長職務的范罡，是在黃浦灘上享譽十多年，專替強盜開脫的所謂「強盜律師」，當日他走到威海衛路一百五十五弄二十號他家門口，迎面飛來一顆槍彈，他猝不及防，當即倒地斃命。次日各報騰載，轟動一時，暗殺的手法乾淨俐落，是為陳默接事的第一件得意傑作。

緊接下來，靦顏事敵的「上海市民協會」負責人尤菊蓀、「市民協會委員」楊福源、「上海市政督辦公署秘書長一任保安，「市民協會主席」顧馨一，還有日本人偽綏靖第三區特派員中本達雄，都先後遇刺，飲彈畢命，在七月底前陸續被刺的尤有范耆生和鄭月波。

這裡面大有杜月笙的老朋友在，如像同年八月十八，在自營的中央飯店見殺的陸連奎，便是公共租界跟黃金榮地位相埒的清幫弟兄，捕房頭腦。陸連奎當杜月笙勢力打進大英地界，一向跟月笙哥交誼密切，合作無間。再如法捕房的副探長曹炳生在馬路上中槍，他等於是杜月笙的部下，又如當年同心協力，開大公司的知己心腹俞葉封，也因為參加了張嘯林所組織的「新亞和平促進會」，主持棉花資敵工作，而被杜月笙的學生子，大義滅親，用機關槍掃死在更新舞台的包廂裡面。

黃浦灘上雷霆萬鈞，鐵與血俱，使得民心大快，同仇敵愾之心，益更增漲，可是，杜月笙內心之中的矛盾、掙扎、激烈交戰，自也與日俱深。俞葉封被殺之後不久，他已不時的在為張嘯林擔心，張嘯林彷彿早已決定當漢奸，過過他一生之中獨缺一門的官癮。民國二十八年夏，他靦顏組織了什麼「新亞和平促進會」，公然為敵張目，幫東洋人辦事。陳老八當了維新政府內政部長，他便一心一意，想當一任「上海市長」或者是浙江「省政府主席」。

當時機漸將成熟，杜月笙學生子的槍口，也就開始奉命瞄準了他，杜月笙在香港日夜焦灼，遶室徬徨，他無法阻止戴笠的執行命令，他更不忍老把兄死在他的愛徒之手，無可奈何的兩難之中，他確曾想盡辦法，輾轉請朋友去勸他保全晚節，懸崖勒馬。可是，張大帥那種一語不合，立刻豹眼一翻，破口大罵，「媽特個××」聲聲不絕，誰又敢去溯彼之怒，捋他的虎鬚，由而自討沒趣？

張嘯林的性格，和杜月笙完全相反，他一生一世都在想做官，卻是他不愛做國民政府底下「為民公僕、奉公守法」的公務員，他的官癮是從戲台子上，和那班北洋軍閥身邊看出來的。民國十七年北伐竟功，軍閥從此連根鏟除，在張嘯林的心目之中，也許當當「漢奸官」還可以逞逞威風。

杜月笙曉得他這位老把兄的心理，因此一直為他暗地著急，唯恐他一撈上了漢奸官，必然會受到國法和民意的制裁。但是奇怪得很，上海淪陷三年多，一心想當漢奸的張大帥，居然官星不動。根據杜月笙陸陸續續得來的消息，東洋人自杜月笙「夜之走脫」，利用上海大亨的目標便落在黃金榮身上，他們曾不斷派人上漕河涇，拜望黃老闆。黃老闆忠貞自矢，不願落水，他對付東洋人的法寶是一個「病」字，無論是誰上門，黃老闆必定是「抱病在身，不克晤面」，而由他的家人學生連聲「抱歉、抱歉」，東洋人曉得拖黃金出榮出山決無可能，方始退而求其再次，看中了張嘯林。

但是張嘯林目高於頂，滿口三字經，噱頭又來得個多。東洋人要找他的時候，他便故意拿蹻往莫干山一躲。日方派一名駐杭州領事登山拜訪，張大帥談起生意經來口氣大得嚇壞人，他說：

「媽的個××！要弄個浙江省主席給我頑頑，倒還可以商量！」

東洋人聽了，不禁倒抽一口冷氣，當時便說張先生這個職位恐怕有點困難，張嘯林倒也乾脆，他回答說既有難處，那就不必再往下談。

46

和平協進獨門生意

後來張嘯林又回了上海，在大新公司五樓再闢一個「俱樂部」，內容無非是鴉片煙和賭，整天和他混在一起的老朋友有高鑫寶、俞葉封、程效沂等人。二十八九年之交，我國游擊隊控制鄉村，襲擊敵偽物資，使上海日軍和市民的補給供應極為困難。於是又有東洋人去找張嘯林，命他負責設法向外地採購必需物品，張嘯林認為這種獨門生意大有銅鈿好賺，他便組織了一個「新亞和平促進會」，召集他的弟兄和手下一體參加，到鄉下去替東洋人辦貨，他包辦了從上海運煤到華中的「貿易」，又擔當食米的搜刮和搜購，他給老弟兄俞葉封一項優差，請他專門搜求棉花。

在東洋人的迫切需要之下，張嘯林的生意越做越大，他從安南購煤，運到上海轉銷華中一帶。風行中國各大都市二十餘年的三輪車，曾是安南河內特有的交通工具，便是張嘯林瞧著好頑，命人帶了一輛到上海，而給顧四老闆顧竹軒借去做樣子，依式倣製而從上海慢慢的盛行起來。

張嘯林不曾做成漢奸官，卻是著著實實發了漢奸財，他跟月笙睽違久矣，當年兄弟二人的習慣依然保留，每年夏天，必定要上莫干山，住進他的「林海」，舒舒服服的享受一番。

民國二十八年「秋老虎」過後下了莫干山，回到上海便發現事體不對哉，月笙的那一批狠角色學生，奉命懲奸除害，在黃浦灘大開殺戒，張大帥扳著指頭一數，漢奸搭擋已經被暗殺了好幾個。

「訪舊半為鬼，驚呼熱中腸」，這種血淋涔滴的實例，不能不使他暗自著慌，尤其張嘯林回滬不久，他的好朋友偽上海市財政局長周文瑞，便在四馬路望平街中狙擊重傷，兩星期後「偽和平運動促進會委員長」李金標又被行刺，僥倖保全性命。舊曆年近，風聲卻越來越緊，都說重慶地下工作者，槍口已經封準了張嘯林。果不其然，二十九年元月十五日，新艷秋在更新舞台唱「玉堂春」，由於當時俞葉封正在力捧新艷秋，而那日又是新艷秋臨去秋波，最末一場演出，張嘯林卻不過俞葉封的苦請，他包了樓上正當中幾個包廂，說好要親自駕臨，給新艷秋捧一次場。

偏巧那晚他臨時有事，改變計畫不曾上更新舞台，俞葉封和幾個朋友高踞樓中，采聲不絕。台上唱得正熱鬧，一陣機關槍響，全場秩序大亂，在場軍警一查，但見俞葉封倒臥於血泊之中。

從此以後張嘯林也嚇怕了，他不再敢到公開場合露面。唯獨一樣，閒得無聊，每天夜晚出一趟門，大新公司五樓的俱樂部他還是要到一到。

也就在這個時候，張嘯林搜刮物資資敵，為虎作倀，罪大惡極，應予迅即執行的命令，瞞著杜月笙，直接拍發到上海。

經過了這一次驚險萬分的狙擊事件，張嘯林自此閉門不出，連俱樂部也不去賭了，與此同時，他加強警戒，一口氣雇了二十幾名身懷絕技，槍法奇準的保鑣，華格臬路張公館，前後門都有日本憲兵守衛，日夜巡邏，如臨大敵，竟像銅牆鐵壁的堡壘一般。

便這樣，平靜了一兩年，一直到三十年夏天，張嘯林照例上莫干山避暑，很不湊巧，恰值忠義救國軍的「蘇嘉滬挺進總隊」，以莫干山為根據地，通過吳興，向金澤、章練塘一帶頻頻出擊，使敵軍受到重大損傷。東洋人一怒之下，將附近豐草和數十里的參天修竹放一把火燒個精光，藉口是不使游擊隊再有茂林修竹可資躲藏。莫干山上風聲鶴唳，草木皆兵，張嘯林心驚肉跳的住不下去了，他匆匆返回上海，仍舊深居簡出，在避風頭。

47 大帥畢命一槍歸陰

奉命執行張嘯林，杜門弟子當然曉得乃師的心情，忠義不可兩全，公私那得兼顧?第一次出動，情報的掌握相當準確，幾時幾分，張大帥要坐汽車出去賭銅鈿，經過那些條十字路口，在那一分秒，紅燈一亮，汽車非停不可，一陣機關槍掃過去，便有十個張嘯林也逃不脫半個。但是到了下手的那一瞬刻，時間分秒不差，路線完全正確，紅燈亮時尤其毫厘不爽，眼看張大帥的汽車自己開到機關槍下，無須瞄準，即可將他射殺，卻是負責開槍的那位十分之巧，偏偏早了那麼秒把半秒鐘，張大帥的司機阿四，他是見過大陣仗的，當下將要踩剎車的右腳，猛可往油門踩下，於是汽車一個衝鋒，飛也似闖過了路口，闖紅燈不犯死罪，便這樣讓張大帥在鬼門關口過了一過。

大帥差一點兒吃到了機關槍彈，嚐到了重慶份子的厲害，卻是他死心塌地當漢奸，仍然不知幡然悛改。於是又有那麼一天，張大帥正和他的學生，時任杭州錫箔局局長的吳靜觀，兩人在華格臬路三層樓上商量事情，他聽見樓下天井有人高聲爭吵，探身窗口向下俯望，發現是他那二十幾名保鑣在那兒尋相罵。張大帥的脾氣一向毛焦火燥，這一來難免又發作了，因此他上半身伸到窗戶外，向樓下保鑣們厲聲喝罵……

「媽特個××！一天到晚吃飽了飯嘸沒事體，還要在我這裡吵吵鬧鬧，簡直是毫無體統！觸那，老子好多叫點東洋憲兵來了，用不著你們哉！快些，一個個的把槍給我繳下，統統滾蛋！」

要在平時，照說大帥一光火，哇哩哇啦一罵，挨罵的只要乖乖的走開，等一下大帥氣平了，滿天星斗必定一掃而空，像煞屁事也不曾發生。大帥的斥罵早已成了家常便飯，偏巧這日惱怒了他的保鑣頭腦，這位名喚林懷部的忠義之士，一面拔出手槍，一面抬頭回話：

「他媽媽的，不幹就不幹！張嘯林，你要當漢奸，待我送你上西天！」

罵聲未歇，槍聲已響，林懷部的槍法一似百步穿楊，一槍射中了張嘯林的咽喉，但見張嘯林身子向前一仆，皤白的頭顱向下垂著，上海三大亨中的老二，就此一命嗚呼，得年六十五歲。

林懷部年輕力壯，身手更是矯捷，槍聲響處他猶在破口大罵，與此同時他身子已經竄進客廳，三步併做兩步，一霎眼便爬上了兩層樓梯，他一路如入無人之境，衝進張大帥屍身所在的房間。當時，吳靜觀正在撥電話喊日本憲兵，才撥完號碼，還不曾來得及通話，林懷部便揚手一槍擊中吳靜觀的後腦，紅的是鮮血，白的是腦漿，恰似開了一朵大花，兩名漢奸，一師一徒，一步路走錯，終於不得善終，死於非命，訇的一聲巨響，吳靜觀的身軀僕倒在桌子上。

林懷部輕而易舉，打死了兩名漢奸，他面露笑容，不怯不懼，從三層樓一路歡呼跑下來，他從容自在通過二十八名帶槍的保鑣，奪門而往華格臬路衝，一面奔跑一面還在大叫：

「我殺了大漢奸！我殺了大漢奸！」

沒有人上去抓他，林懷部的保鑣同事只是說：

「老林，好漢做事好漢當！」

「當然，」林懷部傲然的一拍胸說：「我絕對不逃。」

然後，他握槍在手，跑到華格臬上，等安南巡捕一來，他一語不發，將槍交出，束手就縛。

喊聲槍聲鬧得天翻地覆，隔一扇月洞門，杜公館留守的人為之駭然，移時杜家大少奶由傭人陪著，過去探視張家伯伯。她看到了終生難忘的駭人情景，張嘯林的屍體被翻轉過來，仰面朝天，遍地血污，由於林懷部的那一槍從咽喉貫穿到右眼，因而大帥的右眼珠被射了出來，祇剩幾根小血管，將那只血淋溚滴的烏眼珠，幌悠悠的吊住。

48 噩耗到手直想痛哭

這一天的下午四點多鐘，離上海八百五十三海里的香港，告羅士打酒店八層樓咖啡座上，王新衡正陪著杜月笙談天，突然之間看見一條幽靈似的人影，正在向他們徐徐走來，杜月笙驚了驚，一抬頭看見那是翁左青。翁左青在當警察巡官時便救過張嘯林的命，演出一齣捉放，從此棄官跟著張嘯林走，他們夥同了另外一位好朋友程效沂，三弟兄從杭州打天下一路打到上海去，二十多年的血汗，打出了一個花花世界，後來由於黃杜張不分家，翁左青從張家踱到隔壁頭，替杜月笙掌管了一十六年的機密。此刻他正臉色慘白，淚眼婆娑，身軀搖搖晃晃，腳步踉踉蹌蹌，他好不容易走到杜月笙的跟前，伸出斗索索的右手，遞給杜月笙一份方才送到的急電。

杜月笙驚疑不定的望他一眼，伸手接過了電報，匆匆瀏覽一過，王新衡正自錯愕，卻見杜月笙在把那份電報遞給他看，便在這時，他當著茶座上眾目睽睽，百手所指，一時悲從中來，翻倒苦海，杜月笙居然雙手掩面，吞聲飲泣，他固曾竭力遏忍，但是熱淚橫流，如決江河。王新衡曉得他心中的淒苦悲酸，看過了電報更知杜月笙為什麼如此傷心，王新衡偃身向前，低聲的勸慰：

「張先生走錯了路，國人皆曰可殺，奉命執行也是無可奈何的事，總怪他不顧大義，咎由自取。杜先生，你便不要再傷心了吧，人死不能復生，杜先生再哭也沒有用處了啊！」

杜月笙嗚咽啜泣的回答他說：

「新衡兄，你講的道理一點不錯。但是張先生和我有二三十年交情，我們曾經一道出生入死，有福同享，有難同當，那裡想到當年的弟兄，如今落了這樣一個大不相同的結果，因此之故我心中非常難過，真想號啕大哭。」

王新衡百計安慰，說了許多種瓜得瓜，種豆得豆，有因自必有果，任何人都沒可奈何的話，杜月笙卻終都在流淚，再開口時依然有不盡的哀慟與感喟——

「張先生要當漢奸，他之死當然是罪有應得，不過，我心裡明白，這一定是陳默他們交代林懷部幹的，由我的徒弟殺了我老拜兄，論江湖義氣，我實在站不住道理！」

「論江湖義氣，」王新衡接口說道：「張先生就更不該去當漢奸，做那出賣國家，欺壓同胞的勾當，而且，杜先生你一再勸他攔他，他都不理。」

「是呀，」杜月笙伸手揩揩淚水：「我幾次三番的拉他，他就幾次三番的大罵我，我倒不是怕挨他的罵，實在是罵過了以後，他還是不肯出來。」

張嘯林堅拒離開上海，結果是大官沒有當成，反而白送了性命，給杜月笙帶來無比的憾恨。與張嘯林同樣被地下工作人員制裁的，不久又有杜月笙的另一位好朋友，中國通商銀行先前的大老闆傅筱庵，傅筱庵落了水，負責執行的人，便是杜月笙舊日的保鑣，他得到萬墨林的首肯，拿了杜公館兩萬大洋的工作費，說動常到杜家走動的傅宅廚司朱老頭，在禁衛森嚴，如臨大敵的虹口傅市長公館，一斧頭送了傅筱庵的終。

為了便利港滬兩地的聯絡和通訊，杜月笙叫他的得力助手，精明能幹，膽識俱壯的徐采丞，利用他和日本影佐特務機關的關係，在上海設立秘密電台，和杜月笙經常保持聯繫，從而也使軍統方面，指揮上海地下工作人員，如手使指，極其靈活。徐采丞不便和地下工作人員直接聯絡，杜月笙便喊萬墨林到香港來，深居簡出，受了一個星期的臨時訓練，當萬墨林重返上海，他就開始擔任上海地下工作者的總連絡之責。

從民國二十七年元月，到二十八年底，陳默領導的行動小組，一共執行了六十二名日本人、大漢奸，在上海工作站的指揮之下，他們尤且從事過二十二次造成敵人重大損失的破壞工作。這些忠肝義膽，慷慨激烈的熱血男兒，鬥起東洋人來，膽子大得嚇人，炸倉庫，燒棧房，在他們當成了家常便飯，即連重重戒備，停泊江心的日本軍艦，他們也敢摸上去破壞爆炸，殺人放火，如入無人之境。他們曾經摸上唐山丸，燒了兩百萬元的貨，和一艘大輪船。運輸艦廬山丸在楊樹浦瑞鎔造船廠修理，剛剛修好，便被他們放一把火燒掉，接下來給他們焚毀的日本運輸艦，還有順丸、沅江丸、南通丸、音戶丸，至於作為水上運輸工具的軍用小汽艇，尤其給他們燒燬二十艘之多。

持續的暗殺，持續的爆炸，不斷的縱火，不斷的破壞，造成日軍重大的損失不算，軍統人員和杜門子弟的英勇，簡直嚇破了皇軍的膽，他們在完成佔領工作的大上海，時時被襲擊，處處遭暗害，一名憲兵補充隊長高英三郎，生病住進自己的野戰醫院，居然被杜門中人下了毒藥，毒發身死。兩個日本間諜，「上海市政府」顧問池田正治和喜多昭次，大白天裡在四馬路望平里熙來攘往的人叢中散步，突然之間，砰砰兩槍，立即倒臥於血泊之中。——由於上海行動隊的神出鬼沒，種種英勇大膽的表現，使得上海敵偽，風聲鶴唳，莫木皆兵，一天到晚，坐臥不寧。東洋人終於發現，他們損失數萬精兵，激戰整三個月，將上海佔領以後，反而寸步難移，行動不得自由，無數日本軍民，反而落入了陰風淒淒的死亡陷阱。

49 幫會團結空前絕後

由於全民一致支持抗戰，使軍統局長戴笠起了一個構想，他要促使海內海外所有的洪門、清幫、理教，全部納入一個最高組織，使遍佈各地、不計其數的幫會中人，都能屹立在抗戰的大纛之下，團結奮鬥，獻出他們龐大無比的潛伏力量。

他把這一個構想，說給杜月笙聽，獲得杜月笙的熱烈支持，但是他為了便於進行起見，建議戴笠先自和諧洪門清幫在香港的關係入手。於是，二十九年夏，戴笠挽請吳鐵城出面，在香港請過一次客，香港洪門領袖如梅光培，客地清幫首腦杜月笙以次，有頭有臉的人物，一致出席，杯觴交錯，一席盡歡，戴笠便以這一次滴歟盛哉的大宴會為基礎，畫出了中華民國人民行動委員會的藍圖。

人民行動委員會幾經努力，終告組成，這是中國自有幫會以來，空前未有而且堪稱奇蹟的一大盛舉，新成立的人民行動委員會，正好應了易經上的那句：「羣龍無首」，誰能當得了這個三山五岳，四海七洲英雄好漢的總舵把子，眾人矚意杜月笙是自有幫會三百年來最傑出的人物，杜月笙也唯有謙光自抑，遜謝不遑，一疊聲的說是：「不敢當。」迫不得已，最後決定採取集體領導制，推由杜月笙、楊虎、楊慶山、張樹聲、向海潛、韋以黻、田得勝為常務委員，而以戴笠擔任幕後策劃。就中張樹聲是華北的洪門大爺，張門勢力，遍及全國，楊虎是海員的領袖，全球各地的船舶碼頭，他都能通聲息。楊慶山是華中重鎮，洪門並世無雙的「雙龍頭」，向海潛在軍界之中潛力雄厚。韋以黻號作民，在北洋政府交通部裡，向有「不倒翁」之稱，交通界中，自機關職員以至工人苦力，他的徒子徒孫也不知究有幾許？田得勝是四川袍哥的首領之一，重慶田大爺天下聞名，憑他一聲招呼，全四川的袍哥弟兄，乃至西南各地，俱將競起翕從。

人民行動委員會的成立，使普天下幫會人士歡欣鼓舞，發為竭誠擁護，這一個機構設在重慶香水順城街三十七號，由幫會領袖唐紹武獻出了一幢大宅子，請的第一任秘書長是趙世瑞，戴笠的得力助手，時任重慶衛戍司令部稽察長。規定每週開會一次，籌商如何支持抗戰的各項重大問題。

杜月笙為成立「人民行動委員會」的事，再度赴渝，這一回因為時間充裕，不曾坐飛機，杜月笙自河內經昆明而重慶，當時全國各地幫會領袖俱已到齊，山主龍頭舵把子與大爺們，齊集南溫泉，開過一次熱烈萬分，盛況空前的大會。會中的洪門大爺們曾經給杜月笙一份從所未有的殊榮，一致推舉他為「一步登天」的總龍頭，但是杜月笙仍然說他德薄能鮮，不敢接受。

由於幫會弟兄人多勢壯，在全國每一角落都有其影響，所以，自杜月笙負實際領導責任以後，人民行動委員會確曾為國家民族做了不少的事。譬如說協助役政人員推行兵役，發動各地人民救濟難胞，以及捐獻金錢，打游擊，以及從事種種地下工作，其中表現最特出的一幕是損款獻機，一次損獻飛二十架，特地在重慶珊瑚壩機場舉行「獻機典禮」，構成八年抗戰中一次情緒熱烈、場面壯觀的動人特寫鏡頭。

當杜月笙在重慶幹得轟轟烈烈，支援抗戰工作，做來有聲有色，時間到了民國二十十九年十二月下旬，渝滬間的秘密電台，突然傳來一個壞消息：萬墨林在滄洲飯店門前，被汪精衛特工總部辣斯斐爾路七十六號的打手，橫拖豎曳的捉了去，而且立即施以酷刑，老虎凳，辣椒水，拷掠備至，打得他死去活來，體無完膚。上海來的急電說：像敵偽這麼樣狠的「做」他，萬墨林熬不熬得過，撐不撐得住，大有疑問。

得到這個消息，杜月笙和戴笠，當下大為震驚，極其焦灼，因為問題不單是萬墨林個人的生命安全，而是萬墨林等於重慶地下工作者在上海一地的總交通，倘使他一屈服，據實招供，中央在上海的各機構，大有一舉摧毀之可能。於是，杜月笙戴笠得訊以後，立即電知吳開先等人，從速遷移住處，變更聯絡方式，同時，杜月笙更憂急如焚的匆匆返港，竭力設法營救萬墨林，重慶和敵偽之間的地下工作血，自此又面臨金戈鐵馬、短兵相接的階段。

50 地下工作如火如荼

民國二十九年八月十四日張嘯林見殺，十月十日傅筱庵遇刺，十一月十二九日，日本正式承認汪精衛偽政權，同日在南京簽訂「調整中日關係條約」，發表日「滿」「華」共同宣言。這一天，汪記政府開張，群奸喜氣洋洋，他們在上海邀了大批德義日軸心國家的外交使節，日軍高級軍官，乘「天馬號」專車，興沖沖的趕赴南京捧場，參加簽字典禮。於是，消息立刻經由上海秘密電台，報到重慶，戴笠當時決定，把這列專車炸掉，造成重大死傷，給汪精衛一次迎頭打擊，使他面上無光。

爆炸火車任務，由上海忠義救國軍地下工作人員，配合軍統局蘇州站，聯合執行。他們派出警衛，掩護爆破隊，乘夜潛至蘇州城外京滬鐵路線上的李王廟，將地雷炸藥，埋藏在外跨塘附近的鐵軌中間，引線長達三百公尺，一直通到一道茂密的樹林之中，由詹宗像與薛堯負責按動電鈕。上午九點鐘，天馬號專車風馳電掣般駛來，詹薛兩勇士急將電鈕按下，但聽天崩地裂一聲巨響，地雷爆發，威力奇大，天馬號專車頓告傾覆，一時斷脰決腹，血流盈野，哀呼慘叫之聲，令人不忍卒聞。這一次爆炸，使全車的人不死即傷，損失慘重。天馬號翻覆後，詹宗像和薛堯雖知目的已達，可是他們膽子很壯，穿出樹林探看殲敵結果，不幸被日軍發現，密集掃射，中彈成仁。

這一次爆炸事件，日方死了兩名大佐（上校），兩位日本內閣的慶賀專員，情報員多人，還有德義使節及隨車軍隊，死傷共達一百餘人之巨。爆炸消息傳到南京，汪精衛大坍其台，狼狽萬分，暗恨重慶地下工作人員過於辣手，此一破壞行動不僅使他觸足霉頭，尤且闖了窮禍。故所以當遊戲汪幕的胡蘭成，向汪精衛建議：「特工除非把來廢了，既不能廢，便該直屬『元首』，如今極司斐爾路七十六號的李士群，歸財政部長兼警政部長、兼特工委員會主席周佛海掌握，世間各國，無此先例。」他並且進言撤銷「特工委員會」，而在「軍事委員會」之下改設「調查統計局」。汪精衛卻在初次召見李士群後，旋不久擴充其機構，成立「調查統計部。」

汪精衛給李士群的第一項任務，便是取杜月笙的性命，同時打擊並瓦解重慶地下工作人員在上海的活動。李士群是一個狠角色，胡蘭成曾把他比做太天夫國的北王韋昌輝。此人豁達有膽略，跋扈而聰明，辦事有條有理，他奉了汪精衛的密令，精神抖擻，雙管齊下，他一面誘捕重慶和共產黨派在上海的地下工作者，尤其著重忠義救國軍的幹部，和杜門相關人物，於是如何行健、楊傑、林之江、王天木、蘇成德、萬里浪、唐惠民、朱文龍、馬嘯天等都相繼落入陷阱，李士群對他們威逼利誘，無所不用其極，終於使這班意志薄弱者搖身一變，甘為虎倀，成為七十六號的一批重要幹部。第二步李士群決心東施效顰，他也要運用清幫力量，負責行動工作，只是黃浦灘上有頭有臉的清幫大亨，唯杜月笙馬首是瞻，李士群拉不動，他只能退而求其次，拉到杜朋笙好朋友季雲卿的司機、門徒吳四寶，他千方百計把吳四寶拖進七十六號，他和吳四寶結拜兄弟，派他當「警衛大隊長」。

另一項汪「主席」當面交代的任務是謀刺杜月笙。李士群在七十六號加強部署完成以後，萬墨林中計落入圈套，關在七十六號嚴刑拷打的同時，他親赴廣東秘密策劃，於是香港告羅士打飯店門前，幾度發現可疑人物，卻是若輩憚於杜月笙的聲威，屆時不敢下手，其結果只不過給杜月笙造成一場虛驚，反而開始嚴密戒備，使李士群無懈可擊。賄買香港警署陰謀驅逐杜月笙出境也是李士群的傑作，不料又被王新衡抬出俞鴻鈞來，以一紙備忘錄提請港督一新觀感而告失敗。

萬墨林中計被綁於民國二十九年十二月二十一日下午四點鐘，當時正值上海地下工作的最高潮時期，中央派有三位大員常駐上海，中央常務委員蔣伯誠是中央的代表，吳開先以中央組織部副部長，上海工作統一委員會常委的身份負責實際領導責任，中央青年團的吳紹澍也在上海另設單位搜集情報。萬墨林奉杜月笙之命，對這三位大員都要設法掩護，盡力協助。三位大員也都倚畀他為左右手，至少在「交通、聯絡」方面非萬墨林不可。除此以外萬墨林還有一項更緊要的工作，那便是付鈔票，戴笠假杜月笙之手不時撥錢給萬墨林，上海的地下工作需要特別經費，執行者要到萬墨林的手上領取，有時候事前還得知會他一聲：

「萬先生，上面的命令要『做』某人了。」

萬墨林問好要用多少錢，點過了頭便去「做」，任務完成領錢不誤，經費不足，頭寸萬墨林會調，像這樣的事例不勝枚舉，朱生刺傅筱庵一案，由萬墨林付訖工作費兩萬元，即為一例。

51

番虎伏窩橫曳豎拖

誘綁萬墨林，李士群便使的是「番虎伏窩」之計。吳紹澍手下的一名情報員朱文龍，早已被李士群收買，李士群拚一個朱文龍暴露身份，利用萬墨林的秘密通話路線，跟萬墨林連通三次電話，請他傳遞一項「極重要的情報」。萬墨林因為風聲太緊不得不謹慎小心，他推托過兩次，第三次則先約下午四時，臨時再改晚間八點鐘，揀的會晤地點是華燈初上，行人如織的國際大飯店前門，那是大英地界。殊不料他逵行到朱文龍背後，方一拍他的肩，四名大漢一擁而上，當眾反翦雙手綑了一個結實，萬墨林立刻向附近站崗的美國憲兵大叫：「救命！」美國憲兵跑過來干涉，七十六號的人掏出英租界准予緝拿許可證，滿街的人眼睜睜看萬墨林被架上汽車，絕塵而去。

杜月笙時在重慶，驚悉噩耗匆匆返港，一面急電吳開先等遷移住所，改變聯絡方式，一面分知恆社在滬同人，竭盡一切努力設法營救，尤其電囑徐采丞，要他從東洋人方面下手，壓迫七十六號放人。徐采丞原是史量才的重要幹部，史量才被刺後方始跟杜月笙、錢新之接近，曾以紡織業者參加上海地方協會，上海淪陷，地方協會群龍無首，徐采丞乃充任黃炎培遺下的秘書長職務，自此被人目為杜月笙的駐滬代表，利用日本軍政兩方派系林立，又都喜歡跟中國大力人士勾勾搭搭心理，縱橫捭闔，執行杜月笙交代的任務，專討東洋人的便宜。

萬墨林被關進七十六號，辣椒水、老虎凳、雪裡紅（雪中拷打，鮮血四濺）諸般毒刑，一概用過，幸虧他決心拚命咬緊牙關不招，否則的話上海地下工作人員大有一網打盡之可能，但是他能熬到什麼時候，誰也不敢預料。要照一般情報員的配備，像他這樣無所不知，無所不曉的「交通聯絡」，牙齒縫裡應該嵌進小毒藥瓶，一旦被捉立刻咬破自殺才對，然而他又是個奉「爺叔」差遣的情報票友，當初實在是誰也不便請他裝上這個。第二個救急的辦法便是遣人入獄，秘密將他處死滅口，這一著不必說杜月笙斷乎不忍，即使他下了決心不惜大義滅親，也礙於七十六號得了萬墨林如獲至寶，於是戒備林嚴，如逢大敵，如何覓得下手的機會？

杜月笙憂急交併，他集中心力於營救萬墨林，汪精衛對杜月笙恨之入骨，李士群方面並無交情，於是他暗渡陳倉，同時走兩條路線，他和錢新之一道出面，請李北濤間關入南京，攜帶一份貴重的禮物，往訪周佛海，要他看在舊日交情份上，保全萬墨林，並且予以「優待」。李北濤原先追隨周作民，跟周佛海也有私交，他見周佛海時除了婉言請託，當然也模擬杜月笙的口吻，軟中透硬，叫他「識相」「落檻」一點，杜月笙的勢力當時依然瀰漫大上海，甚至京滬沿線，杜月笙的這樁大事擺不平，必然會影響將來的「見面之情」。

52

杜月笙吃牢周佛海

周佛海一生，只忠於自己，利害得失，一概祇顧到自家為止，民國十六年他當共產黨，被陳群捉牢，險些送了性命，往後他在南京做官，經常到上海吃喝玩樂，也曾身為杜門座上客。杜月笙的行情和潛力，他一向摸得很清楚。碰上香港來使，痛陳利害，幾句話甩過去，他便打定了主意。從萬墨林身上找線索，摧破重慶地下工作者這樁大功勞他寧可不要，杜月笙的面子卻不能不買，當時他便一張條子飛到七十六號：

「萬墨林性命保全，並予優待。」

三天後，萬墨林從陰風淒淒的七十六號，移轉到四馬路總巡捕房收押，總巡捕房的督察長劉紹奎，不但與杜門相關，尤且歸戴笠直接指揮。民國二十九年八月二十六日，戴笠即曾致電劉紹奎：

「吾人對上海各種工友，應加緊運動，密切聯繫，以制敵偽之死命。弟意應即組織一上海職工運動委員會，請兄等聯絡在滬同志，從速進行。」

得了「同志」劉紹奎的照顧，萬墨林等於從地獄升入天堂，待遇極其優渥，尤且多了脫逃的機會。李北濤順利達成初步任務，他便留在上海，暗中策畫買通東洋人，把萬墨林悄悄的送往香港。

不幸事機不密，李北濤的密謀為周佛海所偵知，他迅即採取行動，命七十六號提回萬墨林，乘夜快車到南京。周佛海接見萬墨林，先跟他開個頑笑，然後開門見山的說：

「萬墨林，你所做的事情自家明白，七十六號的大門進去容易出來難，使你釋放，很不簡單。我此刻是買杜先生的面子，祇要關節打通，我自會放你。我說話算數，你也要向我提出保證，從今以後莫再到處託人，徒然增加我的困難，我請你安心的等好消息。」

萬墨林拍胸脯答應了。從此萬墨林便南京關一陣，上海押一晌，卻是從來不拷，不打，不「做」，不給他吃苦頭。徐采丞一直都在千方百計找路子，民國三十五年五月間，終於被他找到了一條康莊大道，東北籍的國會議員金鼎勛，跟東洋人淵源甚深，杜月笙得訊以後，立電徐采丞從速進行。徐采丞邀同顧南群與朱東山，同往懇請金鼎勛設法，金鼎勛十分豪爽，他一口答應幫忙。

金鼎勛走日本決策機構「興亞院」這條高級路線，說服興亞院的高等參謀岡田，和一位相關巨商坂田，由坂田、岡田影響興亞院，指使日本軍方：

「皇軍如需徹底統治上海，杜月笙有無法估計之利用價值，頃者猶在多方爭取杜氏之際，汪政府特工羈押其親戚暨親信萬墨林，實為極其不智之舉。」

至此，杜月笙長長的吁了一口氣，在興亞院和日本軍方的重大壓力之下，亦即周佛海所謂的「關節打通」，萬墨林終於獲得開釋。

吳開先在民國四十一年十一月發表：「抗戰期中我所見到的杜月笙先生」，對於萬墨林被綁架拷掠之役，曾有如下之敘述：

「予（指吳開先）在上海，每月會報頻繁，誠如杜先生所言：每次會報開會，均由萬墨林君臨時佈置。就予所能記憶者，在法租界月笙先生之所有公館，均先後借用數次，金廷蓀先生寓所，虞如品先生寓所及趙培鑫先生、江一平先生、俞松筠先生、朱文德先生等寓所均曾一再借用，其餘則為予素不相識，而至今不知其為何人者亦許多，問諸墨林君，但云恆社社員住宅而已。

「當時在滬工作較為繁劇，需款孔亟，中央匯款，時有脫期之虞，月笙先生知予經濟拮据，不敷運用，函囑其滬上有關事業機構，不時墊付，其超出預算之數，亦從未請中央撥還。

「敵偽在滬綁架暗殺之風漸熾，甚至日有所聞，月笙先生每有信來，總以予之處境為念，切囑謹慎，並戒日間外出。凡日間必須處理之事，均囑其親信人員代勞。所不幸者，萬墨林君即於其時以被綁架聞，月笙先生在港聞訊（當時杜月笙在重慶，聞訊匆匆趕返香港），連電囑予迅速移寓。萬君墨林亦一硬漢，雖備受敵偽酷刑，而對中央在滬各機關人員，始終不吐一字。當時彼為與余最接近而連絡奔走最多之一員，如果稍無骨氣，或禁不起嚴刑，則中央在滬各機構，有大部摧毀之可能！萬墨林君為追隨月笙先生極久之人，受月笙先生之薰陶特深，故遇緊要關頭能發揮月笙先生之俠義精神。

「萬君墨林終於獲釋，一幕驚心動魄之悲劇，告一段落。予又請假返渝，途經香港，與月笙先生相見。其時上海敵偽方面明綁暗殺，無惡不作，而英法租界當局懾於日人之氣燄，已無法保障中央留滬人員之安全，當時上項情形詳為面陳，月笙先生勸予寬心，此後如能不再去滬為佳，若依情勢判斷，恐仍不能不去耳。同時囑予在香港休息數日後，再赴渝報告，並約在港（上海統一工作委員會）委員俞鴻鈞、錢新之、王新衡等諸先生，開會討論此後工作。」

「予返渝，休養一月，其年（民國三十年）秋間復來香港。月笙先生知予又將赴滬，謂此次去滬，更為冒險，敵偽方面在香港已設有機構，專事偵查往來滬港人士，余告以此行先赴菲律賓，由菲律賓乘船直接去滬。月笙先生認為此計可行，即為予電在菲律賓之王正廷、楊光甡、朱少屏三先生。時王正廷先生在菲交通銀行任職，楊光甡先生任駐菲總領事，朱光屏先生任副總領事。

「瀕行時，月笙先生告予曰：

「『頃得情報，知共產黨徒潘漢年，已與偽特工負責人李士群取得聯絡，相互協助，並聞潘漢年在滬，即住李之私寓，勢必互為利用，予兄等以打擊，因共產黨欲在滬發展民眾組織，視國民黨在滬地下工作人員為眼中釘。我兄此去，風險更大，而敵人亦多，但願吉人天相。如有緩急當盡力幫助，赴滬請與徐采丞先生多多接洽。』一番又警惕又溫存之臨別語，分手依依，黯然淚下。」

53 摸透李士群的底牌

杜月笙能夠在民國三十年便偵悉潘漢年匿居李士群家裡，和共產黨要在上海發展民眾從組織運動的情報，可見他對於敵偽方面的情報工作，真正做到了「鞭辟入裡，進窺堂奧」的程度。李士群本來就是共產黨員，他降日投汪，扶搖直上，後來成為汪偽政府有兵有錢，權勢絕倫的第一員狠將，除了為自己升官發財，獨攬一切，其真正目的卻還是為共產黨掌握東南，作開路先鋒，第一功狗，凡此都是李士群這個敵偽特務頭腦的最高機密。他把共黨在滬主要負責人潘漢年藏在蘇州偽江蘇省長的公館，共黨特務胡均鶴在七十六號，全是冒險之至的陰謀部署，因為日本人和汪精衛一直在以反共為第一目票。汪精衛的偽府主席初期代言人兼機要秘書胡蘭成，曾有一日貿貿然的問汪精衛：

「和平建國豈不就好，為什麼要加上反共？延安今已宣佈放棄階級鬥爭，我們似乎不值得強調反共了。」

汪精衛一聽，當下臉上變色，斷然答道：

「共產黨無論做什麼，都是決不可信的！現在我們與重慶爭中華民國的命運於一線，即在於反共或被共產黨所利用！」

汪精衛這幾句話表明了他的最後目標，真正意圖。至於日本人在侵華大戰時期，以共產黨為第一死敵，也是有目共睹，不可否認的事實。在這種情形之下，杜月笙早在民國三十年即已掌握了李士群的本來面目，最高機密，這也就是說：他已能將李士群捏在掌心，隨時隨刻制他於死地，從事情報工作的人抓住了對方把柄，即為最有效、最具威力的武器。辦法簡單得很，向日汪方面舉發告密而已。日汪對李士群再寵信，再忌憚，也決不會容許他居心叵測，陰謀圖己的。

為什麼不利用這個最有價值的情報，假敵偽之手除了李士群這大禍害？其中自有奧妙。民國二十年首都衛戍司令谷正倫重金禮聘日本諜報專家加籐少佐來華當教官，傳授憲兵幹部諜報術，加籐對於諜報最高原則輕輕的點那一點，他只講了三十多個字的一個譬仿：「金魚缸裡若有兩條魚，只能捉一條，另外放一條我們所要的進去，當牠能夠取而代之，然後再換。」缸中之魚係指可以到手擒來的敵方，「我們所要的」則指己方人員，己方人員能取而代之的時候，將敵方全部消滅，敵方的機構便都是我們的反間諜人員，等於捏在我們自己的手中了。換一句話說，如果掌握住敵諜不加運用，一舉而殲之，敵方必定另起爐灶，「金魚缸」的作用當然全部喪失。

另一方面，當時我們對滬情報工作主持者正在看好戲，基於利害關係，敵偽人員內訌正烈，李士群毒死了吳四寶，周佛海、陳公博、胡蘭成、熊劍東等正在處心積慮，要殺李士群。李士群危機四伏，自顧不暇，遂而造成對我方最有利有態勢，這種情殂一直持續到抗戰勝利前夕，李士群被日本憲兵夥同熊劍東予以斃，汪記政府內閧宣告結束，不旋踵抗戰勝利，此一情報運用之巧妙，僅此一點已令人嘆為觀止。

李士群死時，年僅三十八歲；這位汪偽政府最突出、最有權勢的人物，胡蘭成曾經在他死後作以下的蓋棺論定，他發而為文說：

「李士群在時，他專殺藍衣社的人，CC的人他一個也不殺，為將來留餘地。但他最後一張牌還是與共產黨的關係，他用共產黨的特務胡均鶴在七十六號，且把共產黨戰時在上海的主要負責人潘漢年一直藏在他蘇州家裡。李士群若不死，抗戰勝利時他必不束手就擒，卻將帶了他的部屬投降共產黨。他自己原是共產黨員，因被捕投降過CC，後來南京政府（指汪偽政府）做到位極人臣，主義思想是餘話，因為共產黨根本不是紙上談兵，單他這個人，就與後來我所見初期解放軍的將領十分相像，他的雜牌隊伍十萬人，雖然亂七八糟，亦還比任何正規軍更宜於一旦轉變為初期解放軍。他回到共產黨，依當時的形勢及地理，他可以在程潛，陳明仁之上，也詐與陳毅、粟裕、饒瀨石齊驅。但他心機太深，偏遇著了我是個沒有心機的人。後來解放軍南下，潘漢年當了上海副市長，胡均鶴當了共產黨在上海的特務負責人，李士群太太因此關係，尚能安居。」

李士群越過周佛海，直接由汪精衛指揮，其穿針引線的人，便是胡蘭成，他和李士群變成敵對，引起汪朝嚴重的內訌，主要是由於兩個人的「政見」不合，胡蘭成不贊成明火執杖，殺人放火式的清鄉，李士群卻要藉清鄉放搶，尤其集特工、行政、經濟大權於一身。近因則起於胡蘭成很喜歡吳四寶夫婦，吳四寶被李士群毒死，使一對老搭檔反目成仇。

54

吳開先二度入虎穴

吳開先從杜月笙處捏著了李士群的底牌，他冒險就道，先到菲律賓，航機抵步，王正延、楊光甡、朱少屛已在機場迎候，但是他們見了吳開先，神色之間流露驚訝錯愕，吳開先自己亦覺茫然。一問之下，原來是杜月笙小心謹慎，他為保密關係，致電王、楊、朱，只說是有好友來菲，請往一迎，電文中並未提及吳開先的姓名。

於是楊光甡代為部署，買到一週以後駛往上海的船票。吳開先二度隻身探虎穴，還是由萬墨林迎候於吳淞口，又陪他去看徐采丞。一百九十天監牢坐過，死生懸於一線，樣樣苦刑都吃足，萬墨林這位杜門總管，一接到爺叔的命令，也不管是否有敵偽的密探監視，照樣拚性命去辦事情。

吳開先見了徐采丞，寒喧過後，徐采丞不待吳開先表明來意，他先開口說道：

「我已經接到杜先生的密函，杜先生叫我對吳先生的事盡力協助，我一定照辦。不過現在上海的情形跟前些時大不相同，吳先生進行工作，必須格外謹慎，改變方式，最好不要像以前那麼冒險大膽。」

吳開先表示他很瞭解，於是，徐采丞又很誠懇的說：

「國際情勢，瞬息萬變，現在風雲已急，依我的看法，日本、美國，遲早難免付之一戰。到那個時候，日本一定要佔領上海租界，中央留滬工作人員，似乎應該預為準備緊急撤退。杜先生、錢先生那邊，我已經寫了信去，太平洋戰爭爆發，香港必不可守，我信中就是請杜、錢兩先生早離香港，速去重慶。否則的話，日軍把香港一佔，萬一他們兩位落在日本人手中，事態之嚴重，簡直不堪想像。」純摯懇切，審察周詳，吳開先對徐采丞的第一個印象，不但極好，而且深心銘感。

杜月笙把協助吳開先的重責，交給了徐采丞。徐采丞頗能盡心盡力，掩護安排，凡事做得比萬墨林更加妥善。他替吳開先設法尋覓住處，通訊聯絡。而吳開先和他的工作人員見過面之後，旋即決定當前工作重心，在於分訪上海工商人士，勸他們從速離開上海，投奔重慶抗戰陣營。他們在這一項工作上很有成就，邀集了一群朋友，經香港而由杜月笙接待安排，趕在太平洋戰爭爆發以前抵達重慶的。至於吳開先他們自己，則經全體工作人員一致決定：局勢雖然危險，但是非到無能為力的時候，駐滬人員一律不得撤退。此一決定，乃使往後杜月笙在香港和重慶，函電交催，魂夢為縈，日夕以吳開先為念，同時也種下了三十一年三月十八日吳開先被捕，繫獄六個月二十三天的因子，使杜月笙憂急萬分，百計營救，先後花費了法幣一百萬元，始將吳開先救出。

吳開先第二次赴滬直接領導地下工作，重新設立機構，房子是徐采丞找的，工作機構和吳開先的住所，一應傢俱器皿，則自杜月笙杜美路宅中搬來。那許多全堂傢俱，各種器具一概簇括來新，尤且名貴精美，所費不貲，卻是杜月笙看都不曾看見過。後來機關被日本人查封，吳開先被捕，這些傢俱器皿也就全部充「公」，被日本人搬去用了。

徐采丞奉杜月笙之命，多方協助吳開先的地下工作，吳開先被捕，他幸好不曾受牽累，卻是他的兒子徐振華，一向也奉乃父之囑為吳開先跑腿，吳開先繫獄的第二天，徐采丞叫他去吳開先寓所傳話，於是被埋伏的日軍抓走，吃了一場冤枉官司，但是後來徐采丞對這件事絕口不提。

55 黃浦灘上腥風血雨

民國三十年元月四日，汪偽政府成立「中央儲備銀行」，由周佛海兼任「總裁」，「中央儲備銀行」發行偽鈔，排斥法幣，摧殘工商，剝削民眾，對於各方面的影響和威脅都很大。於是中央密謀對策，形諸於緊急行動者，厥為制裁「中央儲備銀行」工作人員，使他們有所警惕，知難而退，藉收拆台作用，是為民國三十年初，黃浦灘腥風血雨，渝滬情報員大決鬥之起始。

從三十年元月三十日起，忠義救國軍潛伏人員，和軍統局上海直屬行動隊通力合作，以快刀斬亂蔴的手段，先後殺了「儲備銀行專員兼駐滬推銷主任」季翔卿、職員王漢臣、「庶務科長」潘旭東、「設計主任」樓桐、「幫辦、總會計」盧傑、「財政部科員」馮德培、「稽核課主任」厲鼎模等人。鐵血行動，死亡制裁，嚇得「儲備銀行」的職員寧可敲破飯碗，也不肯去上班，新成立的「儲備銀行」，瀕於關門打烊的危險。

當時，我國的中央、中國、交通、農民四大國家銀行，猶在租界內，繼續營業。李士群台型坍光，便亟謀報復，他改派吳四寶為行動大隊長，炸彈手槍，明殺暗刺，專門向我中中交農四行的職員下毒手。短短時期，居然也有不少忠貞之士，死於非命。

七十六號的殲酷報復手段，惹惱了軍統局直屬行動大隊，杜門弟兄陳默和于松喬，領導他們的手下，射人射馬，擒賊擒王，他們改變方針，專殺日本軍官和敵偽情報員，七十六號重要份子。自當年一月二十八日開始，槍殺日軍大佐森貞一郎，偽行動隊中隊長王榮、偽工運執行委員胡兆麟、偽上海情報處長兼日海軍司令部情報主任朱建功、偽上海印花稅局長盧志印、日本交易所經理謝克昌、上海日軍軍部情報隊長周鴻業、偽上海青年團長周寶大、團附余清廷，日特務部情報員尾村及其助手許富榮、日新編第四旅團少將旅團長福本、萬里浪的助手徐國權，七十六號督察長華剛被刺殞命後九天，繼任「督察長」秦人傑又被槍斃於白利南路同一出事地點，尤為當時大快人心，足令七十六號人員喪膽的一大傑作。

陳默、于松喬殺敵鋤奸，雷厲風行，於是引起七十六號李士群、吳四寶更殘酷的報復，中中交農四行員工，慘遭犧牲者日益增多。火拼到後來，「儲備銀行」固然門可羅雀，連行員都裹足不前，而中中交農四行人員又何嘗不聞絃心悸，杯弓蛇影，嚇得不敢跨出家門？因此，渝滬兩方的銀行，眼看著即將同歸於盡，誰都無法到齊足夠的人手，開門營業。

這樣的後果，決非有關當局所願見，一團混戰，殺得難分難解，必須有個了結。尤其七十六號有皇軍的後台，汪偽的靠山，決戰之場又在淪陷了的上海，他們盡可明火執仗，陳默、于松喬他們卻以形勢所格，唯有暗中冒險出動，再鬥下去，只有吃虧愈大。因此，戴笠迅作決斷，他託杜月笙一件天大的難事，「解鈴還須繫鈴人」，請他設法斡旋，暫弭殺風，以免影響大局。

杜月笙接獲請託，煞費躊躇，因為難處在於既要完成使命，又苦於不能蝕自家的面子，論雙方暗殺之戰，陳默、于松喬等佔的是上風；論交涉對象，吳四寶前三年連杜公館的門都挨不進，杜月笙怎能和他分庭抗禮，把他當作「講斤頭」的對手方？

吳四寶是個大塊頭，體重足二百斤，南人北相，濃眉大眼，皮膚黝黑，他不識字，從未讀書。抗戰以前，他的履歷只是給杜月笙的心腹大將，小八股黨急先鋒芮慶榮開過汽車，後來改充「通」字輩名人季雲卿的司機。季雲卿的太太曾是捕房女監頭腦，早年李士群在當共產黨，便拜在季雲卿的門下，求得庇護。

吳四寶「出道」，得力於他的太太佘愛珍，佘愛珍是富商佘銘三的千金，啟秀女中畢業，長身玉立，眉目如畫，她曾遇人不淑，再嬪吳四寶，從此成了他的得力助手，能讀能寫，口才很好，尤其有鬚眉男子風，敢於手持雙槍，衝鋒殺人。吳四寶給季雲卿開車，她便管季太太叫「娘」，「娘」一歡喜，叫季雲卿收吳四寶為徒，自此成了清幫「悟」字輩。

李士群擴充七十六號，拖吳四寶下水，便是藉著同參弟兄的關係，他看中的不是吳四寶，而是吳四寶的一批學生子，為首的名叫張國震，抗戰一開始都參加了救國軍，他們有人有槍，個個都狠，所以一拉過來便是力量。這幫人構成七十六號警衛大隊的主力，他們殺人放火，無所不為，見了捕房車都敢擲手榴彈，是他們使七十六號凶燄四迸，狠名遠播。張國震在上海令人頭皮發麻的一仗，是他率眾堂而皇之打大美晚報，跟法租界巡捕當街槍戰，熱烈火爆，尤勝今日之情報員影片一籌。

56
汪朝內訌四寶命喪

吳四寶一生想學杜月笙，卻是畫虎不成反類犬，乍看彷彿，細審又差了一層。他在七十六號得了勢，上海的銀行、廠商、交易所、賭場……為求保障，紛紛的來拜門。自此財源大開，金銀財寶滾滾的來，於是他在愚園路造了一幢巨宅，西式洋房，中式堂屋，附設得有花園、跳舞廳、網球場、大宴會所，他宴會所，他對朋友來客有求必應，街坊貧戶常年施捨，供醫藥，施棺木，尤在杭州辦一所中學。由於吳四寶的「好風光」沒有幾年，吳家的盛大場面只有一次吳太太四十初度，然而吳四寶景杜學杜，照樣場面做足，當日在他家裡筵開百桌，一百桌的流水席連開三日，還打通網球場與晒場搭台演戲，三天的堂會戲將平劇、申灘和紹興的篤班的紅伶一概請齊，到的有荀慧生、麒麟童、筱月珍、傅瑞香等人。來賓則上海場面上人一網打盡，還有南京偽政府高官自周佛海以次，乃至各地的偽軍司令。

當杜月笙必須去跟這位「小小杜月笙」吳四寶講斤頭的時候，正值吳四寶在黃浦灘灼手可熱，勢莫與京，對於杜月笙遣人來談，移樽就教，可以說是吳四寶夢寐以求，千載難逢的大好機會。因此顧嘉棠、芮慶榮、高鑫寶等江湖老輩紛紛力持反對，他們不惜警告杜月笙，一聲弄不好，這件事會使老杜坍台，徒使吳四寶豎子成名。

但是杜月笙苦心孤詣，為了顧全大局，他不吝拼卻聲譽試探試探，發一封電報到上海，召來他另一位狠角色門徒，把機關槍狙擊掃射當做家常便飯的，那便是「花會大王」高蘭生。

事情的發展出人意外，高蘭生唯唯喏喏，奉乃師之命回了上海，七十六號對中中交農四行人員的殘殺行動居然戛然而止。杜月笙得訊方在疑惑不定，吳四寶終於有那麼一點學像了杜月笙，他派一名高級代表甘冒斧鉞，來拜香港杜門，他說吳四寶對杜先生的吩咐焉敢不遵？結果如何，敬請拭目以俟，倘苦吳四寶不能奉行杜先生的吩咐，他寧可退出七十六號。

維持了一段時間的風平浪靜，雙方明爭暗鬥，再也不以圖保飯碗，有以養家活口的銀行職員為靶子。吳四寶的代表聲言他任務已了，不再回上海，甚願借此香火因緣，獲機高攀拜杜先生為師，杜月笙一時高興便收了這位門弟子，而且轉請重慶派他為上海中央銀行副理。

李士群陰險殘刻，無孔不入，吳四寶結納杜月笙的秘密旋即為他所偵知，於是他開始排斥吳四寶，關起房門草擬一份「純化特工計劃書」，要把見義忘利的幫會中人摒諸門外，吳四寶心知他已不能見容於七十六號，乾脆實踐他對「杜先生」所作的諾言，他辭了職。旋不久，他家便被兩日本憲兵包圍，吳四寶機警跳牆跳走，繼由李士群向胡蘭成和李、吳的把兄弟唐生明痛下說詞，提供保證，他說此事非吳四寶自首不行，但他願以烏紗帽與身家性命保證，一定保釋吳四寶回來。

可是吳四寶一進日本憲兵隊便吃足苦頭，而且接連羈押兩個月，音信杳然，他的學生子張國震急於營救師門，自己到日本憲兵隊投案，日本憲兵把張國震交給李士群，李士群立將張國震綁赴刑場，命楊傑監刑予以槍斃。

往後便是胡蘭成逼牢李士群保釋吳四寶，他遄赴蘇州往進李家，睡在李士群夫婦的鄰室，李家衛士來為他的火盆加炭，當夜他差一點便被瓦斯窒死，翌日他仍振作精神，以「禽之制在氣」之勢逼李同去上海，李士群果然從日本憲兵隊領回了吳四寶，卻是說要移往蘇州看管。吳四寶由李、胡相陪回到愚園路家中，「沐浴理髮更衣，到正廳拜祖先」，卻是轉身又向李士群下跪，謝他拯救之恩，胡蘭成在一旁見吳四寶「忽然流下淚來，心中感覺不吉」，第二天一清早胡蘭成又去吳家，排扉直入，他看見佘愛珍在為吳四寶穿衣，不時叮嚀幾句，胡蘭成形容當時情境，他說：

「一種患難夫妻的親情，看著心中好不難受！」

李士群、吳四寶兩兄弟偕赴蘇州的第二天，李士群悍然下毒，於是吳四寶七竅流血，死於非命。往後胡蘭成義憤填膺，他要為吳四寶報仇，聯絡上他的中學時代大朋友，偽黃衛軍首領熊劍東，胡蘭成保舉他為「稅警總團長」，取得兵權與東洋人信任，跟李士群兩雄相競，決意火拚，終於熊劍東得日本憲兵之助，以談判合作為餌，毒死了李士群。吳四寶的故事發展到今日，是佘愛珍感恩知己，以身相許，她愛上了胡蘭成，和這位名小說家張愛玲的離異丈夫胡蘭成在日本同居。

民國三十年十二月一日，杜月笙在渡海赴告羅士打之前，驅車往亞皆老道彎了一彎，他走進陶希聖的寓所，當面交代他說：

「我明天到重慶去，請你先把行李準備好。我到重慶之後，替你訂好飛機票，再打電報通知你，你就即刻動身。」

因為，這是蔣委員長的命令，委員長要陶希聖離開香港，回到重慶。

十二月二日杜月笙搭機離香港。這一次重慶行，彷彿事態相當緊急，戴笠當時已經獲得情報，日軍決定採取南進政策，驅除同盟國在南太平洋的勢力，攫取戰略物資，並且和德國的東進攻勢遙相呼應，他尤其判斷，日軍不動手則已，一動起來必定分頭出擊，同時囊括港菲星馬，還有西太平洋的美國重要據點。杜月笙聽說以後，先就想起了香港，他告訴學生子說：

「果真要打起來，香港是守不住的，香港守軍只有英軍兩三個營，再末就是九個營的紅頭阿三，統統是些坐享清福的少爺兵，打伏的時候根本就派不上用場。」

杜月笙立即和他的學生子商量，假如日軍攻佔香港，在香港的許多重要人物，例如素著聲譽，為日人所亟欲利用的名流耆彥，如顏惠慶、陳濟棠等，以至安福系諸巨頭，以及陶希聖、王新衡、杜門中人，這一些被敵偽恨之入骨，抓到了非砍頭不可的地下人員，忠貞份子，尚且還有杜月笙的妻子兒女一大群，必須緊急安排，這許多人應該如何撤退？

57 風雲緊急晴天霹靂

當時，杜月笙心裡已在暗暗的發慌，這一點形諸於往後的接連多日，杜月笙總是心神不定，時時流露焦灼不安之色。

與此同時，杜月笙又想到將來可能要在重慶長住，恆社子弟，在後方的數不在少，這許多人，不能長期賦閒坐吃山空，必須找點事情給他們做做，因而他決意開設一爿「中華貿易信託公司」，並且立即著手籌備，他在杜門友好，恆社弟子間調兵遣將，盡出精銳，新設立的「中華貿易信託公司」，他原先有意叫陸京士主持，但是陸京士當時早已官拜「社會部組訓司長」，於是便命他為常務董事，叫他自己拿一萬塊錢出來作股本，總經理楊管北，副總經理駱清華、沈楚寶。「中華貿易信託公司」建制度，立規章，一切有條有理，井然不紊，照樣的發股票，認股份。

杜月笙是當然董事長，為了資本問題，於是有那麼一天，他便去和四川財經巨子劉航琛商量。「航琛兄，承你借我一本空白本票，讓我隨時在你的銀行中支錢，你這番盛情，我是十分的感激。」

「那裡的話，」劉航琛哈哈一笑：「杜先生肯跟我的銀行打來往，這是我劉航琛的光榮。自古朋友有通財之義，區區小事，何足掛齒。」

「我今天不是專程道謝而來的，航琛兄，」杜月笙微微而笑：「記得當初我問你，我支用錢的最高限額是多少，你老兄說是一百五十萬，對不對？」

「對的。」

「今天我要跟你商量的，」杜月笙開門見山，「正是要向你老兄借一次最高額。」

「杜先生你這就多此一舉了，」劉航琛朗爽的笑著：「早先我們不是說好的嗎？一百五十萬元之內，杜先生打支票，我的銀行立刻照付。一百五十萬元以上，麻煩杜先生先知會我一聲。」

「航琛兄，你不問我要這許多錢，是作什麼用途的？」

劉航琛揚聲大笑，反問一句：

「杜先生是要把金錢用途告訴誰的人嗎？」

於是，兩人相與大笑，杜月笙欣然的說：生平借貸，以這一次最為痛快。

在重慶鬧區林森路，花五十多萬元買了一幢三層樓的房子，一、二兩層作辦公地點，三樓分隔許多小房間，當公司相關人員的招待所。「中華信託公司」擇吉開張，杜月笙親任董事長，他投資法幣一百五十萬元。

十二月八日，杜月笙和戴笠在一起，中午，香港來了急電，戴笠匆匆看過，遞到杜月笙手上，杜月笙接過去一看，宛如晴天霹靂，頓時臉色大變。

日機七架轟炸香港，日軍第三十師團一部，揚長通過英軍主陣地前的一座蓄水池，進入九龍半島主陣地，一直到他們佔領碉堡，英軍尚未發現。十一日上午，英軍全部撤退，十二日香港陷落。日本軍事專家估計香港防守不能超過三個星期，結果是守了不到三天。

58
親友失陷千鈞一髮

民國三十年十二月八日，太平洋戰爭爆發，日軍偷襲珍珠港，同時，馬尼拉、香港、新加坡同遭襲擊，泰國宣告投降。北平、上海、天津的英美駐軍全被日軍攻擊後解除武裝。這一天，是世界近代史上最重要的一個日子，對於杜月笙來說，由於香港的失陷，和上海英、法兩租界俱被日軍侵入，兩處地方的家人親友、門徒學生，一下子淪入魔掌，生死不明，他個人心情的焦急淒苦，恐懼緊張，當然不難想像。那一夜，他通宵不眠，和戴笠寸步不離，籌思如何利用日軍尚未佔領的啟德機場，派遣飛機，緊急救出那些人來？

人多機少，這一紙名單的研擬，真是絞盡腦汁，煞費思量。

戴笠的一位好朋友「阿伍」，是香港華僑，家貲巨萬，早年學過航空，駕駛技術十分高明，十二月初，阿伍應戴笠之邀，飛赴重慶瞻仰抗戰的司令塔，復興中華聖地。太平洋戰爭突起，阿伍在重慶大為著急，因為他的大部份財產，都存在香港銀行，他趕不回去，百萬家財必然會被日軍劫收，一家一當付之東流，於是那一天縱然戴笠在百忙之中，阿伍仍然不顧一切的纏住他，一定要戴笠設法讓他回香港。

靈機一動，戴笠當著杜月笙的面，告訴阿伍說：

「好的，我設法替你弄一架飛機，由你自己駕駛去香港。飛機落地，你便把飛機交給中國航空公司，我會請他們派駕駛員飛回重慶，不過請你注意，我是要用這駕飛機接運香港方面緊要的人。」

杜月笙當時便讚不絕口，戴笠這個辦法不但兩全其美，而且快刀斬亂蔴解決了很多問題，以當時香港情勢的危急，秩序的混亂，航空公司未必會有人肯去。何況，阿伍駕駛技術之優良，又是熟習他的人所一致公認的。

當下對緊急撤離的人士作最後決定，柯士甸道杜公館人太多了，杜月笙臉色蒼白，咬緊牙關，他毅然決然的對戴笠說：

「凡是我的人，暫不考慮。」

戴笠抬起頭來望杜月笙一眼，見他似已下定了決心，於是便不再多說，他開始振筆直寫，兩人有商有量的決定了先行救出陶希聖、顏惠慶、許崇智、陳濟棠、李福林、王新衡……等人。

名單決定立刻便打電報，請中國航空公司分在列別通知名單內的各人，應於十二月九日中午以前趕到機場集中，等阿伍駕駛來的飛機一到，換位駕駛馬上起飛。

從十二月八日午夜，到九日傍晚，杜月笙不眠不休，好不容易等到了專機安然返渝的消息，卻是大出意外，昨夜擬訂名單該接的人一個也沒有來。

被這架飛機載運回來的，當然也是必須運脫險的重要人物，只是跟杜戴擬名單上的諸人面目全非，名單所列者毫然問題的全部陷敵，陶希聖、李濟琛、顏惠慶等下落不明，音信杳然，使杜月笙遶室傍徨，夜不興寐，一面想盡方法打開一條通路，利用人民行動委員會的關係，將起自重慶，以迄香港地下，中間如貴陽、桂林、韶關，龍川、沙魚涌、大埔，迢遙數千里的一條路上幫會首腦，綠林俠盜，全部動員起來，由而安排一條康莊大道，計劃從敵人的虎口中，救出這一批要緊的人，以及姚氏夫人、杜維藩，和所有的杜門相關人員。

另一方面，杜月笙向戴笠建議，提供了一個瘋狂大膽，而且乍看起來斷無可能的計劃，他要透過他的駐滬私人代表徐采丞，向日軍上海特務機關堂而皇之的提出：淪落在香港的許多朋友，都是杜月笙一再懇商拖出來的，如今因為香港變起倉卒來不及安全撤離，這幫朋友刻在香港面臨日軍搜捕，暴民劫掠，尤其糧缺聲中，三餐不繼，可以說是隱於絕境，去死不遠。杜月笙寧死不能對不起朋友，所以，日本人如果欣賞杜月笙講這個義氣，幫忙杜月笙救這些友好，他將派徐采丞包一艘輪船，從上海直駛香港，把杜月笙的朋友們接回上海，住進日人勢力尚未侵入的法租界，以使杜月笙能夠實踐諾言，全始全終，繼續對這幫人有所照料。

59 與虎謀皮居然成功

戴笠曉得日本方面有那麼一批人，對於杜月笙的幻想一直未曾破滅，而徐采丞和日本駐滬陸軍部部長川本之流私交彌篤，杜月笙慷慨義烈的此一表示，經過徐采丞的穿針引線，善為運用日本統治當局的矛盾分歧，這個計劃可能會通得過，因此他本人表示贊成，再經過杜戴二人分向有關方面解釋說明，一月底，杜月笙便給徐采丞去了一封密電，授計與他，叫他火速進行。

這又是抗戰史中的一頁奇蹟，經過徐采丞的巧妙運用，竭力奔走，杜月笙瘋狂大膽的計劃，居然獲得日本特務「梅」機關的暗中支持，逐步的付諸實現。二月三日，徐采丞借到一架日本軍機，由上海直飛香港，代表杜月笙安慰滯港諸親友，他隨身帶了不少的錢，他要親自安排杜門親友逃離香港。行前，他尤已包好了一艘輪船，駛往香港負責接運。

在這時候，滯港杜門親友業已有人得到了消息，他們奔相走告，口耳相傳，在風聲鶴唳，一夕數驚之中，這些人原已自份無望，準備束手待斃，杜先生派船來接的消息一到，真是絕處逢生，雀躍不已，可是其中還有波折，東洋軍機「搭漿」，中途發生故障，徐采丞被迫降落臺北，三日後修理好了，方始續航南飛。這三天的音信中斷，使杜門親友望眼欲穿，魂夢為勞，無緣無故多受了不少的罪。

二月六日徐采丞專機抵達香港，他抵步以後立即驅車分訪杜氏親友，施以緊急救濟，並且報告佳音，專輪準於二月八日駛抵香港，他請各人早日收拾行裝，準備動身，涸澈之鮒喜獲甘霖，幾於人人合什，展露笑容，齊聲誦念杜月笙不置。

經過一艘專輪救出人間地獄，海上危城的，計有顏惠慶、陳友仁、曾毓雋、李恩浩、唐壽民、林康侯、劉放園、潘仰堯等一干耆宿名流，和杜門親友，蘇浙同鄉，為數多達三百人，其中有不少人平安抵達上海法租界後，賡續接受杜月笙的資助如故。

經由香港、出深圳緊急搶救的諸人，包括陶希聖、蔣伯誠、陳策、顧嘉棠、芮慶榮、楊克天、姚玉蘭、杜維藩、胡敘五等人，從香港淪陷以後便東逃西散，吃足苦頭。陶希聖一家搬到了彌登道黃醫生家後樓的一間房，蔣伯誠躲進了九龍飯店，一天日本軍隊氣勢洶洶的前來搜查，把每個房間裡的宿客逐一喊出來檢查，臨到蔣伯誠，日本人問他是幹什麼的？情急智生，蔣伯誠便指著他經常備有的大包 Aspro，抗聲答道：

「我販西藥。」

杜維藩帶兩個兒子在香港，徐采丞的專輪到了，他兩個兒子便交由徐采丞帶回上去，他自己不敢回上海。香港陷落那天他還在交通銀行辦公，輪渡一斷他回不了九龍，起先躲在花園台呂光家裡，後來又與楊克天睡在告羅士打的走廊上。

王新衡是日軍最大的目標之一，他未能順利搭機離港，卻得了「阿伍」的協助，阿伍有一個弟弟在香港政府管漁民，於是香港失陷，王新衡便化裝渡海避在永安保險公司做事的一位郭姓人家，他往後的行動和離走，一直都由香港漁民掩護。

60 姚玉蘭萬里流浪記

杜夫人姚玉蘭在最後一架飛機離開香港起飛以前，得到她閨中密友一隻電話，告訴她說給她留了一個空位子，要走就快點來，姚玉蘭回覆她唯有一聲苦笑，她說我這邊人多著呢，何況杜先生交代了我不少事情，譬如說陶希聖不曾脫險，我就不能走。

「香港杜月笙」依然目標顯著，風險極大，日本人可能下毒手，香港饑民暴徒說不定也動上杜公館的腦筋，但是別人可以暫避，姚玉蘭卻寸步不容稍離，因為她一走開，全香港的杜門相關人物就無法通訊聯絡，因此姚玉蘭決心不避也不走，她要死守大本營。難得的是楊虎夫人陳華慷慨尚義，自願陪伴姚玉蘭，和她同生死共患難，姚玉蘭感動得熱淚沾襟，她問陳華說：

「從今以後咱們倆命運相連，但願妳跟著我，能夠死得不冤。」

幸虧有姚玉蘭硬起頭皮，咬緊牙關，死守柯士甸道不去，東躲西藏的杜門中人，方始有了一個希望不淺的聯絡中心。徐采丞的專輪駛來，以及稍後一批批的相關人物陸續逃離香港，輾轉抵達重慶。如果沒有杜公館居間聯絡，分別知會，可能杜月笙、戴笠、徐采丞在渝滬兩地用盡心機，煞費氣力，其所得的結果也是化為泡影。

香港撤退之役，在杜月笙來說是他生手一件大事，一大成功，而且也使他的個人聲望迅又推上另一高峯，他所做的是為人所不敢，所不能為，他從敵人偵騎密佈，大肆搜索中，救出了無數名列前矛的人物，而且他的做法是先公後私，先友好而後家眷，他為了顧全信義寧可犧牲妻子兒女。由於他向陶希聖說過要接他到重慶的話，尤有三哥金廷蓀，實在因為上海蹲不住了，三十年冬正徬徨於浙閩兩省，杜月笙再三再四，懇邀他到香港，金三哥十一月方到，不及半月香港即告淪陷，杜月笙認為是他害苦了金三哥。因此，他在香港淪陷前夕拍回家中一個電報：「金三哥和陶先生一日逃不出香港，杜門中人包括太太和少爺在內，一個也不許離開。」

由香港出深圳，循東江抵韶關，沿途不僅關卡重重，盤查嚴密，而且敵偽軍隊，強梁土匪，經常出沒無常，日軍陷港，渝港消息中斷，在港諸人又怎知道杜月笙業已設法打開了這一條路上的重重關節，因此他們亟於設法自救，便推派杜氏門徒陸增福，拎著腦袋去探路。陸增福歷經千辛萬苦，受過重重災難，好不容易穿過危險地帶抵達惠陽，他立刻臚呈在港諸人情況，發一封長電稟報在重慶的杜月笙。當時，杜月笙已因憂急相併，心力交瘁，淹滯病榻多日，得到陸增福的這一個電報，方始一躍而起，歡聲的說：

「路摸通了，火速叫他們準備動身。」

開路先鋒陸增福打過了頭陣，第二波走的便是顧嘉棠與芮慶榮，這兩位杜門大將，在江湖上名聲響亮，而且不分文的武的，都各有他們的一套。因為他們還是「摸」著走，自需步步為營，時時小心。何況他倆的肩上，還有為後來的大隊搭線開路的重責大任。

顧、芮兩位大亨果告順利完成征塵，在香港的落難者大為振奮，他們開始集合成隊，一一登程。姚玉蘭之成行另有一功，那是因為陳華欣然發現她可以指揮得動洪門中人，由於楊虎在廣東從事革命甚久，他又是中國海員的領袖，楊夫人的招牌亮出，居然到處順利無阻。在香港的洪門頭腦為杜、楊兩夫人謀到了奇貨可居的日本軍民政部發給「還鄉證」，兩位貴夫人化妝為廣東鄉間女子，蓬頭垢面，粗衣甐服，姚玉蘭化名王陳氏，推說回一趟興寧家鄉，「還鄉證」明文規定，三日之後不回香港，抓到了便要「軍法從事」。

兩位夫人帶了隨從傭婦，在洪門弟兄暗中保護之下，通過關卡，踏上廣東省境，她們沿東江西上，一路吃的苦頭，和遇見形形色色的怪事罄竹難書，幸好平安無事抵達桂林，而在陰曆大年初三那天抵達重慶。杜月笙歡天喜地把姚玉蘭迎到汪山。為了紀念一生之中這一次不平凡的旅程，姚玉蘭穿上攜來的鄉間婦女衣服，再施原有的化妝，而在汪山附近揀一處極與粵西途中相似的背景，拍了兩張照片。

餘下來在香港的人分別組隊，由李北濤負責「開條子」，以便憑條在有交通銀行的地方支領旅費，時值香港淪陷一個半月以後，日軍由於糧荒嚴重，下令遣返難民還鄉。於是這一班日軍搜捕日亟的人士便人人化裝為鄉民，個個申請為還鄉者，他們分隊出發，雜在成千上百的難民隊中，相互裝做不認識，然後混過關卡，通過盤查，步行而到大浦。由大浦乘漁船到葵浦要通過日軍的警戒線，這一路基於杜月笙的安排，是一對黃氏兄弟負責安全警戒與交通工具，越葵浦而惠陽，或淡水轉橫瀝，沿途步行而過，這一段杜月笙也派有專人照料，然後直到自由地區韶關，沿途均請專責人員，必要的時候，他們還自動派出武裝的護衛。

61

緊急搶救耗資百萬

滯港諸人中杜月笙最所惓念的陶希聖，他和蔣伯誠、杜維藩、楊克天、胡敘五等同行，安然的在是年陰曆除夕抵達韶關，然後轉桂林直飛重慶。

金廷蓀則於香港淪陷後，因為寄寓香港，輪渡中斷無法和九龍柯士甸道杜公館聯絡，後來他獨自參加難民大隊，離了香港，一路風霜雨露，苦不堪言，偏是身畔現金有限，盤纏不足，一路步行到河源，方始見有賑濟委員會設的救濟站，金廷蓀異鄉淪落，恥於表明身份。救濟站主任吳思源，怎曉得他是許世英的好朋友，杜月笙的結義弟兄，按照一般救濟通例，發了他十五塊錢，金廷蓀自此默默無言的轉往浙西居住。

通過賑濟委員會，杜月笙將他所主持的「第九救濟區」分為「第七」、「第九」兩個救濟區，第九救濟區主任是杜氏門人陳志皐，常駐曲江，第九救濟區主任改由他的得意門生林嘯谷充任，常駐桂林，專門應付這一次搶救重要人士的緊急大事。但是賑濟委員會是公家機關，他這兩位學生雖然精明能幹，頗可仰體師門的人溺心情，卻是諸多手續苦於不能不備，因此登記申請審核種種浪擲時日，於是落難之人深感遠水不救近火，杜月笙瞭然箇中況味，他便倡行私人緊急救濟，但凡拉得上點關係的落難者，或則由他主動致送，或則根據報告與私人請求函電，多則成千上萬，少則三百五百，由他指定何人資助若干，銀行電匯票雪片般分致陳志臯與林嘯谷，還有柳州中央銀行經理趙中，分別代為致送。

滯港落難親友絡釋不絕到重慶，杜月笙每見一位便多添一份歡喜，他一掃愁眉，笑口常開，假重慶交通銀行開起流水席，分批的宴請他們，一以祝賀，一以壓驚。貴客赴宴，握手寒暄，其中有生活尚未安頓，窘況猶未解除的，杜月笙便在掌心之中暗貼一紙支票，藉握手之便傳遞過去，一面施眼色阻止退還或道謝，存問至情，彼此心照，使受之者無不感激萬分。

有人代他暗中留意，私下統計，杜月笙為了打他這「急救香港親友」生平最重要的一仗，前後花費約在法幣兩百萬元之譜。

從民國三十一年一月起，杜月笙開始定居重慶，遙遙指揮香港大撤退，徐采丞的專輪帶了三百多人回上海，他自己所安排部署的大逃亡路線，更不知救出了幾千百人。斯役功德圓滿，杜月笙屈指細算，他可以對得起所有勸來、拖來、拉來、請來香港的親戚朋友，不過就中仍有一大遺憾，使他頗不心安。湯漪字斐予，友好間尊稱湯老爺，當時已經六十一歲，他是應杜月笙力邀避亂香江的，香港淪陷後吃了不少驚嚇，旋又跟著大隊「難民」萬里逃亡，一天要走五六十里路，風燭殘年吃不消，卻又無法支援或告饒，因此他只好把肩負行李一件件的拋掉，拋到後來連最心愛的一只煙盒都送人了，從此戒了須臾不離手的香煙，勉力支撐到重慶，再也支撐不住，於是纏綿病榻，三十一年四月十四日，終於醫藥罔效，一瞑不視，他死於香港失陷，萬里逃亡之役。

杜月笙對湯老爺之死至感震悼，他曾為之落淚。由於湯老爺官拜賑濟委員會委員，依許世英的意思，似乎應該由賑委會的公帑中撥款為之治喪，杜月笙則力持反對，他振振有詞的說：

「倘使國民政府明令治喪，那倒是湯老爺一生的榮耀。至於說撥賑濟委員會的公款，收殮湯老爺，豈不變成湯老爺睏施棺材了？這樣會使湯老爺在九泉之下也不得心安，湯老爺的家眷雖然不在後方，但是朋友還有幾個，湯老爺的朋友決不能讓他睏施棺材！」

於是，他派人到江西泰和，訪尋湯老爺的哲嗣，護送他到重慶來，為湯老爺遵禮成服，親視含殮。

62 日軍進佔英法兩界

與搶救淪港親友、關係人物分赴上海、重慶的同時，上海方面，也是情況緊急，千鈞一髮。三十年十二月八日深夜，上海英法兩租界驟聞密集的槍聲，租界守軍只作短暫幾個小時的零星抵抗，將近黎明，槍聲轉稀，大膽的市民冒險到街頭觀看，大建築物的頂端懸起太陽旗，街頭巷尾換了穿黃制服的日本軍隊站崗，大家的心齊齊往下一沉，不用說，日軍業已進駐租界。

杜月笙在重慶得到消息，憂心如焚，眉頭緊皺，頭一個反應便是命人起稿，拍電報給吳開先，請他立刻離滬，切勿遲延。可是吳開先當時不能走，撤退之事，頭緒萬千，他覆電杜月笙，感謝他的關懷，但卻說明幾點：第一、他要留在上海應付急變，第二、他沒有奉到中央指示撤退的命令，第三、當時急於撤離的人員，有英法兩界特區法院守正不阿，為敵偽嫉惡如仇的法官檢察官，以及中、新等報館的重要份子，乃至留滬的地下工作同志，這許多人都要等吳開先想辦法立即撤退，免遭敵偽毒手，因此，吳開先一時無法離開上海。

接到吳開先的覆電，杜月笙更著急了，他大呼小叫：

「吳開先不走，那怎麼行？被東洋人捉到一定會丟了性命。從今天起，你們代我一天拍一封電報，催他快快脫身出來！」

不兩天，吳開先求援的急電又到，他告訴杜月笙：法院和新聞界的人員，已經由他自行設法，籌了一筆錢，請萬墨林、朱文德兩人分別致送旅費，並且由恆社同仁設法護送到金華，進入自由區。——恆社同仁非常負責，他們掩護這許多為敵偽志在必得，除之而後快的忠貞份子，安全逃離上海，一直送到金華為止。每一個人的脫走，都有緊張驚險的遭遇，但是由於恆社護送人的機警，吃得開，到處有朋友，總算毫無所失，一人不缺的送上浙贛鐵路火車。恆社同仁寧可犧牲自己的性命，也要安然達成任務，決不坍恆社和老夫子杜月笙的台。

此間所指的「恆社同仁」，多半是那批跟幫會有關，或者能調動得了幫會弟兄，經常冒險犯難，出生入死的抗戰無名英雄，他們抱定決心，為國家民族出力，為恆社爭光，為老夫子臉上貼金，無論什麼事情，都要辦得到，辦得好，博得外間的好口采，付多大的代價或犧牲，一概在所不計。便在亟待救出上海的重要人物之中，也有恆社同仁在，如欲他們自家設法逃出來，那是談也不要談，例如杜月笙的學生子趙君豪，他從民國十八年參加申報工作，積多年的努力，抗戰時期已經升到了總編輯，他把家眷送到後方，單身留在上海，利用申報宣傳抗日，打擊汪偽。日軍進佔租界，他還在申報館照常上班，守住崗位，直到工友來告，東洋兵槍上插了刺刀，已經在大門口守衛，大家都說他是敵偽搜殺的目標，還不趕快逃跑？趙君豪卻說要走我也得從大門口出去，誰想一到大門口正碰上東洋兵惡作劇，兩把刺刀交叉，要出門的必須從刺刀底下鑽過，時機緊急，迫於無奈，趙君豪祇有噙著眼淚，忍氣吞聲的鑽過刺刀，然後他便在大街上茫然不知所往。跑進一家西餐館，叫了一客蛋炒飯，卻是望著蛋炒飯流眼淚。最後被他想起了應該趕緊跟恆社弟兄聯絡，這才趕上逃亡大隊，在同門弟兄的設計安排之下，走金華，回重慶。若不然，他便將被困黃浦灘，根本無法離開。

吳開先告訴杜月笙，緊要的人只送走了一部份，還有更多的人急著要走，何況留滬工作人員為了避免敵偽搜捕，必須另覓辦事地點和住處，重作部署與安排，凡此俱非巨款莫可辦。可是，當時國家銀行已被敵偽劫收，重慶中央無法匯撥款項，這筆龐大的旅費，從何而來？迫不得已，他祇有請遠在重慶的杜月笙，從速代為設法。

杜月笙捧著那張電報說：

「虎口救人的事，性命交關！這件事必須十萬火急的辦。你們先代我打電報給徐采丞，叫他火速儘量設法。」

等一歇，他又驀的想起，吳開先電報上說需要的數目很大，唯恐上海租界淪陷初期，徐采丞一時措手不及。於是他再急電萬墨林，把自己家裡所存的房產道契，統統拿到上海四行儲蓄會，抵押貸款，然後交給吳開先拿去應急。電報發出，他再打電話給錢新之，請他幫個忙，立刻致電四行儲蓄會的負責人：萬墨林來借錢，能借多少，就借多少給他。

吳開先的那一封告急電，當天直把杜月笙忙得團團轉，怕徐采丞一時籌不了巨額款項，再押掉自己的房產道契，接連的兩項措施猶嫌不足，他又驅車往訪劉航琛，說明緣故，問他能不能也幫一把忙？劉航琛說杜先生你的任何吩咐，我向來唯有欣然照辦，何況這件事關係國家大局，還有那麼些人的身家性命重大關係！沒有問題，我馬上叫我的川康銀行，再加上聚興誠銀行等等，一道匯錢過去。

事實上，上海那邊，吳開先肆應四方，手忙腳亂，該花要用的錢太多了，徐采丞籌措了一部份，杯水車薪，無濟於事。萬墨林向四行儲蓄會押貸了一筆數目，還是不夠，一直到劉航琛那邊發動川幫銀行，源源匯來巨款，方始將急需逃離上海，轉赴重慶的人全部送走。上海方面的地下工作，重新做了安排和部署。

往後吳開先撰文紀念杜月笙，提起這一件事。他說：「凡此所需款項，均係杜先生自己墊撥。」每天一封電報，催問吳開先何時動身離滬，杜月笙的殷切焦灼之情，溢於言表，使吳開先深感這一份友情之可貴。有一天，杜月笙接到吳開先的一封回電，告訴他說：中央駐在上海的幾位重要人物：中央常務委員蔣伯誠取道香港來滬，在旅途中突逢太平洋戰事爆發，至今下落不明。中宣部代表馮有真正在重慶請示機宜，一時也無法回去。青年團方面的負責人吳紹澍又不在上海，假使他自己一走，那麼上海方面的工作同志，立將陷於群龍無首，領導乏人的狀態，全盤工作可能解體。因此他坦白表示，他無法離開，唯有留在上海與各同志甘苦相共，同患亂而共生死！

杜月笙卻以為吳開先貴為中央黨部組織部副部長，他在上海目標太大，危險更甚，他為吳開先擔心得夜晚睡不著覺。於是，他便去看中央組織部長朱家驊，把自己的想法告訴他，請朱家驊設法把吳開先調回來。

由於杜月笙是上海統一工作委員會的負責人，朱家驊祇好婉轉向他說明，要吳開先冒險留在上海，正是中央的決策，因為上海方面的工作太重要了，短暫時間之內，竟是少他不得。

杜月笙聽後，怏怏而返，心中忽忽若有所失，吳開先留滬工作既然是中央的決定，他當然不便置喙。從此以後，他不再打電報催吳開先離滬，卻是經常去電殷殷慰勉，吳開先說：「其情感之重，使予振奮！」

63 孔祥熙的鼓舞勉勵

民國四十四年五月，香港開源書局出版瑜亮先生所著的：「孔祥熙」一書，對於杜月笙在太平洋戰爭爆發之初，餽贈朋友川資的事，曾有如下之敘述：

「記得民國三十一年秋，杜月笙以『考察西北實業』名義旅行陝西，大公報駐西安記者汪松年曾在報端著文替他捧場，說當香港淪陷時，杜餽送朋友們的川資，就達港幣二百萬元之鉅。杜雖然以慷慨任俠著稱，但他也不會那樣的大事施捨。除了局內人以外，又有幾個人知道，這是孔為了爭取愛國志士轉回內地來，而替國家安置下的一著棋子呢？」

在這本厚達三〇七頁的「孔祥熙」一書中，作者提到杜月笙的地方相當多，譬如在上列一段的後幾章中瑜亮先生又說：

「杜月笙生前，像銀行、公司、紗廠，什麼董事長、理事長、董事、經理之類，大大小小的頭銜，最少要有四五十個，上海的財產，他可以佔有一半！他每做一次壽，除去開銷以外，要淨剩下現洋三四十萬元，說他是金融巨子、實業巨子，都不為過，他的財產，簡直是無法估計，按最低限度來說，也要有美金幾億元，然而杜月笙臨終分配遺產，也不過是美金二十萬元而已，說起來不但使人不相信，而且還使人覺得有點奇怪呢！」

這本書中提起孔杜之間的淵源，又說：

「中國、交通這兩家銀行，過去一向和政府合作得不密切，當廿四年經政府增資改組時，孔（祥熙）把杜月笙、錢新之這些人拉進去，使中交兩行和國家行局打成一片。這樣一來，一方面，中交兩行就成為國家有力的支柱了。一方面，杜月笙、錢新之這些人也的確是長袖善舞，把事情做得成績斐然。

「即以杜錢這些人來說，不論當年的抗戰，或者後來的戡亂，都能把自己的事業和財產拋開不要，一定要跟著國民政府當局的國策走，他們本身的民族意識和識大體固有以致之，而孔能『知人善任』，處處借重他們，使他們樂於為國家效力，也當然有著很大的原因。」

此外，還有一段，記的也是有關於杜月笙避亂香江這一段時期的事，文曰：

「海上聞人杜月笙，離開上海之後，孔（祥熙）也發表他一個『賑濟委員』的名義，至於杜在上海的潛勢力，孔也竭力的予以協助，為了支持那裡的地下工作人員（抗戰前後這個階段，主持敵後工作的戴笠，是後期財政部的緝私署署長），和資助抗日愛國份子安全返回內地，孔就由二十八年起，每月撥給他（杜月笙）一批數字很大的款項，叫他斟酌實際情形，靈活運用。在三十年終香港淪陷時，成千上萬流落香港（還有上海，筆者註）的愛國志士，獲得杜月笙的幫助回到內地來，從事抗戰工作。這裡面屬於杜月笙私人幫助者當然不少，但是大多數都是孔的授意拿錢而由杜出面做下來的成績。」

瑜亮先生文中略有一些傳聞之誤，譬如說花的究竟是誰的錢？孔祥熙的支助是全部？大部？抑或一小部份？讀者看過拙文自可有所瞭解。筆者認為這一點無關閎旨，值得注意的是瑜亮先生指出孔祥熙對於杜月笙的「知人善任」，諸多鼓勵與幫助，這一點杜月笙的後人亦不時流露其感激之忱，杜月笙的長子杜維藩就曾說過：

「家父曾經一再告誡我們：『孔祥熙先生對於我的恩惠，你們永遠不可忘記。』」

自民國二十七年十一月廿五日杜月笙離滬抵港，到三十年十二月二日由港飛渝，再延伸到三十一年春，滬港兩地「成千上萬流落香港的愛國志士」脫險抵渝，前後三年有餘，在杜月笙來說是他的「抗戰旅港時期」，這三年多裡，他做了不少驚天動地的大事，誠然有如劉航琛所說的：「從上海杜月笙變成中國杜月笙了！」以他個人的力量，對如此龐雜重大的事情實在是很難達成，除了他的至親好友，門人學生出錢出力，儘量協助，還有兩股巨大的力量，不時在鼓舞、勉勵著他，那是斷乎不可抹煞的，此兩大力即為戴笠與孔祥熙。

64

約翰根室信筆雌黃

「中國杜月笙」在香港三年多，他的所作所為，動輒與國家、民族以至抗戰前途息息相關，尤其他的事蹟頗富傳奇意味，因而使他成為中外記者爭相描寫的人物。杜月笙本人對此並無興趣，他總是儘量避免記者的訪問，於是有許多外國記者便憑道聽塗說，和想當然耳的揣測之詞，發而為文，反而以訛傳訛，騰傳一時，對杜月笙而言則這些記者弄巧成拙，啼笑皆非，二次大戰中最著名的內幕記者約翰根室 John Gunther，便曾寫過一篇錯誤百出的內幕報導，後來收在他的「亞洲內幕」Inside Asia 一書中，這一般報導使杜月笙名噪國際，時今引錄出來，相信每一位讀者都能指出約翰根室的謬誤所在——

「杜月笙，上海的考本（Copone 美國第一號黑社會頭目），他是個引人矚目的猛漢，稱為中國最傳奇的人物，他是多年的上海煙土大王，因此積累了巨量財富。他已近五十之年，早年是個賣馬鈴薯的小販。當然，他曾經過一段艱苦的歷程而躋登銀行家和慈善家的地位。他是一家重要的地方銀行——中匯銀行的董事長，復為中國銀行董事。他於慈善事業勇於自任，在強烈反抗日本人的上海市地方協會，又是一位能幹的領袖。

「他早年投身於販毒，在清幫為權力的領導人，於是他很自然的轉移到政治方面，——實際上，凡屬受國革命的團體，都是由秘密組織而在適當期間予以公開，俄國的共產黨，義大利的法西斯莫不皆然，杜月笙的清幫也是如此。他於蔣介石將軍有過重要的貢獻，所以他是少數可信任份子之一。他跟以國民黨起家的二陳兄弟，同為使蔣與地方財閥拉攏的居間人。

「杜氏總部在上海法租界杜美路，隱蔽在高牆之內的那座房屋，接連迷人的花園，中間還供著神龕。現在他是普受尊敬並且非常愛國的人，他控制著報館、電力公司、交易所和紡織廠，已不僅是銀行家和慈善家了。

「這裡有個令人難以置信的故事，說他早年對一位干預他販毒的大官深為不滿，一日清晨，這位大官發現一具巨大而精美的棺材，送到他的大門口，據說這事便是杜月笙幹的。

「一九三八年他去了香港，據法租界權威人士的想法，認為他對中國亡命者（指抗暴禦侮的反日份子）過於熱心援助，如果他繼續留在上海，將會惹出意外事件，因為他有『把日本人當早點吃』那麼大的名氣。」

約翰根室這篇荒謬可笑的報導在美國發表時，正值朱學範代表中國勞工，讓美出席國際勞工會議，他把登載這篇報導的報紙帶回國來，很氣忿的指出攸關老夫子的名譽，因而有很多同門兄弟隨時附合，準備對約翰根室採取法律行動。杜月笙本人則處之淡然，他把報紙拿走了，因為自己不懂洋文，他請呂光看，等到呂光看完了他便指指點點的問：

「這上面到底寫了我些什麼？」

呂光笑笑，順口答道：「沒有什麼，寫得蠻好嘛！」於是從此以後杜月笙也就不再提起。

老虎總長章士釗是杜月笙把他硬拖出來的，章士到在上海當律師，跟杜月笙很要好，他的律師業務經常大得杜月笙之助，以是生活過得篤定寫意，優哉悠哉。抗戰爆發，京滬撤退，梁鴻志在南京組織「維新政府」，杜月笙想起章士釗民國十三年十一月二十四日官拜北洋政府第二十七任內閣司法總長，迄十四年五月十二日因為北平學生群起反對，聚集了好幾百人，闖毀總長公館，於是憤而辭職。當時梁鴻志先任交通總長後改秘書長，跟章士釗有將近半年的同事之雅，再加上章士釗平時很跟陳群談得來。陳群也進入維新政府出長「內政部」，杜月笙唯恐老朋友拖他下水，想盡方法使他夫婦二人離開上海，到達香港，每天好酒好菜的供養著，待之以上賓之禮。

杜月笙最後一次自港飛渝之前，章士釗便應邀先一步到重慶，講授「邏輯學」，待姚玉蘭、杜維藩自香港逃出，間關萬里而來，杜月笙便借重慶南岸汪山，交通銀行的兩廳兩房一幢小屋，建立了重慶杜公館，他深怕章士釗兩夫婦自立門戶，乏人招拂，在外面會住不慣，於是他特地騰出一間正房，請章士釗兩夫婦搬來住在一起，以便就近照料。在他是一番全始全終，負責到底的意思，章士釗便就欣然就之，自茲流連詩酒，嘯傲煙霞，又復篤定兼寫意。而杜月笙也待之以禮，供張唯恐有缺，從此以後章士釗兩夫婦彷彿成了重慶杜公館的成員，重慶杜公館常年招待的佳賓，也唯有章士釗夫婦一對而已。自香港淪陷至抗戰勝利，忽忽四年。

65

曰劉曰范重慶風光

杜月笙到重慶，朋友太多了，照說他用不著住汪山那幢小房子，杜門友好，非僅中央遷渝的達官貴人，自京滬平津各地而來的工商巨子，猶有四川當地舊雨新知，稱得上是「笙磬同音，勝友如雲」。川幫財經領袖人物如劉航琛、康心如、康心之昆仲，四川將領凡是掌過權，得過勢的，沒有一個不是杜月笙的知己之交，范哈兒范紹增自抗戰爆發即已率部出川，被編在第三戰區長官顧祝同的麾下，轉戰浙西贛北一帶，民國三十年他解甲還鄉，恰好趕上迎接生死之交杜月笙。

川軍將領也很懂得「有土斯有財」的道理，重慶城內衝要地區的高樓大廈，多半是他們的物業，其中唯有二十七年元月病逝漢口的劉湘，不積私財，不治私產，這位曾於民國十二年被全川將領擁為善後督辦的川軍第一號人物，曾經對他的左右感慨繫之的說過：

「若要問我的部下搞不搞錢，有不有錢？祇消從朝天門到大溪溝，兩邊多看一看就曉得了。」

朝天門是揚子、嘉陵兩江合流之處的重慶第一大碼頭，大溪溝便是抗戰時期改稱國府路的渝簡馬路，這一條蜿蜒曲折的大道長逾十里，由西往東把大重慶一剖為二，可以說是全重慶乃至全四川精華之所在。劉湘的意思是說：十里大道兩側的好房子和貴地皮，多半為他部下的川軍將領所有。

儘管遷川初期逃難客對於川胞習呼之為「下江人」、「腳底下人」頗不愉快，但是無可否認的，他們客居四川八年，受惠於四川地主甚多。四川地主比其他各地遠為慷慨豪爽，有白送房子給下江人住的，也有借地建屋收一塊錢象徵性租金或竟分文不收，多一半採取借地建屋勝利以後連屋帶地一併歸還的辦法，其結果是因為抗戰房屋因陋就簡，一住八年也就倒了壞了，地主一無所得卻也並不埋怨，原因是地主根本不在乎。

杜月笙舉「半」家遷渝之初，四川的闊朋友們爭相迎迓，都想當一當杜月笙的東道主。其中尤以劉航琛、范紹增表現得最為熱烈。全重慶最大一幢住宅是范紹增的，不過他已經借出去了，座落在國府路上亭台樓榭，美侖美奐的「范莊」，范紹增慨然的借給了孔祥熙，成為行政院長的官邸。由於這幢官邸太大，所以時任中央監察委員的楊嘯天（虎）也住在裡面。范紹增一再告訴杜月笙說：

「重慶城裡我的好房子多得很，杜先生，我陪你去看看，你歡喜那幢便住那幢，好不好？」

杜月笙幾次三番的謙謝說是不必麻煩了，我是交通銀行的常務董事，交通銀行重慶分行就在打銅街，那裡是重慶的鬧區，銀行街，我就住交通銀行二樓的招待所，比較方便一點。

倒是顧嘉棠和范哈兒脾味相投，關係尤其密切，他好熱鬧，喜歡來龍巷范紹增公館的車水馬龍，門庭若市，因此當范紹增殷殷相邀，他便興沖沖的住進了來龍巷。

於是來龍巷范公館又成了月笙旅渝期間，每天必到之處，一方面他和顧嘉棠有公事需要經常聯絡，另一方面則由於來龍巷天天有場面，可以賭賭錢。劉航琛說過了的，杜月笙平時好頑、好談、好賭，而在范紹增家裡，這三大嗜好他隨時都能找到合適的對手方。

范紹增公館的熱鬧，和劉航琛汪山別墅的幽靜，恰好形成鮮明的對照，而這兩個小公館都是杜月笙最愛去的，劉航琛在汪山有兩幢別墅，相去不過一二百步。當姚玉蘭、杜維藩等相繼逃出香港，交通銀行招待所不便住家，劉航琛便將杜氏「半家」迎往汪山，自己也陪他在鄉間比鄰而居。杜月笙喜歡上劉家「組閣」，他們在山風習習，花氣襲人中打麻將，或者挖花，除了松濤、鳥語、泉吟、風嘯，便衹有清脆的牌聲劈啪，窗外古木森森，修竹掩映，寄情撐擩時還能享受一夕靜趣，杜月笙覺得這樣非常舒服，「竹林之遊」在劉航琛家確是「名實相符」，此所以劉航琛所說的「書房賭」，舍賭得雅而外，尤且攙入了環境的因素。

66 贏爿銀行如此這般

來龍巷范公館則大不相同，那邊稱得上大重慶最豪華熱鬧的高級俱樂部。范紹增一生最愛朋友，他非「座上客常滿，杯中酒不空」莫歡，自己有的是鈔票，愛賭愛談也愛頑，家中從早到晚流水席開個不停他招待得起，抗戰時期，大後方氣象嚴肅，生活緊張，平素享受慣了的闊佬大亨，難免不習慣。尤其當年還認真抓賭，唯有來龍巷范公館，不但憲警不敢上門，而且治安當局由於他家是達官要人聚會之所，還派了些武裝同志輪班為他們巡邏站崗，暗中加以保護。

范公館的賭法又和劉公館迥異其趣，那邊以唆哈、牌九為主，麻將挖花為副，其他種種賭的名堂除了輪盤以外，也是應有盡有。佳賓則自范紹增的基本賭友起，加上杜月笙的一系列人物，劉航琛等財經巨子，工商大亨，此外尤有政府高官，以及從前方返渝述職的軍政首要。來龍巷范公館賭起錢來一擲萬金，了無吝色，比諸華格臬路杜公館的豪情勝慨，唯有過之而無不及。至於供張之盛，享用之奢，與乎時有綺年玉貌的各地嬌娃出沒其間，聊助賭興，則猶其餘事也。

朱輪華轂，紙醉金迷，來龍巷范公館的窮奢極侈，成為抗戰司令台、精神堡壘大重慶極其突出的又一面，因此從當時以迄於後，不斷在傳播那裡面的軼事軼聞，種種傳說，譬如有謂闊佬大亨賭錢輸多了，懶得開支票，抓張紙條寫個數目翌日可到銀行去兌現，十萬百萬決無差誤，紙找不到，便拿支香煙寫上錢數，一樣的等於是現錢，因此曾有某巨公一時疏忽，一支煙抽掉了一百萬元的「佳話」。又有傳說杜月笙在賭博上比一般人自勝一籌，因此他總是小輸大勝，待至次晨將贏來的紙條一張張的交給通商銀行經理陳國華，命他收兌入賬，而杜月笙在重慶前後四年一切的開銷，以及助人濟物之資，大半仰賴於此。

傳聞中最富傳奇，尤為許多年來眾口鑠金，津津樂道的，厥為杜月笙某次賭運高照，他和康心如、心之兄弟賭撲克，居然將康氏兄弟擁有的美豐銀行資產，全部贏了過來。數日後又與康氏兄弟對賭，當時他先開口說：

「那天我們是逢場作戲，認不得真的。」

於是一說杜月笙言訖便將康氏兄弟所開的巨額支票，當面撕成碎片，化作蝴蝶飛去。一說他把美豐銀行的鑰匙雙手奉還。

以上所述的傳聞如今證實全屬子虛烏有，想當然耳的揣測之詞，經常參與賭戲的人還有幾位在臺灣，據他們說杜月笙的賭技平平，認真說起來還並不當行出色，要想在來龍巷那種場合超人一等，小輸大贏，祇怕連吳家元都沒有這種把握，何況杜月笙？他那來本領予取予求，贏到上千萬元法幣？杜月笭笙嘴上經常掛著一句上海人的打話：

「吃是明功，著是威風，嫖是落空，賭是對沖！」

「對衝」者，輸贏的機會各云已。

至於康心如、康心之兩兄弟輸掉美豐銀行那件事，實際上美豐銀行並非康家的私產。美豐銀行之創辦，是美國人雷文出資十三萬，資本額一共是銀洋二十五萬元。後來四川鹽幫買下了五萬元的股份。劉航琛擔任四川善後督辦公署財政處長的時候，他為促使「美商華豐銀行」改為「華商」，收買了鹽幫五萬元的股，又收回了雷文十三萬元的股權，因此美豐的大老闆是劉航琛而非為康家，康家弟兄又怎會有權把整爿銀行甩在牌桌子上去輸了？再則，當康氏弟兄把整爿美豐唆了哈，客居重慶的杜月笙，又那來這許多錢「跟進」，——一經點破事理甚明。

67

空白本票隨你去開

來龍巷的闊佬大亨賭得究竟大不大呢？似乎可以這麼說，在杜、劉、康、范這班賭國豪客來看，甚小；但就軍公教人員和升斗小民的眼中，那便大得駭人。以民國三十年十二月杜月笙初到重慶時他們賭的「規矩」為例，幾乎每天都在一起頑的如杜月笙、劉航琛、康氏兄弟、范紹增、吳啟鼎等，他們的賭規是每天帶法幣五萬元。根據國民政府主計處頒佈的物價調查與統計，民國三十年物價指數，比較民國二十六年六月，食物漲了十四倍，衣著十九倍，燃料二十二倍，金屬二十三倍，建築材料十四倍。再看當時的陸軍官兵待遇，上將薪津合計八百五十元，二等兵二十二元四角。拿這個比例一算，杜月笙他們每天隨身攜帶的賭本，約合六十位上將的全部薪津，或者是兩千兩百三十餘名二等兵的薪餉，副食費和草鞋費。

杜月笙在重慶四年，賭博上除了挖花，麻將，他和康氏弟兄一樣，喜歡推麻將式的牌九，在座的每人推四方，一圈十六牌，押十七道，輪流做莊，不過，閒家和閒家還可以另賭，不予限制。

三十年底，杜月笙住在交通銀行那一段時期，他每晚必上來龍巷，所有賭友，不管怎麼忙，都是準時到達，誰也不必等候。唯有一天，杜月笙遲到了一個小時，使他的賭友為之納悶，劉航琛是細心人，他當時察覺，杜月笙雙眉微蹙，神色有點不大自然，趁尚未入局，他把杜月笙拉到一邊去，關切的問：

「杜先生，你今天來晚了，是不是有什麼事情？」

「沒有什麼，」杜月笙一聲苦笑。他跟劉航琛向稱知己，接下來他也並不隱瞞，一拍腰袋，說是：「就為了這五萬塊的本票嘛！我中午開支票叫人到樓下去換本票，等了很久不見回來。再派人下去催，轉來告訴我說，我戶頭裡的錢不夠了，一定要錢董事長加蓋一個圖章，齊巧新之兄回了歌樂山，只好派專人專車上歌樂山找新之兄，一去一回花了好幾個鐘頭。」

聽後，劉航琛大為不平，杜月笙是交通銀行的常務董事，人就住在交行樓上，臨時貸款，辦個透支，這五萬元的事應該不太難，何止於非要錢新之蓋章，專程跑一趟歌樂山不可？於是，他當時便說：

「杜先生，你要用錢，我看交通銀行手續太麻煩。銀行我也有幾家，只是不如交通銀行那麼大，杜先生你就跟我的川康銀行打個來往，好吧？」

杜月笙輕緩的搖頭，他說：

「依我目前的境況，祇怕是來而不往，我想不必為老兄添這個麻煩了。」

「杜先生，你說這話未免太見外了，」劉航琛正色的說：「你來重慶，就是我劉航琛的客，照說應該凡事都由我招待，杜先生是你期期以為不可。現在我請你跟川康打來往，來而不往也好，往而不來也罷，朋友原有通財之義，你沒有理由推卻。」

望劉航琛一眼，杜月笙點點頭說：

「那麼，我就恭敬不如從命了。」

劉航琛很高興，他歡聲答道：

「杜先生，朋友是要這樣不分彼此才好！」

商量已定，雙雙入局推牌九，照樣是嘻嘻哈哈，談笑風生，牌局進行中，劉航琛抽一個空，打電話給川康銀行的經理，命他如此這般，趕緊去辦。

旋不久，外面有人找劉航琛，他出去打個轉，匆匆又回牌桌。

當夜興盡散場，劉航琛要送杜月笙回打銅街，就在汽車上，他把一本川康銀行空白的本票，遞到杜月笙的手上。杜月笙接過去一看，驚訝的問：

「你辦得這麼快？」

轉過臉來，湊近杜月笙，劉航琛悄聲答道：

「我怕杜先生明天一早就要開票子。」

喃喃的道了聲謝，把本票收好，杜月笙又問：

「我們先小人而後君子，航琛兄，你給我的這些票子，可以開多少數目？」

打了個哈哈，劉航琛爽朗的說：

「杜先生，川康銀行每天預備提存的現金是一百五十萬。我看便這樣吧，一百五十萬之內，杜先生儘管開，一百五十萬之外呢，那就麻煩杜先生一下，請你預先賜我一個電話。」

於是，兩位好友相與大笑，杜月笙的一道難關，就此輕易渡過。

68

求諸在己先開銀行

然而杜月笙畢竟是兜得轉，吃得開的人物，這一件事過後不久，他居然密鑼緊鼓，有聲有色，自己也在重慶開起銀行來了，而且他開的是中國有史以來第一家銀行——中國通商銀行重慶分行。杜月笙一直是中國通商銀行的董事長，他命中國通商上海總行撥了一筆錢過來，自己再湊上一筆數目，便在重慶道門口，買了一幢房子，積極籌備，擇吉開張。

通商渝行宣告揭幕，以杜月笙廣泛的交遊，和卓著的聲譽，不僅揭幕之日車水馬龍，頗有一番盛況，尤且各方人士，紛紛自動捧場，客戶紛至沓來，存款直線上昇。杜月笙先使通商渝行開張，這一著棋下得正確之至，搞工商必須先開銀行，開銀行則以情面、人緣、各方關係為資本，這已經成為杜月笙求生存，打天下的唯一途徑，不二法門。通商一開，存戶鈔票細細而來，塞滿了保險庫，就得為這些鈔票謀出路，此所以往後通商成都分行、西安分行、蘭州分行次第設立，杜月笙更響應中央「開發西北」的號召，組團考察，一連串開了好幾爿廠，凡此都由於通商渝行這股活水，繼續不斷的在汩汩奔流。

於是劉航琛慨乎言之：

「如杜月笙先生，委實當得上『前不見古人，後不見來者』這兩句話，嘗聞人曰：『杜月笙何許人也，不過賭場裡抱抬腳，充保鑣的出身罷了！』又有人說：『無租界即無黃金榮，沒有黃金榮又那來杜月笙。』這些話聽來彷彿頗中肯棨，然而細心觀察杜月笙的一言一行，所作所為，必將發覺斯言大謬而不然，個人認為應該改做：『由杜月笙可以產生任何性質不同的賭場，而普天下的任何賭場都產生不出杜月笙其人！』」

陸京士自浦東撤退，奉命隨國民政府西遷入川，起先在軍委會第六部任設計委員，後來到中央黨部先後擔任組織部、社會部專門委員、民眾組訓處處長，民國二十九年中央黨部社會部改隸行政院，他也轉任社會部組訓司長，因此他在通商渝行揭幕前後，不但緊張忙碌，而且具有公務員的身份，利用他公餘之暇為杜月笙効力，卻是渝行成立，陸京士反而無法擔任任何職務，當時楊管北又在昆明忙他自己怡泰公司的事，迫於無奈，杜月笙只好一反常例，以董事長自兼總經理，而命駱清華以副總經理名義代為主持，後來分行開得多了，駱清華要統籌全盤大計，渝行經理一職，乃由顧嘉棠推薦上海中匯銀行副理陳國華出任，自此陳國華成了重慶杜公館的賬房兼總務。

三十一年三月十八日，噩耗自上海傳來，杜月笙最為牽心掛肚腸的一個人果然出了事，奉中央之命，在上海領導地下工作的大將之一，中央黨部組織部副部長吳開先，突以被敵偽誘捕入獄聞。

當時，重慶中央派駐上海的大將，中央常務委員蔣伯誠，組織部副長吳開先，都在上海領導地下工作，祇不過，吳開先是最重要的一個。其實所共用的「交通聯絡」，居然還是演過七十六號捉放的萬墨林，萬墨林一度繫獄，但是「爺叔」有命，他不敢不從，為了擺脫敵偽特務的糾纏與釘梢，還我自由之身，他花了一大筆錢，向日本陸軍總部，買到一張特別通行卡，他以為自此可以順利無阻，到處通行，於是他坦然若無其事的照舊接受指揮，活動如故。

69

駐滬大員一網打盡

吳開先竟然於三月十八日晚間被捕，萬墨林方自驚詫錯愕，手足失措，當天他便接奉爺叔杜月笙經由秘密電台拍來的急電：

「不惜一切代價，務盡全力營救。」

萬墨林揣著這對密電去看徐采丞，徐采丞搖搖手，叫他不必掏出電報給他看了，因為他方才亦已接到杜月笙同樣的電令。

萬墨林愁眉苦臉，急出烏拉的問：

「徐先生，你看這件事情怎麼辦呢？」

徐采丞卻匕鬯不驚，鎮靜自如的答道；

「就照杜先生的囑咐辦，不惜一切代價，務盡全力營救。敵偽那邊，我要上上下下的打點，從牢頭禁卒以至審案法官，再往上去一直到可能相關的軍政大員，我要用鈔票摜倒他們。第一不能讓吳先生吃苦頭，第二要保全他的性命，然後再徐圖營救出獄之計。」

萬墨林於是破啼為笑，他連連點頭的說：

「對！徐先生，你肯這樣做，一定可以把吳開先生救出來。」

「說說容易，做起來就曉得難了，」徐采丞一聲苦笑，語意深長的說：「墨林哥，你若有機會，務必要關照蔣伯老，進去一位吳開先先生，事體已經如此麻煩，要是東洋人再接再厲，那就縱有三頭六臂也解決不了啊！」

徐采丞說這幾句話，弦外之音還在點醒萬墨林，傷弓之鳥，聞絃心驚，他自己也要深居簡出，火燭小心，殊不料，東洋人早已決心一網打盡，他們把蔣伯誠、和萬墨林的住所行動，生活習慣，探聽得一明二白。徐采丞猶在花錢舖路擺平，上下打點，不旋踵間，蔣伯誠瘋癱在床被日本憲兵就地監視看管，蔣伯誠除萬墨林之外的另一位聯絡員，王先青也被東洋憲兵一湧而出，用槍逼住，於焉自投網罟，慘罹牢獄之災，拷掠之苦，最後梅開二度，陷身囹圄的，果然便是自以為有恃無恐的萬墨林。東洋兵搜查到西蒲石路十八層樓早先姚氏夫人的住處，萬墨林兩夫婦匆匆離床，接受檢查，但當萬墨林掏出那張特別卡，詎料東洋憲兵小頭目一聲冷笑，三把兩把的抓來便撕了，至此萬墨林心知在劫難逃，和萬太太一齊被捉到貝當路日本憲兵隊。

重慶派駐上海的地下工作者頭腦被東洋人一網打盡，杜月笙在重慶憂急交併，直如熱鍋螞蟻，如今他在上海可資信託倚重之人唯有徐采丞，因此他把千斤重擔放在徐采丞身上，徐采丞是他唯一的希望。

這一仗打下來的結果，吳、蔣、王、萬，重慶份子，地下工作大將居然不吃苦頭，高枕無憂，而順利無阻的在抗戰勝利前夕先後獲得釋放。這真是僥倖已極的一大奇蹟。吳開先在他「抗戰期中我所見的杜月笙先生」一篇紀念文中，深心感慨的振筆直書：

「三十一年三月十八日晚間，予突被捕，直至十月十一日經徐采丞先生之多方設法，始得恢復自由。徐采丞先生處已電積尺餘，均為月笙先生探詢情形，撥款營救，並囑接濟家屬之電。采丞先生奉命唯諾，為予奔走達數月之久。一面請顏惠慶先生出面說情，一面向日方軍政人員致送厚禮，並對看守獄卒以至承審人員，予以厚賂，聞月笙先生個人耗費在百萬元以上。」

敵偽通力合作，這齣一網打盡的連台好戲，終以喜劇收場，蔣、王、萬、吳，先後獲得開釋，為時已近中日之戰的尾聲，充份證明日本人色厲內荏，強弩之末不足以穿魯縞。

70 西北之旅萬人爭迎

前後二三十年，杜月笙在上海鐘鳴鼎食，漿酒霍肉，拿十里洋場的歌台舞榭，金山銀海，作交遊天下英雄豪傑的本錢，上起名公巨卿，下迄江湖過客，誰不稱道他的豪情勝慨，義薄雲天。過上海而不曾為杜門座上客，那就表示此人如非高不可攀，矯情狷介，便是根本嘸啥介事，苗頭缺缺。

做了二三十年的上海最佳東道主，民國三十一年十月，杜月笙為響應國民政府「開發大西北」的號召，以考察實業，建設工商為名，他要趁此機會遨遊川陝，作一次遠來的佳賓。

繼阿德哥虞洽卿西北行大受歡迎，喜孜孜的回到重慶之後，十月二十四日，杜月笙率領大批人馬，組成五輛車隊，自重慶踏上征程。

同行的杜門中人有楊管北、駱清華、唐纘之、胡敘五、以及新華銀行總經理王志莘等，另帶醫師一名，隨行保鑣侍役若干，自重慶到成都的一程，由袍哥大爺冷開泰負責照料，另外還有幾位四川朋友，陪著湊湊熱鬧。

自重慶市街駛上成渝公路，山迴路轉，繼之以一瀉平原，當天到達內江後，又轉了個彎，彎到內江西南的自貢市，亦即自流井，那裡盛產岩鹽，富甲川中，於是有一個最有錢的機關：四川鹽務管理局。而杜月笙一行到自貢，則是接受自貢各界的聯合招待，而以鹽管局長曾仰豐代表各界的主人。五輛汽車到步，鞭砲長鳴，萬人空巷，當地機關首長，紳糧名流，早已袍褂齊整，列隊竚候。

自貢市民扶老攜幼，爭先恐後，都來看上海杜月笙，但當杜月笙滿臉堆笑，方出車門，便被首長紳糧一擁而上，圍在中間，一一的握手寒暄，前任的鹽管局長繆秋朮，不但是當地首紳，抑且為舵把子大爺，他曾在上海和杜月笙見過面，因此特別的殷切親熱，跑後跑前，躬親照拂，當晚宿鹽管局的招待所積翠軒，樓高二層，極饒亭池花木之勝。內部富麗堂皇，宛如一座宮殿。這一天晚上，杜月笙是應自貢各界聯合公宴，主人有心在杜月笙面前擺擺排場，一席之費，相當可觀。

第二天杜月笙仍由闔城官紳一路簇擁，前往參觀鹽井、鹽廠和新建水閘，中午，繆秋霜堅欲留客，大隊人馬於是湧往繆宅，他那幢宅第宛如一座古堡，樓閣連雲，建在山巔，集繆姓一族同住，房子都用巨石砌成，妙的是對外只有一條通路，頗有一夫當關，萬夫莫開之概。杜月笙略參觀了幾處地方，他向繆秋霜讚不絕口，說是造這幢宅子真夠氣派。

二十六日到成都，四川省主席張群派他的副官長，迎候於距城二十里外的龍泉驛，川康綏靖主任鄧錫侯，川陝鄂邊區總司令潘文華，成都警備司令嚴嘯虎以次，軍政要人，都在城門之外迎接。下午五點，一長串的汽車，將杜月笙車隊送到金城銀行招待所，迎客的主人告辭離去，讓「杜先生」休息休息，再赴當晚成都各界的聯合盛宴。當年正值抗戰進入最艱難的階段，裝設一具電話實在很不簡單。金城銀行招待所雖然是省城招待貴賓的處所，卻是不獲安裝電話，這一次算是叨了杜月笙的光，杜月笙五點鐘進門，九點正，電話裝竣，試話的鈴聲大震。

當晚盛宴，由成都第一把手陳廚操杓，主人特別介紹，陳廚手藝絕高，輕易請他不到，因為他早已在家納福，擁有妻妾四名。赴宴時，張群親訪杜月笙於金城招待所，老友重晤，談笑甚歡。聯合公宴是預先安排好的，因為杜月笙在成都勝友如雲，如果逐一邀請，將不知道要吃到那天為止。所以是夕客人不到一桌，主人卻有好幾百個，幾十桌酒席擺在一間大廳，彷彿是在辦喜事。七點正，廳上的舞台開鑼，也是四川名伶的聯合演出，內中有好幾位白髮皤皤的老伶工，年紀已經六七十歲，早已退休多時，聽說杜月笙到成都，有這麼一場堂會，特地遠道趕來，義務獻演。

杯觥交錯，賓主兩歡，應付如此盛大的應酬場面，杜月笙身為主客，勞苦可想。台上唱的川戲他聽不懂，尤有幫腔，響遏行雲，鑼鼓點子敲起來急如驟雷，令人驚心動魄。杜月笙笑容滿面，周旋於數百位主人之間，台上的戲由七點一直演到了午夜一點。杜月笙實在吃不消了，喘疾又發，喉頭咻咻有聲，又苦於不便中途離席，迫於無奈，他只好暗中招招手，把唐承宗招到跟前，叫他附耳過來，吩咐幾句。

於是唐承宗翻身便上後台，尋來提調，婉轉情商，「杜先生」喘疾大作，劇目可否斟酌刪減幾齣？提調的猛搔搔頭，十分為難的說：

「這次演出，完全是出於伶界自動，川戲伶界因為杜先生一向愛護藝人，特地以這次演出來向他致敬。」

唐承宗這個差使真是難辦，他唯有陪著笑臉，繼續婉請如故，戲提調和各伶工去商量，又隔了許久，方始回來告訴唐承宗說：

「旁的戲都可以免，唯有兩位老先生，早就退休了的。他們因為早先到上海演川劇，賣不起座，蝕了本，差點淪落在上海，多虧杜先生幫了他們的盤費，方才能回四川來。這兩位說他們專程遠道而來，就為報答杜先生的恩，這是他們一輩子裡最後一次演戲，竟是難以免了，最好請杜先生看到他們兩個演完，我們立刻收鑼。」

沒奈何，這一夜杜月笙一直撐到深夜兩點，方始精疲力竭的回招待所。

71

袍哥規矩阿拉弗懂

在成都一再被友好情商挽留，杜月笙一共住了三天。三天之中天天赴宴，夜夜看川戲，因為成都附近所有的川劇伶工都趕來了，崇仰至極，熱情幾許，杜月笙便不能厚此薄彼，非得一齣齣的看下去。

張群請杜月笙一行赴家宴，別開生面，使杜月笙吃得最痛快，最新鮮。因為張主席不用大塊文章，他把成都城裡著名的小吃師傳，全部請到他家裡來做。於是乎龍抄手，賴抄手，麻婆豆腐，怪味鵝，使這一批上海客驚喜交集，大快朵頤。

鄧文輝的款宴座設浣花溪，小橋流水，竹木掩映，憑添不少雅趣，那一天他開了全川罕見的二十年紹興陳釀，可惜杜月笙不嗜酒，倒是他的隨行人員齒頰留香，連聲讚美不置。

最隆重的一次宴會，則為全川袍哥舵把子一千餘人，集中成都，盛讌款待杜月笙，座上林林總總，都是三山五岳的英雄，神秘傳奇的人物，譬如成都城裡的舵把子龔瘸子、軍界袍哥領袖陳蘭亭、勢力圈由成都直至雅安的冷開泰，其中一位鴉片大王，居然是位女袍哥。這幫人個個有人有槍，而且以槍多人多出人頭地。尤其有一位民國初年在上海當過水師統領的老先生，當年一百二十歲了，精神矍鑠，腰腿俱健，他自一百五十里外匆匆趕來，在當時的錦官城裡，唯有他一個人，一看見杜月笙，便捉住他的手臂，歡聲喊道：

「月笙，月笙，你我靠二十年不見面了哇！」

二十九日到梓潼，隨行人員，加了成都中央日報社長張明煒，和名震洪門清幫，又是袍哥領袖的向春廷。動身後，方才辭別了殷殷相送的主人，汽車駛到距離成都不遠的么店子，路旁便有人肅立迎接，雙手遞上來三張大紅名帖，杜月笙在車中一見，心知這是袍哥的規矩，苦於自己對袍哥儀注，一竅不通，祇好推向春廷向二爺，請他下車去，與來人問答行禮如儀，再上車向北駛去。

到梓潼，縣長和闔城紳士便在郊外相迎，一桌酒席，設在露天，正中一把椅子，居然鋪了紅緞椅帔，像是賽會時的神仙寶位。縣長肅杜月笙上坐，杜月笙則謙衝自抑，無論如何不肯，推辭再三，主人總算把紅緞椅帔撤去了。於是杜月笙連稱不敢當、不敢當的坐下，方端起酒杯，劈劈啪啪，長串砲竹驚天動地般的響澈曠野。

當夜，住在中國旅行社梓潼招待所，才進門，本地袍哥大爺便來送禮，來人是由紅旗老五站在中間，手上兩支托盤，左右有人各掌一盞風燈。向春廷睹狀忙迎出去，將兩盤子禮接過，送了進來。杜月笙看時，見盤中有四包香煙、四包梅、四包糖、旁面襯著摺折的紙楞，當下他不禁有點遲疑，便問向春廷：

「我該不該收這個禮？」

向春廷的回答則是：

「杜先生你可以收，也可以不收。不過你收下以後，將來這梓潼一縣的袍哥弟兄，到了你所在的地方，你就有招待和照料的義務。還有，你收了這邊的禮，往後無論到那裡，你便不能拒收別人的。」

杜月笙眉頭一皺的說：

「那怎麼辦呢？收了多添麻煩，不收又不好意思。」

向春廷笑了笑說：

「這個沒有什麼不好意思的。」

「那你叫我怎麼樣推托呢？」

「杜先生請放心，一切有我。」

於是，向春廷折身退出，跟那幾位袍哥代表「拿了言語」，禮物原璧歸趙，來人果然並不嗔怪。十月三十日到廣元，城外河邊，擠滿了人，都在等候迎接杜月笙，無數串五十萬發、一百萬發的長砲竹，便從城牆上垂下來燃放，火花四濺，紙屑紛飛，迎候者於是發出聲聲歡呼，廣元警備司令楊晒軒以次，趨前迎迓，當天參觀了大華紗廠分廠，一應招待事宜，俱由天華紗廠負責。

杜月笙的老朋友，民國十六年任革命軍二十六軍第二師參謀長的祝紹周，當年曾經並肩作戰，參與上海清黨之役。祝紹周時在南鄭（漢中），擔任川陝鄂邊區警備副總司令，聽說杜月笙有西北遊，他便從杜月笙離開成都之日起，每天打一個電報，力邀杜月笙便道赴漢中一敘，盛情難卻，杜月笙乃自褒域轉個彎，遶道南鄭。

72 鑼鼓吹打軍樂齊奏

離南鄭十里，遠遠的便看見祝副總司令騎高頭大馬，率全域機關、團體、學生與若干民眾代表，遠道出迎，夾道歡呼。在南鄭宿過一夜，第二天清早，七點多鐘，祝紹周便戎服輝煌的前來迎接，杜月笙還以為是請他到那裡去參觀遊玩，誰想祝紹周將杜月笙接到了公共體育場，延上講台。朝場中一望，竟然齊齊整整，有好千地方團隊，排好了列隊聽訓的隊形。當下由祝副總司令向全體官兵介紹過杜月笙以後，他便請杜月笙「訓話」。

好不容易，把這個節目敷衍過去，當天中午，祝副總司令又來請杜月笙赴南鄭各界聯合公宴。杜月笙到了公宴之所，放眼看時，座位排成馬蹄形，牆上懸有黨國旗，潔白桌巾，燦爛瓶花，左右兩廂站好了軍樂隊。入席時，祝副總司令居中而坐，杜月笙在他的左肩，尚未上菜，先有一名司儀高聲一喊：

「全體肅立！」

杜月笙忙不迭的跟著眾人站起，接下來，更使他大出意外，因為司儀又在喊：

「唱國歌！」

大家唱完了國歌，再度落座，於是又由祝副總司令致歡迎詞，杜月笙致詞答謝。儀式已畢，身後軍樂大作，同時自大廳後面轉出兩隊軍衣畢挺，眉目清秀的士兵，每人手上捧一隻托盤，有的上菜，有的送酒。細看時，分明又不是吃西餐了，馬蹄形長桌上，每六個人為一組，中菜西式，菜式則是梅花席，五菜一湯，白酒一壺而已。尤其每有一道菜來，軍樂隊便奏樂一次。

飯後，祝紹周把杜月笙邀到會客室，參觀他早已備下的西北特產標本，有礦石，有木材，有藥材農產品等，祝紹周確是有心人，他向杜月笙一一詳加說明。西北行第六天，直到這時，杜月笙方算有了點考察心得。而且，他決定投資，在褒城設立一座水力麵粉廠，派毛雨村主持其事。

晚間，祝紹周在家裡設私宴，專請杜月笙、楊管北、唐纘之、陳覺民等，舊侶重逢，談笑風生，祝紹周提起他和他夫人的婚事，還是由杜月笙所玉成，杜月笙也回憶往事，否認的說：

「不不不，那是當年俞葉封來找我做的現成媒人。」

十一月二日過褒城、留壩、鳳縣到寶雞，這條路要翻越海拔三四千公尺的秦嶺，時值冬季，氣候嚴寒，韓退之詩：「雲橫秦嶺家何在，雪擁藍關馬不前，」杜月笙的軍隊，不但汽車時時拋錨，杜月笙自己更是喘咻又起，呼吸艱難，喘得他痛苦萬分，差點便要窒息，因此，有時候由於車拋錨而停車，有時候因為「杜先生吃勿消哉」也得歇一陣。汽車停停開開，較預定時間延誤許久，方始抵達寶雞郊外的迎賓處——十里鋪。

但是，麇集在十里鋪的歡迎人群，依然在寒風料峭中苦苦守候，杜月笙的汽車一到，他們便發聲歡呼，蜂湧而來，其中有寶雞警備司令部陶司令、陝西省政府的建設廳長，和第八戰區副司令長官胡宗南派的代表，冠蓋雲集，盛極一時。

達官顯要，學生民眾，一齊湧向杜月笙的車旁，殷殷的面致歡迎之忱，然而，坐在車子裡的杜月笙，當時正喘得冷汗直流，聲嘶力竭，一張臉脹成了鐵青，頸子上青筋直爆，他上氣不接下氣，心中著急，嘴上卻一個字也說不出來。

無可奈何，只好由隨行人員出來再三道謝，再三道歉，寶雞方面預定的歡迎節目，也祇得婉言推辭，全部取消。興沖沖的歡迎者，驚詫錯愕，眼睜睜望著五輛車，直駛中國銀行西北運輸處招待所。

杜月笙病倒寶雞，二號休息了一晚，三日晚間方始勉力支持，往赴寶雞各界的歡宴，宴罷又要看戲，因為當時正有豫劇名伶常香玉在寶雞獻藝。

這是杜月笙生平第一次看河南戲，雖然是臨時搭起的草台，河南戲又稱河南梆子，原是秦腔的一種，音調激昂高亢，說白清脆朗爽，古之「燕趙悲歌」，即此之謂。尤其常香玉又是河南梆子「豫西調」碩果僅存之一人，因此，那日杜月笙看常香玉的演出，居然大為激賞，使常香玉因而也成了大名。

73 長安父老列隊致敬

杜月笙的又一位好朋友，曾經當過淞滬警備司令部參謀長的周嘯潮，這時候在當隴海鐵路局副局長，常駐西安辦公。十一月四日，周副局長以西安各界代表的身份，親率一列花車，自西安遠來寶鷄，專程迎接杜月笙，周嘯潮的熱情，使杜月笙深為感動，於是喘疾霍然而癒，當天晚上上了專車，由寶雞駛回西安，車到咸陽，卻在車站上小停片刻，那是因為火車開得快了，計算時間，抵達長安時正五點，對於歡迎人員，未免不便。

六點半再開車，進站以後，杜月笙不禁大吃一驚，西安車站上萬頭攢動，人似潮湧，組成那個盛大壯觀歡迎行列的，主要份子有西北忠義救國軍，湖北、甘肅、陝西、河南四省的洪門清幫弟兄，官紳各界，還有自發自動前來迎接的長安百姓。

一支鼓號喧天，聲容並茂的軍樂隊，則是胡宗南將軍派來的，當杜月笙的專車停穩，立刻軍樂悠揚，歡呼陣陣，夾雜著不知多少串鞭砲劈啪巨響，直上雲霄。西安車站呈現杜月笙畢生罕見的熱烈，杜月笙終於見到這個令人深切感動的大場面。周嘯潮在請他下車了，他閃瞥左右一眼，於是，楊管北就便攙扶他的右臂。

專車上的貴賓剛踏上月台，爭相迎迓，人潮洶湧，一群人便被衝的七零八落，東分西散。軍樂聲、鞭砲聲、歡呼聲，招呼喊叫之聲，直如平地捲雷，震耳欲聾，當日在西安車站歡迎杜月笙的各界人士，多達一萬餘人，杜月笙被捲在人潮之中，笑容滿面，連聲謙謝，他的隨行人員，但見他被無數主人圍著，忽東忽西，彷彿腳不點地。好不容易衝出人叢，卻又有一批鶴髮童顏，身穿棉襖褲的當地土著，一看見杜月笙，人人高舉雙手，口中喃喃有聲，顯出一臉的欣快歡慰之情，杜月笙走過去向這些老人家招呼，發現其中居然有七八十歲的老者，彼此交談，又苦於語言不通，於是，旁邊有人告訴他說：

「這些老先生，都是自己聽到消息趕來的，長程跋涉而來的，大有人在。」

杜月笙一聽，頗感訝異，他問：

「我杜某人有何德何能，驚動這麼許多位老先生，專程趕來歡迎我？」

當地的軍政長官你一句、我一句的搶著說明：杜先生只怕你自己都忘記了，十四年前，陝北大旱，你和朱子橋（慶瀾）先生在上海登高一呼，發起救災捐款，幸虧各界人士慷慨解囊，捐了一筆很大的數目，採辦了大批糧食，由朱先生親自押運，輾轉的到了陝西，分發災黎，全活無算，陝西百姓感激杜、朱兩位先生大恩大德，沒齒不忘。前年朱先生病逝西安，出殯的那天，西安城裡家家路祭，個個磕頭。這一次聽說杜先生有西北遊，各地老百姓便算好了日期，推派出年老德劭的代表，到車站上來排隊歡迎你。他們是要見杜先生一面，向你表示衷心的感激。

杜月笙明白了箇中緣故，大為感動，他趕緊上前幾步，和那些老者雙手緊握，口中直說：「辛苦辛苦，不敢當。」杜月笙的謙虛誠懇，使老先生們更為興奮，由於這一個鏡頭感人甚深，許多帶照相機的朋友搶著拍照，杜月笙笑逐顏開的和歡迎代表合影數幀，方始告辭離去。

主客雙方，合組成一長列車隊，直駛杜月笙預定的下榻處，老朋友何競武，時任西北公路局局長的官舍四皓莊。何競武當時因有要公，小住蘭州，他早已交代過了，杜月笙在西安期間，四皓莊全部房屋和僕役，概由杜月笙支配使用。四皓莊房屋精美雅潔，卻是房間不多，杜月笙的隨行人員，一改住在西京招待所。

秦嶺之行，又攖喘疾，及抵西安，還在時發時癒，依杜月笙的意思，可否將一應酬酢全部豁免，讓他安安靜靜將息幾天。但是他方到四皓莊，陝西省主席熊斌、八戰區副司令長官胡宗南等西北首要，便相繼來訪，杜月笙不得不勉力支撐，和老朋友們寒暄敘舊，至於應酬，則仍還是恕難參加。西安方面要請杜月笙的東道主太多，不少節目早已預定，一概推卻似乎又不近人情。萬般無奈中，由主客雙方想出了一個兩全其美的好辦法，預定的節目照舊舉行，不過縮小範圍，力求簡單，主人選定了廚司菜餚，排好時間，直接送到四皓莊來「外燴」。這樣子菜色不必過多，於是主人挖空心思，力求其推陳出新，精美絕倫，主方不必多邀陪客，賓主之間尤可從容自在，無拘無束的促膝談心。

74 雙魚之宴兩個多月

就照這個別開生面的辦法，每天除了早點宵夜，由公路局副局長殷惠昶一手包辦，作東到底以外，午晚兩餐，便由西安各界各業各友好，排下了次序，按時「移樽就教」，送到四皓莊去，西北素少魚鮮，偏偏大家都知道杜月笙愛吃活鯽魚，於是這一日數尾，要到一百八十里路以外，買到之後貯於清水運到西安來。多一半的酒席上必備兩尾活鯽魚做的菜，一隻蔥烤，一隻川湯，此一在西安人士看來曷勝豪華的吃法，被當地人羨稱為「雙魚席」。

連杜月笙自己也沒有想到，他會在西安一住兩個多月，主要的原因是喘疾難癒，唯恐行不得也，其次則因為重慶方面有些左右為難的事情，窮於應付，心想拖一天是一天，於是便越拖越久，寖假長住起來。還有一層是西安朋友太多，他們拖牢了杜月笙不放他走。

兩個多月的長時間中，當然也有宿疾盡去，精神一振的日子，因此便曾幾度出遊，幾度打破成例，參加了盛大熱烈的歡宴。他曾應胡宗南之邀，到西安東南三十餘里處的翠華山，赴胡宗南的歡迎會，並且盡一日之遊。翠華山是西京名勝之一，當時尤為胡宗南總部所在地，山中有一口清澄如鏡的太乙池，杜月笙聽說這裡便是「太白山」時，他不禁精神一振，大為感奮，那一日他遊山玩水，枕泉漱石，玩得十分盡興，歸途中則又頻頻的說胡先生軍書旁午，鞍馬倥傯，破費了他一整天的功夫陪我，越想越覺過意不去。

杜月笙西北行新結交了兩位好朋友，西北工業巨子石鳳翔和毛虞岑，這兩位西北工商領袖，假座他們所開設的大華紗廠，揀一個杜月笙不喘不咻，精神煥發的風和日麗佳期，排下幾十桌酒席，搭起了戲台，大宴佳賓三天，將西安各界名流一概請來作陪。

這三天的堂會戲，大概是主人聽說杜月笙欣賞常香玉，於是便請來常香玉的班子，此外再配搭當地票友串演的皮黃，三大戲碼常香玉的特別賣力自不待言，從此她紅遍西安，長駐演唱，漸漸的便有人說是杜月笙走一趟西安，又捧紅一位常香玉了。

還有一次盛大的場面，對外不公開，那便是陝西革命首義元勛，當過河南省主席的張鈁，他集合了湖北、河南、陝西三省清洪兩幫的領袖人物，計達一千餘人，在西安聚齊，用羅漢請觀音的方式，開了一千多客西餐，恭恭敬敬請杜月笙吃了頓飯。

自從「人民行動委員會」成立，南溫泉洪門大爺集會，公推杜月笙為「一步登天」的天下總龍頭，杜月笙雖然自謙斷然不敢接受，但是論當代幫會首領，他那天下第一、世間無雙的獨特地位，彷彿業已舉國公認，一致確定。因此，到西安才會有這麼一個盛大壯觀，肅穆莊嚴的場面出現，那一天杜月笙高踞首座，他的大交椅上披起虎皮墊褥，左右兩旁則是一邊一個燃燒熊熊烈燄的大火爐。宴罷攝影留念，跟幫會無涉的楊管北、張明煒原已避開，杜月笙卻偏要把他們拉了來當左右哼哈二將，就江湖規矩來說是為一大敗筆。

一住兩月有餘，晚間閒來無事，隨行人員中既有黑頭楊管北、言派老生唐承宗、余派老生陳覺民，主人周嘯潮是八段小生，指其一吊嗓子非「八段」則不過癮，後來章士釗夫婦自重慶來了，章太太係青衣名票，加上當地票界翹楚，每天晚上濟濟一堂，鑼鼓點子一敲，於是引吭高歌，餘音遶樑。杜月笙自從得了喘病，唱不來了，他便靜坐一旁，擊節欣賞，間或也和大家談談笑笑，那管中原戰雲彌漫，窗外北風怒號，這一室之中，洩洩融融，一日光陰，很容易的打發過去。

正事只辦了幾樁，褒城設一個麵粉廠，西安的中國通商銀行分行開張，又應陝西建設廳長凌勉之之請，派唐承宗成立一爿冶鐵廠於寶雞，甘肅、寧夏兩省，各設通商銀行機構，委由王寶康、丁寶瑞分赴兩地，負責籌備，此外，則就西北原有各廠家，斟酌情況，略予投資。

重慶方面，諸事如麻，久等杜月笙不回，顧嘉棠等，十分著急，乃有請姚玉蘭北上，專程促駕之舉，卻是姚玉蘭到了西安，促駕不成，反而被杜月笙留下，隨同照料，一直到同回重慶為止。

75

甘肅之行吃不消哉

原定計劃中還有東下洛陽，西上蘭州之行，因此第一戰區司令長蔣鼎文，甘肅省主席、駐甘第二十七軍軍長范漢傑，都曾來過電報，表示歡迎。杜月笙由於盛情難卻，還曾考慮力疾就道，全始全終，可是他的隨行人員咸以他的健康為虞，都說在零度以下的天氣翻越拔海三千公尺以上的華家嶺，未免過於冒險，杜月笙猶欲鼓勇一試，於是便有一位名動公卿、號稱半仙的相命先生，為杜月笙起了一課，但見他掐指一算，口中唸唸有詞，忽的眼睛一亮，神情嚴重，他向屏息以俟的杜月笙，一語驚人，他朗聲的說：

「這一卦，明明白白，出行利南方而大不利於西北，杜先生，不是我掃你的興，在這個時候你執意往西北走，可能有性命之憂。」

杜月笙一聽大為震驚，他一生就祇服貼相命先生，何況此公還是「半仙」之尊？當時他臉色都變，連連搖頭說道：

「算啦！蘭州不去了，不去了！」

斯語一出，自姚氏夫人以次，皆大歡喜，人人收拾行裝，作南旋之計。蘭州方面，杜月笙便派「紹興師爺」駱清華，當他的代表，前往報聘，同時籌備中國通商銀行蘭州分行的設立，駱清華的蘭州行不負使命，不但分行如期開張，而且他還就杜月笙在西安時，和西北紡織鉅子毛虞岑研商的基礎，由杜、毛二人合資在蘭州開設了一爿中華毛紡廠，推杜月笙為董事長，毛虞岑為總經理。當時，西北各省厲行羊毛管制，中華毛紡廠原料之收購，產品之配銷，問題甚多，不過好在杜月笙交遊遍天下，到處都有朋友，許多複雜礙難的問題，得曹佩之助，幸能順利解決，這一家中華毛紡廠在抗戰中期和後期，對於大後方軍民衣著的供應，厥功甚偉，而在「開發西北」號召聲中，前後所建立的工商機構，它也算是很重要的一環。

三十二年元月，快過陰曆年了，滯留西安兩有月餘，人人歸心似箭，卻是杜月笙雖說決定不去蘭州，叵耐交通工具，又生問題，杜月笙的喘疾時發時癒，使他無法再長程跋涉，坐過火車再乘翻越高山峻嶺的汽車，而西安沒有飛機場，最鄰近的機場在寶雞，偏又屬於軍用，全無民航設備，此一難題不易解決，竟反而給杜月笙西北之旅又添光榮絢爛的一頁，朋友熱心幫忙，通力合作，乃使寶雞軍用機場一改而能使民航機也能起落，於是，杜月笙一行遂由西安乘專車到寶雞去，杜月笙成為第一個由寶雞起飛的民航機航客。旋不久，重慶寶雞通航，無數官紳商旅，來往便利，算是拜杜月笙之賜了。

元月中旬回到重慶，當時，西南西北大後方由於棉產不豐，億萬軍民「衣」的問題，空前嚴重，尤期在西北作戰的軍隊，幾年不曾發過新軍裝，嚴冬季節，缺乏冬衣，有司到處搜購羅掘，距離所需數量猶遠，可是市面棉布價格，業已飛漲騰踊，各地民眾莫不叫苦連天，而後方對外交通，幾已全部斷絕，這一個惱人的問題如何解決？由於在杜月笙心中打了幾個轉，他竟又想出了個瘋狂大膽的計劃。自此他和上海徐采丞，密電往還，往復磋商，杜月筆居然想從老虎口中搶出一塊肉來，他要相辦法在敵偽嚴格管制物資的上海，採辦幾千件棉紗，以應抗戰大後方的急需，後來，這件事居然給他辦成了，使一部抗戰史裡，憑添古今中外戰役從所未有的一大奇蹟。個中經過，著實曲折離奇。

76

與虎謀皮瘋狂大膽

抗戰八年，日本軍閥的最大陰謀厥為「以華滅華」、「以華制華」與「以戰養戰」，政治、軍事、經濟，三管齊下，以期併吞整個中國。其中的「以戰養戰」係屬一種經濟侵略，辦法是在日軍佔領地區，大量利用中國的人力、物力與財力，補充日本天然資易源之不足。因此在淪陷區裡，日軍莫不多方壓榨，搜刮物資，從森林煤礦以迄老百姓家裡的五金用品，一口破鍋一隻鐵釘，也都在強迫徵收之列。

由於戰區物資於資敵，抗戰期中的行政院長兼財政部長孔祥熙，在他的施政要領之中，「吸收戰區物資，促進後方生產」，向為重要項目之一。孔祥熙應付日本軍閥「以戰養戰」的辦法，是由政府責成貿易委員會，並委託地方銀行、外商行號等，利用省鈔在戰區競購物資設法輸出。

民國二十九年十一月十八日，行政院院長孔祥熙在國民政府紀念週上報告，他曾隱隱約約的透露，為打擊「暴日以戰養戰」的企圖，中央已在各戰區設立經濟委員會，使與軍事配合，向敵人展開經濟攻勢。孔祥熙說：

「這是一種特殊的經濟行政，工作內容，雖然不能詳細報告，可是這個工作的重要性，是不用解說的。現在正在實地推進，期能達成預定的目標。」

杜月笙和徐采丞準備在淪陷區搜購六千件棉紗，設法運送到大後方，解除後方最嚴重迫切的棉布荒，並非出之於孔祥熙的授意，但卻純粹是為了奉行上述國策，打擊敵人，從老虎嘴裡挖出一塊日軍到口的肥肉來。其計劃的瘋狂大膽，舉措之駭人聽聞，手法之高明漂亮，與乎過程之刺激緊張，可謂中日大戰中極富傳奇的一頁。尤其杜月笙派出他那一批訓練有素，精明強幹的部下門人，赤手空拳，無權無勇，竟能輕生死，重師命，冒險進駐前線，深入敵後，歷經艱危困難，在敵兵、偽軍、共匪、土匪強盜、遊雜部隊，和地方豪強的環伺虎視之下，以過五關，斬六將的勇氣，空手入白刃的功夫，妙計安排，機警應變，終於運出一裝幾百輛車，數十艘船，在當時珍貴幾與金銀相埒、體積如此龐大的數千件棉紗，其間杜月笙一系列人物的噱頭、苗頭與派頭，實足令人嘆為觀止。

這個瘋狂大膽的計劃，首由咸所公認的杜月笙駐滬代表徐采丞提出，當徐采丞提議搶運淪陷區物資供應後方，杜月笙的反應殊為冷淡，他的看法是這種事情小來來嘸啥意思，大做做絕無可能。但是徐采丞深謀遠慮，毅力堅強，他決心要做一件事情，絕難半途而廢，輕易放棄。民國三十二年春，杜月笙遨遊西北，盡興而返，不久，自上海來了一位西服革履、風度翩翩的青年紳士，他到重慶汪山杜公館，專誠拜訪杜先生。此人名喚陸鴻勛，留學美國，學的是電機。他隨身帶得有吳開先和徐采丞的介紹函，見到杜月笙後，表明來意，他想在上海設立一座無線電臺，藉與原有的重慶電臺通訊聯絡。杜月笙一聽便道這好極了，不過要等我跟戴先生先講一聲，備一個案。不數日後陸鴻勛便得到通知，准予照辦，他跟重慶秘密電臺工作人員商量定了聯絡暗號，通報時間，又會同編了幾套密碼，旋即遄返上海，很快的把電臺建立起來。

在上海的秘密電臺，除了為地下工作人員傳遞命令與情報，經常保持聯絡以外，杜門中人親戚朋友的互通消息，當然也可以同時利用。尤其民國卅一年三月廿四日國民政府發行的美金公債一億元，訂定法幣一百元可購美金公債六元，期滿後在紐約兌換美金，不久後政府更發行美金儲蓄券一億，以法幣廿元折合美金一塊。孔祥熙為策動戰區經濟動員，吸收陷區資金，並使債券便於銷售，他囑託杜月笙利用通訊方式，向上海方面推銷，因此上海秘密電臺又成了推銷美金債券的聯絡站，上海、重慶，往返報價，買進賣出，如何交割？儼然一爿交易所。

三十二年一月十五日起重慶實施限價，紗布上漲幅度之高，傲視一應生活必需品。當時白米每石五百二十元，豬肉一斤十四塊，頭等旅館客房租金六十元一天，一般工資五有到一千元一個月，但是一匹陰丹士林布，限價即達二千四百五十元之鉅。

布價之偏高，適足以顯示後方軍民衣著問題之嚴重，徐采丞針對這一點，利用電臺跟杜月笙舊話重提，他有把握，在日軍嚴格管制物資聲中，「欲為萬軍之裘，而與狐謀其皮」，他要設法採辦幾千件棉紗，輾轉內運。杜月笙接到電報之後連連搖頭，他說：

「采丞兄要不是熱昏，就是白晝作夢！想想看，阿可能辦得到格種事體？」

然而徐采丞鍥而不舍，繼續建議如故，後來他更斷然的說：杜先生，假使我想辦法買好紗布，由東洋兵護送，一直運到兩軍交戰的陰陽地界，杜先生阿可以負責前線運往後方的這一段？

77
貨價億萬不做生意

杜月笙的回答是那當然不成問題，只不過，他還要問清楚：徐采丞將以何種偷天換日，瞞天過海的手段，取得這六千件棉紗，並且還能派東洋兵護運？

徐采丞說明日本軍部的作風，一向是東拉西扯，勾勾搭搭，什麼梅機關、松機關、竹機關等等的，不但派系林立，而且相互嫉視，個個都想表演兩手耍耍噱頭，結果是往往自家吃虧上當，偷雞不著蝕把米。既然有這個縫隙好鑽，徐采丞有把握將東洋人耍得團團轉。

他的辦法是硬噱松機關一記，託詞交換日方所需要的後方物資，運一批棉紗去做一筆生意，松機關若問他那來這麼大的噱頭可以說服中央，跟敵方「互通有無」？徐采丞便準備答以重慶方面自有路路皆通，神通廣大的杜月笙。

杜月笙眼看後方棉紗奇缺，前方將士寒衣堪虞，這也是一個迫在眉睫，非得想法解決的大問題，他既然有這一條路道，便不妨向有關當局分別的提一提。於是他答應徐采丞，讓他在重慶多方面的摸一摸看，而經過多次密談摸下來的結果，各有關當局對這件事所作的指示，歸納起來約為以下四點：

一、爭取敵偽物資，打擊敵人「以戰養戰」的陰謀，同時又削弱敵偽的力量。這是對日經濟作戰的基本策略之一。杜月笙要做，當然可以。

二、交換物資等於資敵，不管是什麼物資或用何種方式，都不可以。
三、因此之故，要做，必須按照中央既定方針，也就是孔院長所說的，用鈔票去買。
四、棉紗運到前線，有關方面自會設法，儘量協助其順利內運。

杜月笙心想「不談交換」而以省鈔價購，東洋人絕對不會答應，他將上列四點原則電覆徐采丞，於此同時他以為這件事情已經了結，徐采丞一番努力的結果是等於零。殊不知，徐采丞一封決定性的密電迅即來到，他說：遵照有關方面所指示的四原則也未始不可，因為徐采丞對松機關本來就是在噱。只要把六千件棉紗噱得出來，一應後果，事到臨頭再說。

徐采丞向松機關的頭腦下說詞，重慶抗戰意志比鋼鐵還要堅強，頭一筆生意必須日方吃虧一點，先作確具「互通有無」的「誠意」，第一次便照中央決策用鈔票價購，「好的開始即為成功的一半」，往後重慶可能為了遷就事實終於應允「物物交換」。他並且拖一個尾巴，暗示松機關，倘使你們不搭我這條線，也無所謂，意下之間彷彿還有別的什麼機關正在和他搭訕。

貪功心切，嫉妬心重，松機關的人就此便被徐采丞一記噱牢。

當談判完成，六千件棉紗不日可以搜購啟運的急電拍到重慶，杜月笙不禁一聲歡呼，矍然而起，一伸大拇指說

「采丞兄真了不起！」

事體辦得有了眉目，杜月笙方始再向有關方面連絡，做這一票生意，由於大後方需要棉紗孔亟，站在金融界、工商業者的立場，杜月笙一系列人物倘若私人來做，賺個千兒八百萬的應該毫無問題，

但是杜月笙愛國心切，急公好義，他雅不欲沾上發國難財的惡名，於是不此之圖，徵得徐采丞的同意之後，他向有關當局鄭重聲明，這六千件棉紗內運，他和門下諸人一概白盡義務，決不拿它當生意買賣做，他甚至表示搜購棉紗的本錢，由他設法墊付，棉紗到達，再由中央照價付款歸墊，一應人事和上下打點的開銷，都作為他和徐采丞等對於國家的報效。至於棉紗到後的分配及用途，他這「貨主」也同樣的無權過問，悉聽當局做主。

杜月笙的愛國熱忱，及其光明磊落的態度，頗蒙有關當局的激賞，各大單位中尤以戴笠這位好朋友對他備致讚揚，經過戴笠與各相關單位協調，大家基於「軍事第一」的國策，決定將這六千件棉紗全部移作軍用，為前方將士更新征衣，既不流入市場，也就不成其為貨物，一切流言流弊，尤可徹底杜絕。

在這樣的大前提下，還有一層利便，那就是自戴笠以次的各相關機關首長就可以挺身而出，多方加以協助，戴笠當時不但身任軍事委員會調查統計局局長，尤且兼主財政部貨運管理局，緝私署方面的工作他方始交卸不久。所以不論公誼或私交，他都有理由全力支持杜月笙，共同完成此一相當重要的業務。

78 陰陽界乃是鬼門關

抗戰時期，日本人所占領的淪陷區，和大後方自由地區之間，那一條連綿數千里的嚴密防線，畢竟還有三處缺口，容許平民百姓堂而皇之的來來往往，此即當時所謂的陰陽界，三不管地帶。

在北有界首集，地當亳州以南，項城、沈邱之東，位於安徽、河南兩省接壤的交界線上。在西有老河口，今稱光化縣，它在襄樊西北，距離河南、湖北兩省邊界不遠。在東南則為場口鎮，地當壺源溪與富春江合流之點，座落杭州的正南方。

這三處陰陽界，多的是跑單幫生意人熙來攘往，再則是投奔祖國參加抗戰的青年志士，肩負行李，穿隙而過。「陰陽界」有兩個共同的特徵：一、方圓若干里之內，國軍、日軍遙遙相望，彷彿互有默契，從不以中心地帶作為戰場。二、當地早先必是一片荒涼，由於其成為了「陰陽界」，地方乃漸次形成畸型的繁榮。

如果是博點兒蠅頭之利的小單幫客，身畔祇有戔戔盤纏的青年學生，過陰陽界很少會遇上危險。不過杜月笙和徐采丞計劃運入的是價值億萬，後方陷區一概需求極殷的棉紗，為數尤達六千件之多，那麼陰陽界便將成為鬼門關。倘若讓它平安無事的過「界」，至少要得到六方面的「諒解」，東洋兵、漢奸偽軍、當地綠林人物、豪強盜匪，再就是戍守前線的國軍將士，乃至運往目的地的後方軍政兩界關係方面。

直屬於財政部的戰時貨運管理局，一成立便由戴笠出任局長，而以王撫洲副之。因此當杜月笙求助於戴笠，戴笠所可以有把握說得清楚的是前線將士，運送全程的各級軍政長官。而在上海的徐采丞，能夠打得通關節的則是松機關、東洋兵、部份偽軍。至於三不管地帶的綠林豪傑，強梁盜匪，應付之道唯有指望杜月笙，他是天下幫會萬流同仰，一度被各路龍頭大爺舉為天下總山主的亨字號人物，在這方面，可謂條條大路通杜門。

為了配合多方面的複雜因素，重慶、上海間兩處電台往返磋商，幾經研究，終於獲致最後協議，這六千件棉紗應該從界首那一路走。

杜月笙和戴笠，以及他們的心腹智囊，再進一步研究自界首以至洛陽、西安，這一條漫長路線上所可能發生的一切情況，必須知會、關照、打點、安排的各方關係。從西安算起一路向東，西安是陝西的省會，杜月笙的老朋友祝紹周剛升陝西省主席不久，自洛陽到西安一段走的是隴海鐵路，上下火車不但不要緊，而且一定有照應。隴海鐵路局副局長周嘯潮曾任上海警備司令楊虎的參謀長，杜月笙跟他熟得不能再熟，前一次的西北行，周嘯潮即曾為杜月笙安排下盛大熱烈的歡迎。

洛陽以東，直抵界首，那裡是第一戰區司令長官蔣鼎文的轄區，蔣杜之間，過從有年，棉布內運是解決後方軍民急需的一件大事，於公於私，蔣長官一定會盡力照應。界首當面的我軍將領是十五集團軍總司令何柱國，何柱國是張少帥張學良的舊部，以杜月笙和少帥的交情，應該是言話一句，絕無問題。

界首當地，直至亳州正南的十尖河，那一片三不管的真空地帶延綿一百多里，其間嘯聚著三山五岳的英雄，水陸兩路的好漢，有汪洋大盜，也有鋌而走險的亡命之徒。杜月笙認為，光抬出他那塊金字招牌，響亮旗號，未必見得絕對有效。「強龍不壓地頭蛇」，他決定再找一位威鎮豫皖鄂三省的洪門弟兄派出槍手，公然保鑣，於是飛一封「書子」，拳拳拜懇明潤山明德明大哥，請他露一趟金面，專門負責道途最為險惡的那一段。

萬事齊備，祇欠東風。東風者何？那便是應該派誰去界首集，負責聯絡交涉，接貨轉運。此一人選，必須具備多方面的條件，辦事精明強幹，勇於冒險犯難，人頭要熟，資歷要夠，他一通名報姓，對方立刻便會把他和杜月笙三個字聯得起來。杜月笙所派出去的人條件要具備這許多，當時他的心腹智囊便一致認為：光派一二位幹員不足以應付多方面的工作和問題，辦理棉紗內運必須成立一個機構，群策群力，分層負責，而這個機構頂好是一爿公司。

這個公司不設股東，不收股本，祇有轉運的開銷，而沒有贏利的收入；公司職員，一例為國家効力，他們不拿薪水，光盡義務。公司的名稱叫什麼呢？有人建議，便叫「通濟公司」，取「通達接濟」之義。

推定負責人選，董事長一席，杜月笙責無旁貸，義不容辭，於是由他兼攝。總經理楊管北、副總經理徐子為。楊、徐二位，便是要深入陰陽界，負責貨、轉運的人選。

79

「皇軍」護送運抵前線

通濟公司的組設，分別向有關單位報備過，收購棉布的資金來源，則由中央、中國、交通、農民四爿國家銀行，共同負擔。因為四大國家銀行要負責付錢，他們也分別派定人員，參加通濟公司的工作，對外而言，中、中、交、農是通濟公司的投資者。

上海那邊，一樣的是頭緒萬千，百事如麻，徐采丞獨木不能成林，他也要找好幫手。通濟公司之成立，給了他很好的靈感，於是他隨即在上海組成民華公司，而抬出金融巨子周作民，擔任董事長，徐采丞則自任總經理。

一切安排就緒，民國三十二舊曆年前，通濟公司的招牌，便掛在林森路中華實業信託公司的門口，重慶方面，照樣有人上班，分頭籌備一切，執行各項事務。當歲聿云暮，臘鼓頻催，楊管北、徐子為決定了行期，當由楊管北為代表，去向杜董事長辭行——

「我們準備年初一動身，先飛寶雞，然後轉西安、洛陽。」

看著自己家裡正在熱熱鬧鬧的準備過年，杜月笙有點過意不去，便說：

「還是過了年再去吧。」

楊管北卻堅決的回答：

「橫豎是要去的，不如早一點動身的好。」

於是，從大年初一開始，在重慶的杜月笙一樣閒不下來，他每天親自閱披接運人員的電報，發出指示，電請沿途友好多方照料。

到飛機場送行的時候，便聽說秦嶺一帶，風狂雪驟，澈骨奇寒，因而使杜月笙整日坐立不安，躭了一天的心事。及至翌日，飛機衝過大風雪，收到一行平安抵達寶雞的消息，方始長長的吁了一口氣。

從此以後，電報紛至沓來，報告沿途情形，辦事經過，接運人員從寶雞到西安、洛陽、鄭州，分別拜會過祝紹周主席、周嘯潮副局長，蔣鼎文長官，湯恩伯副長官和何柱國總司令，面承這許多方面大員慨允協助。再到許昌，往訪明德明大爺，明大爺一聽大哥的人到了，熱烈款待，盡心照料，他因為自己不良於行，特地派他的太太，伴著一行三人，穿過中日防線犬牙交錯，綠林豪傑不時出沒的危險地帶，保護楊管北、徐子為、朱惠清等三位，平安無事抵達界首。卻是這三位居然全不知道，明太太保鑣是明裡，暗底下，明大爺又派了好幾十名精於槍法，武藝高強的弟兄，身藏連發二十響的盒子砲，或前或後，或左或右，一路隨行保護。

界首集上，有杜月笙預先下好的一著棋，當楊管北一行抵達，他們欣然發現，當地已經設好了通濟公司界首辦事處。杜月笙派王寶康為辦事處主任，常駐界首，料理一應事務。

界首警備司令李銑，黃浦軍校一期畢業，他曉得通濟公司的神秘業務，當晚便予以熱烈招待。楊管北抵達界首的第二天，通濟公司辦事處裡，突然出現了軍統局長戴笠，使得所有同仁，既感驚奇，又復興奮。戴笠是專程而來為他們打氣，並且作最後的垂詢，看看他們即將從事的接運工作，還有什麼地方準備得不夠充份。

與此同時，自上海民華公司發來的三千件棉紗，業已由日本「皇軍」，荷槍實彈，武裝押運，自上海循京滬、津浦、隴海東段三條鐵路，絡繹在途。這大批的棉紗運抵商邱，徐采丞又妥善的準備了日本軍用的卡車隊，也是武裝押運南下亳州，因為日本軍隊不敢冒險越雷池一步，所以雙方約定，便在最前線的無人地帶交貨，日本「皇軍」只管貨到不管點交，意思也就是說，三千件棉紗一運到指定地點，他們丟下便走。

通濟接運人員勢必先要去探勘交貨地點，這是一次十分危險的旅程，國軍方面不能派隊保護，一百多里的真空地帶，又怎生通過？楊管北等正在徬徨失措，面面相覷，同行的明太太卻若無其事，微笑的說：

「不生關係，只管往前走就是了。」

第二天上了路，先通過一片荒漠無人的曠野地帶，明太太的微笑，和明大爺的週到，方始宣告揭曉。——三三五五的彪形大漢，他們面容嚴肅，神情緊張，或前或後，散散落落的將接運人員團在中間，一片平陽毫無掩蔽，暗中保駕的衛隊終於拋頭露面，當楊管北等方自錯愕訝異，明太太悄聲的關照他們說：

「這幫弟兄保護列位好多天了，只是列位都不曉得罷了。他們都是我那當家的派了來，叫他們暗中防備，故所以請列位還是裝著一無所知，他們不受列位的招待，不跟列位打招呼。但是請列位儘管放心，無論出什麼事，憑他們那幾十桿盒子砲，天坍下來也頂得住！」

80

亳州城下七道戰壕

由於突然之間得了這麼一支強勁有力的衛隊，通濟公司接運人員自此便無所畏懼，安心辦事。為求接運的方便，他們竟在真空地帶的腹心據點十尖河前住下。自十尖河到亳州城，日本「皇軍」一連挖了七道戰壕，在那最寬的一道戰壕附近，他們找到了一所荒廢已久的祠堂，有一個小小的院子，院子裡放一輛破舊不堪，無馬可拉的馬車，祠堂有三楹房屋，一般的空空蕩蕩，泥牆剝落。於是他們用報紙糊一糊內壁，在曠野裡找些蘆草桿，便這麼堆在泥牆地上做成床鋪，胡亂的睡了一夜。

第二天一早，楊管北他們有恃無恐，壯膽鼓勇，居然揚長過市，進了日軍佔領下的亳州城。妙的是這一行三人，會在亳州城裡找到了朋友，接受朋友的招待，當夜下榻於華北煙草公司。安徽省鳳陽府的這個亳州城素以盛產鴉片，名聞天下，亳州產的鴉片號稱「亳州漿」，成色不太好，卻是得地利之便，行銷大江南北。日軍佔領亳州便鼓勵百姓種煙，光祇這個小小城池，大街小巷的鴉片煙店，多達二十餘爿。

虧好有這一次冒險入城，因為入城以後方始發現一個大問題，駐防亳州的不是日本「皇軍」，而是偽軍郝鵬舉部。皇軍武裝押運棉紗，途經亳州而輾轉運赴重慶，他們斷然不會去跟郝鵬舉打招呼。三千件棉紗的體積何其龐大，價值何等驚人，按照雙方約定，「皇軍」押運到亳州城外丟下棉紗就跑，萬一郝鵬舉垂涎巨貲，想發發洋財，他派兵出城搶回亳州，那可怎麼得了？

於是楊管北等又匆匆趕回界首，把這一層危機和礙難，詳詳細細的拍電報，據實報告杜月笙。杜月笙在重慶把郝鵬舉的「關係方面」，摸了摸，他雍容鎮靜，拍一封回電指示機宜，很簡單，他叫楊管北去拜訪何柱國，取得一紙郝鵬舉蓋了關防的沿途毋阻，即便放行的通行證。這紙通行證有何內幕？原來，郝鵬舉久欲反正，歸降國軍，他和何柱國暗通款曲，衹是在等反正的有利時機，當時他便印好許多空白通行證存在何柱國那邊，倘有需要，何柱國可以隨時填發。

杜月笙的回電一到，楊管北等又篤定了，他們攜有何柱國核發的郝鵬舉通行證，於是更放心大膽的進駐那間祠堂，等候三千件棉紗運到，由日本「皇軍」交貨。便在這個時候，所有通濟公司駐界首——前線的工作同仁，一概忙於徵集交通工具，從亳州城外走一百多里，把三千件棉紗運界首集，這是接運工作的第一步驟。

戰壕橫七豎八，簡陋的公路破壞無遺，汽車無法行駛，大批的伕子難以集結，該找什麼交通工具，能夠以最快的速度，將三千件棉紗全部運到界首集？找來找去，結果是找到了皖西魯南蘇北豫東特有的一種輸送利器，名喚「架子車」。

這「架子車」結構單純而運轉便利，可以隨意利用人力或獸力，車座彷彿一塊門板，下面裝兩隻輪子，人或貨物安置在門板上，無分人獸拖將起來就可以走。通濟公司駐界首辦事處連日出高價徵雇「架子車」，一僱便僱了三百餘輛。當場試驗一番，一輛車正好載一件棉紗，三百輛車接連跑十趟，三千件棉紗即可全部運完。

棉紗運到界首以後又有安排，用的是楊管北西南運輸班底，幾十輛大卡車從滇緬公路關山萬里的調到界首來，車上司機技工押運人員一概齊全。這幾十輛大卡車負責界首到洛陽的一段，路程相當的遙遠。

自上海輾轉而來的第一批棉紗運到，給通濟公司同仁帶來意外的欣喜與歡笑。日本「皇軍」押解卡車一出亳州城外，便把一件件的棉紗往地上推，貨一卸下武裝「皇軍」又急急登車，風馳電掣般逃回亳州城裡。郝鵬舉不曾派兵來搶。四野寂寂，毫無動靜，負責接運的楊管北等跑來跑去，鼓勵「架子車」車貨趕緊上前載負。當他們領在頭裡走，一眼瞥見一件件的棉紗堆中居然有人，定睛看處，首先是楊管北發出一聲歡呼。

東洋兵的運紗卡車帶來幾位便客，杜月笙的好朋友，交涉代表楊志雄，華格臬路杜公館賬房王國生，楊管北的父親，以及他那生在上海，父子猶未見過一面的長子，祖孫三代，便在真空地帶，一片荒野中演出了近代的父子會。

一件棉紗裝一輛架子車，一路攢趕，馬不停蹄，週而復始的往界首運，「皇軍」不再多問，偽軍也不干擾，活躍於真空地帶的亡命之徒，全給明德明大爺的威名與盒子砲，震懾住了。這頭一次的接運棉布總算功德圓滿，順利無阻。三千棉紗運抵界首迅即裝上卡軍，首尾相啣的向洛陽那邊駛去。

81

洛陽失陷改走淳安

前後歷時一月又半，徐采丞運抵界首前方的棉紗，三千件全部交割清楚。通濟接貨押運人員陸續抵達洛陽。楊管北押陣，他走在最後，當他到洛陽時日軍發動的豫中大戰已起，洛陽風雲緊急。他方抵步便去查點堆在洛陽車站，未及西運的「奇貨」，發現居然還有二百餘件。然後他去謁見第一戰區司令長官蔣鼎文。蔣鼎文正兵書旁午，鞍馬倥傯，他一抬眼看見楊管北便急切的說道：

「日本人快要打過來了，你最好立刻就走。」楊管北答以我一定儘快的走，不過車站上還有重要物資，經通濟公司同仁出生入死，冒險犯難搶出來的兩百餘件棉紗。這些棉紗被日本人奪了回去，那才叫做大笑話，因而他說：

「祇要棉紗運完，我馬上就離開洛陽。」

蔣鼎文頗嘉其志，迅即調撥車皮，把楊管北和兩百多件棉紗一齊撤退。由於有此一幕，通濟公司自界首內運的棉紗，總算在歷盡艱危，兵荒馬亂之中，居然全數運抵西安，毫無損失。

洛陽失陷，使在重慶的杜月笙、戴笠，以及在上海的徐采丞，全都頓足太息，憂心如焚。因為通濟和民華兩爿公司之間所做的這筆大「生意」，迄仍「成交」了一半，還有三千件棉紗，貨已購齊，叵耐界首集至洛陽一線，行不得也奈何？

杜月笙和戴笠在重慶頻頻密議，終於決定大計，界首不能再走，老河口則陷區內運路線太長，運輸需時，阻礙重重，因而也不堪大用。民華公司總經理徐采丞時已掌握在手，亟待內運的另三千件棉紗，決定走淳安——場口，過一過東南的那一道陰陽界。

於是杜月笙在民國三十三年八月二十二日，假共進午餐之便，約晤他的恆社子弟，得意門生朱品三。他給朱品三一個差使，派他陪同通濟公司副總經理徐子為，到浙江淳安成立辦事處，然後通過真空地帶和封鎖線，潛入上海，跟徐采丞接頭，把待運的棉紗三千件，全部運到後方。

抗戰之起，使「恆社」組成份子的素質、精神，對於師門的向心力，經過一番過濾作用，無形之中陡然提高。如後起之秀的徐子為和朱品三，都可以作為抗戰時期恆社同仁的代表，他們都受過高等教育，出身世家門弟，從事正當職業，在社會上小有聲望與地位，忠於國家民族，也忠於夫子大人和恆社，精明強幹，熱情慷慨。對於杜月笙，他們都是由衷的崇拜和敬仰，尤且認為：「我師座未來大業，在戰後益將有無限之發展，國人崇敬備至，設有恆社而徒具虛名，不能在此大時代中克盡厥職，同門弟兄未能把握時機而努力，固甚足惜，其負於我師座者，寧非罪甚？」懷著這樣的看法和想法，他們不但自發自動，為恆社社務而努力，尚且不論什麼時候，祇要杜月笙一句言語，深入虎穴，赴湯蹈火亦所不辭。

如朱品三初到重慶，杜月笙便派他到紅十字會總會工作，他對內部複雜紛亂的人事問題極感痛苦，可是懍於師命，唯有竭力忍耐，相機整頓，後來他邀集親友，組設一個頗具規模的大昌公司。杜月笙徵調他到浙西前線的時候，朱品三的大昌公司亟待開業，他的愛妻正有身孕，高年老母尤且身體不適，他不知有多少私務纏身，放不下手，但當杜月笙一聲令下，他對於這些事情一字不提，立即表示欣然應命，三天後，他上汪山去向杜月笙辭行，面聆指示，二十六日一早便動身。

杜月笙告訴徐子為和朱品三，淳安方面的情形遠比界首單純，第三戰區司令長官顧祝同是他的老朋友，時正駐防閩贛邊區的鉛山，淳安一帶的駐軍長官如二十三集團軍司令唐式遵，補給司令戴戟，杜月笙都很熟悉。軍統局在淳安建立了重要據點，那裡等於是戴笠的挺進總部，距離淳安不遠。便在鄰縣亦為鄰省的安徽屯溪，更是國民政府對日政治經濟與情報作戰的重要根據地，屯溪的雄村尤且設有中美合作社雄村訓練班，還有總部的直屬部隊，忠義救國軍的四個縱隊，和南京、淞滬、浙東、浦東、澄錫虞等五個行動總隊，都分佈在淳安的當面。因此，杜月笙說徐子為、朱品三到達淳安以後，將會發現到處都是自家人。

還有一層要比界首接運更為便捷簡易的，三千件棉紗運出淪陷區後，只要往後多走幾天，交給軍政部直屬的一爿被服廠，他們的任務便算達成。

以為淳安、場口接運遠比界首行輕易簡單，偏偏這一路便窒礙重重，而且還出了大毛病，險乎丟了徐子為、朱品三等好幾個人的性命。

82 師命在身咬緊牙根

淳安接貨人員一個圈子兜得好大，徐、朱二人自重慶飛昆明，再搭飛機穿越滇、桂、粵、贛四省，因為這是從大後方在往前線跑，飛機上除了徐子為、朱品三，就衹有兩個美國人。徐子為和朱品三抵達江西贛縣以後停留了一個星期，他們對於蔣經國擔任行政專員時期所建設的新贛南印象極為深刻，朱品三特地寫信報告杜月笙，他很興奮的描寫實踐「新贛南家訓」後贛縣所見，老百姓黎明即起，朝氣蓬勃，人人勤奮向上，一掃懈怠懶散的風習，賭博與娼妓，早已完全絕跡。朱品三為此還寫了幾封信給恆社弟兄中酖於賭博的幾位，請他們以新贛南的新風氣為勉，起居生活，力求振作，不要再麻牌唆哈，通宵達旦了。

自贛縣到上饒後，遵照杜月笙的指示，徐子為和朱品三分工合作，徐子為管對外交涉聯絡，朱品三負責成立辦事處，並且在淳安坐鎮。因此當徐子為斜出鉛山，拜訪顧祝同司令長官，朱品三便先去淳安籌備諸事。不久徐子為也到了淳安，便由他以識途老馬的姿態幾度潛入上海，聯繫三千件棉紗的運輸問題。

頭一層窒礙是上海到場口一線，各相關方面一時擺不平，徐采丞為昭鄭重，三千件棉紗遲遲不敢運出。當時由徐子為出入險境，往返交涉，朱品三便租好房子，雇了職工十幾個人，住在淳安縣裡乾等，重慶方面杜月笙、戴笠的著急更是不在話下。當初誰都不曾料到，這一等居然會等了四個月另十二天，在等貨期間贛縣一度失守，淳安陷為孤島。朱品三重慶家中迭生變故，他母親病重逝世，太太臨盆生產，他都由於「師」命在身，咬緊牙根，不曾做過回重慶的打算。

好不容易等到過了陽曆年又過了春節，三十四年元月初七消息傳來：好到場口以北真空地帶去接貨了。朱品三帶領辦事處職工乘坐小船，由淳安轉折薇港、新安江、富春江而抵場口。當日下午再將小船駛出場口以外，三不管的真空地帶，他們在洋浦口遇上大風雪，只好在小船上過夜。由於一船的泥水，過道既窄且險，朱品三起身走動，腳下一滑，一個跟頭從上艙摔到艙底，當時竟是受了傷也無處可醫。

從初七起大風大雪一直下個不停，小船被困於江心。他們沒有武裝，也沒有軍隊保護，但是距離日軍駐有重兵的富陽城，僅只十里之遙，而且地勢平坦，一片平陽地帶，站在小船船頭，城內鱗次櫛比的房屋，歷歷在目，船上望得見城裡，城裡的敵軍何嘗望不到小船？東洋人用不著派什麼部隊，開幾砲吊過來，船上諸人勢將粉身碎骨。而朱品三一行從初七困到初八，當時的恐怖與駭怕自是人情所難免。

幸虧初八下午來了救星，杜、戴一家親，戴笠的部下——貨運管理局的朱分隊長一清，帶了林關興等一批槍兵，在洋浦口以南、場口之北等了兩天一夜不得小船的消息，大家非常擔心，於是便駕了一條大船來接應。這一支救兵要把小船拖回去，免得暴露在富陽敵軍的當面，可能發生危險。朱品三承認當時他的傷處很痛，心裡實在也很駭怕，但是他想起不能坍老夫子的台，給人家笑話杜月笙派些沒有經過陣仗的書生輩，跑到敵軍前線來辦事體，因此他硬起頭皮，咬緊牙關，說是不妨再等等看，朱分隊長拗他不過，就用他的大船掩護那艘通濟小船。

第三天朱分隊長加上一位周哨長，硬把朱品三承一行拉到岸上去住，小船則拖到江邊施以偽裝。於是接連下來一星期，朱品三等每天冒著風雪到江邊望船，一直望到元月十三，遠遠的看見富春城江邊有一條船在駛來，當時看不清楚究竟是日軍還是貨，人人心跳卜卜。駛近時方知是徐子為的助手楊大章，他特來通知一聲，貨色要到十五日才能抵達富春城。無可奈何，朱品三一行祇有先回場口暫時住下。

十六日再赴洋浦口，貨還是沒到。十七日上午朱品三禍不單行，又跌破手心。下午徐子為到涉，說明貨改水運。兩人步行十里，同到大源，另作部署，「未晚先投宿」，小旅館是祠堂改的，貴客也好，泥腳桿也罷，統統睡在棺材旁邊。然後他們改走里山、墅溪，訪見陳、袁、方三位「大隊長」，還有「挺三部隊」的裘、徐兩位「分隊長」，拉關係，講斤頭，大請其客，希望圖個一路順利無阻。這一條路有時候乘船，有時候坐「背兜」，提心吊膽，躭驚受嚇。墅溪離杭州只有四十五里，市面通行的已是偽儲備幣。他們為了安全，帶得有士兵保護，其實帶不帶兵，心情極為矛盾；不帶兵怕送了性命，或者遭搶劫，被逮捕，帶去了呢，又怕目標太大，引起日軍、偽軍找他們挑釁，火拼。

83 面孔一板公事公辦

他們在敵偽佔領地區墅溪，一直等到元月廿三日，陰雨淒其，氣候惡劣，以為這日貨又不會到，無意間跑到碼頭一看，第一批棉紗一千件裝　九艘大船的船隊，可不是真的來了嗎。這一歡喜，一群人無不歡呼雀躍，高喊老天保佑。即日開船，順江而下，詎料臨時改變路線，果然就改出了毛病，沿途雖然經過「緊急」打點，偏又臨時生變，頭一站到大源，步哨留難，不准放行。朱品三迫於無奈，忙去找請吃過飯的余所長，余所長這時便面孔一板，說要公事公辦。說好說歹，塞了六千元的「步哨費」，意思意思，於是江邊的步哨，轉眼間便一人不見。

第二站到陳家埠，當地步哨依樣畫葫蘆，結果還是有驚無險，鈔票遞過去，「哨兵」讓讓開，前幾天的酒肉攻勢，祇不過起了點滑潤作用。杜月笙以為這條路上頂太平，事實上則荊棘處處，麻煩正多，中日大戰，天下方亂，杜月笙的佛面金面，到底比不上花花綠綠的法幣和儲備偽券，黃金美鈔。

船到洋浦口，一連許多天來待客殷勤誠懇，跟朱品三稱兄道弟的周哨長，眼看著富春江上駛得有價值億萬的棉紗，大小船隻，首尾相啣，就要在他的「權力據點」駛過，突然之間，他臉上的笑容凝為冰雪，富春江岸槍兵齊出，周哨長一馬當先，厲聲喝令停船檢查。朱品三迫於無奈，祇好站在船頭上跟周哨長辦交涉，他說：

「哨長阿哥，船裡面裝的是什麼，兄弟老早向你報告過了的嘛，何必還在費事檢查呢？」

周哨長怒眉橫目，屹然不為「交情」所動，他拉下臉來冷冷的說：

「不檢查？可以。就是這許多船不許移動一步。」

徐子為察言觀色，心知這次麻煩比較大，周哨長有心獨吞三千件棉紗，跟他套交情，何異紙上談兵？於是他暗暗的拉朱品三，附耳道來——

「品三兄，你在這裡敷衍他，掩護我悄悄的上小船，我到場口去搬救兵。」

朱品三會意，點點頭，搭七搭八的跟周哨長講斤頭，磨時間，周哨長祇跟朱品三說話，那一頭，徐子為蹓下一隻小船，飛也似的划走。

等徐子為去搬救兵，要等到什麼時候呢？朱品三心中焦躁，一面直在動腦筋，他想起艙中還有幾位護運的士兵，大敵當前，他們始終不曾探出頭來。於是書生輩，半生養尊處優，從來不曾見過陣仗的朱品三，這時候為了不使老夫子陰溝裡翻船，一千件棉紗在杭州以南被人奪去，鬧一個有口莫辯的大笑柄，他把心一橫，居然也敢於冒險用計，用自家的性命，去跟周哨長搏一次「同歸於盡」。當時他叫船伕靠攏江岸，伸手一邀周哨長，他滿臉堆笑的說：

「哨長阿哥，你跟你的弟兄們何必站在雨裡頭？大家都是自家人，還有啥個事體不好商量？兄弟奉杜月笙先生的差遣，來辦這一件事，祇要有個交代就好。來來來，請列位一道到船艙裡一面吃酒，一面商議。依兄弟之想，沒有什麼解決不了的事情。」

當時的確風大雨大，站在江邊相當受罪。周哨長是想上船，卻是財香在前，怕它跑了，他唯恐朱品三把他和他的部下邀上這一條船，好讓其他的貨船趁機開溜。有這一份小心，他便回臉關照他的手下：

「我上船去跟朱先生談談，你們辛苦一點，好生在岸上把守。」

朱品三一聽，忙命人搭起跳板，接周哨長上船，他捏一把汗，將周哨長請到艙裡，艙裡的護兵，見朱品三施個眼色，立刻一擁而上，槍口抵住周哨長的胸膛，不使周哨長喊聲救命。艙中寂寂，再等些時，朱品三便命船老大向其他各船發出暗號，解纜啟椗，順流而下。

岸邊周哨長的部下正在莫名其妙，一名護兵用步槍抵住周哨長的後心，朱品三脅令周哨長到船艙口去跟岸上的槍兵說話，性命交關，周哨長一到艙口，便哇哩哇啦的高聲大喊：

「全部船隻，統統放行！事情我已經和朱品三先生談好哉！」

就這麼樣學單力赴會關公拿魯肅當擋箭牌，朱品三搶出價值億萬的棉紗，急急趕往埸口。同時，船上還多了一名俘虜。

84
見棉眼紅大開條斧

脫險以後，再跟驚魂甫定的周哨長談判，朱品三只要過關，他決不想找任何人的麻煩。周哨長被押到後方要受軍法裁判，他有槍斃的罪狀。卻是，朱品三說：

「哨長阿哥，我們就當什麼事情也沒有發生過，你說阿好？」

周哨長那能不好？卻是將信將疑，還有點躭心，朱品三說你儘管放心，你若是不相信我的誠意，那麼我脆點告訴你，方才在你下船之前，早有一位朋友乘小船溜去場口求救兵，我們現在就火速追上去，攔住他從此作罷。

船伕加力划槳，果不其然，他們在場口碼頭外邊，千鈞一髮般追上了徐子為的那艘小船。一切事情都說明了，徐子為、朱品三決計不念舊惡，洋浦口被阻之事絕口不提，於是，周哨長方能昂昂然的上岸，以護運功臣姿態到場口鎮上，和徐、朱等人一道去拜訪當地駐「軍」頭腦「俞主任」。

「鳥為食死，人為財亡」，愚昧之心，見財起意，可謂古今皆然。朱品三、徐子為方以為倖脫虎口，抵達場口安全地帶，萬萬想不到這位俞主任也會見利忘義，財迷心竅。他一見那九條大船上堆積如山的棉紗，頓時臉色一變，跟徐子為、朱品三二人說：

「這是國家急需的物資，我們不敢截留。祇不過，上級派我守場口，原先的命令是叫我們就地籌餉，否則弟兄們便沒有飯吃。我看就這樣吧，我們照老規矩辦，值十抽二，二位繳了百分之二十的錢或貨，我們決不留難，立刻放行。」

值十抽二？徐子為和朱品三，不禁倒抽一口冷氣，一千件棉紗，價值連城，即令杜月笙自己在押運，異地羈旅，倉卒之間，他也籌不出這麼大的一筆頭寸。若說照價付貨也好，一千件棉紗留下兩百件來，此一鉅款又怎麼能夠呈請報銷？

徐子為和朱品三欲哭無淚，啼笑皆非，事情卻是越來越僵了。

「俞主任，」徐子為勉力振作精神，聲色不動，加之以派頭一絡的說：「值十抽二，應該應該，不過這些都是枝節問題，我們奉杜月笙先生的指示，原本是不惜一切代價，不使各路朋友吃虧。唯有一樁：貨色越快運到後方越好，貴部要抽的十分之二由兄弟負責，祇不過目前拿不出這許多現錢。還有，塲口以下再到淳安還要走幾天，就請俞主任親自帶領貴部士兵，一路護送我們到淳安。我兄弟保證貴部護送到了淳安以後，值十抽二的銅鈿馬上付現。」

「好極了，」俞主任出人意外的歡聲說道：「我們就照這個辦法。」

然而，這位俞主任豈會上徐子為的當？跟他們到淳安去「秉公辦理」，他隨即親自指揮，分派他手下的弟兄，一一登船，「執行護送任務」。徐子為以為他計已得逞，有些兒躊躇滿志，洋洋自得，卻不料等到每一艘運布船上都佈滿了俞主任的槍兵，俞主任頓時抹下臉來，他不顧徐子為和朱品三的驚詫錯愕，高聲下令：

「連船帶貨，一齊扣留！」

洋浦口、陳家埠和大源，九艘船一千件紗一連三次被攔阻，因為伸手要錢的原是來歷不明、游雜隊伍，杜月笙和戴笠那邊，起先不知貨從這條路上來，當然也不曾打過招呼，蝕錢消災，倒也不去說它。如今場口的挺三部隊，調派到這三不管地帶，任務便是為著協助棉紗內運。強盜應付過了，官兵忽又見財起意，多日相處，稱兄道弟的好朋友，眼珠一彈，立刻就翻臉不認人，誠所謂變生肘腋，禍起蕭牆，當時不但令接運人員手足無措，而且實實在在有點啼笑皆非。

俞主任上船以後便改由朱品三和楊大章出面辦交涉，先說好話央求放船，繼而曉以大義，婉言諷勸，棉紗內運是奉中央批准的特殊任務，事關軍國大計，不同於跑單幫做生意，國軍將士在等著這一批棉紗運到趕製新軍裝，負責主持這一任務者除了杜月笙還有戴笠戴局長，俞主任對於箇中內情，察察甚明，一千件棉紗不是輕易吞得下去的，一聲弄不好，可能軍法從事，性命送掉，朱品三希望主任鄭重考慮，三思而行。又在語氣中透露，懸崖勒馬，為時還不算晚，祇要俞主任不再堅持扣貨，通濟公司的朋友一定守口如瓶，只當沒有這件意外不幸發生，來日呈報上級，照樣的有功勞。

俞主任不要紗，他要錢，口口聲聲說船裡裝的棉紗，明明是商品，照「章」應該納稅，朱品三見他性命可以不顧，一心想發財，只好低聲下氣的請教：

「俞主任，你明曉得百分之廿我們實在無法應命，你能否開一個最低的數目？」

85
大事不好小徐綁票

俞主任兩隻眼睛連連的霎動，他沉吟片刻，其實是在考慮應該開口減「價」多少，趁他猶豫，朱品三便自言自語再補一句：

「其實這一批棉紗，上面早有通令，任何人不能收稅捐，用抽稅的名目，實在不妥。」

對方心知朱品並無惡意，祇不過在提醒他不要知法犯法，弄出大毛病，所以他不曾發作，考慮定當以後，他果然便改了口，告訴朱品三說：

「就這樣吧，朱先生你曉得我們不是正規部隊，弟兄們薪餉的籌措，十分困難。貴公司做這麼大的生意，什麼地方不要用兩錢哩。你們便按照貨值，抽百分之二，作為貴公司捐助我們的軍餉吧。」

從十分之二減到了百分之二，對方總算是大大的讓了步，問題在於這百分之二的數目還是相當大，同樣的急切難求，通濟人員既拿不出錢，也做不了主，他們只好留在場口，急電重慶向杜月笙求救。朱品三和丁稼英上岸住在通濟分公司，留楊大章和葛藩京陪著俞主任派來的槍兵守船。

第二天傍晚，僵局猶未打開，場口分公司一片唉聲嘆氣，愁雲慘霧，杜月笙的好朋友楊志雄突自上海來，使朱品三等精神為之一振，楊志雄明日要經過淳安，轉赴重慶，朱品三等和他連夜商議，楊志雄指示他們交涉得有中間人，不可直接談判，越弄越僵。他勸朱品三等儘管放心，俞主任是在想混水摸魚撈一票，這件事跟挺三部隊無關，完全是俞主任個人的問題，他得了錢必定開小差。尤其昨今二日交易不成，他也曉得通濟的人會打電報出去求救，九大船紗他拖不走，更無處可以藏匿，時間多拖一天，他尤恐出事。——楊志雄最後做個結論說：

「不要緊，也用不著再去談什麼斤頭，你們不妨以逸待勞，由他扣留紗船去，時間多拖一天，只有對通濟公司有利。」

得了前輩先生的指點，通濟人員如夢方醒，愁雲盡去，當天夜裡人人都睡了個好覺，第二天乍現曙色，便有一位陳先生不請自來，開口便說：

「好了，好了，挺三部隊方面的誤會已經解釋清楚，船上的士兵立刻撤除了，這九大船的棉紗，你們隨時可以運淳安。」

聽他的口氣，彷彿是他曾經接受通濟公司的委託，去辦這場交涉，其實呢，通濟跟這位陳先生風馬牛不相及。楊志雄得意的大笑，朱品三等人一致佩服老前輩的料事如神，漫天風雲，一廓而空，一場橫生枝節的意外糾紛，不到兩天便告解決，通濟同仁喜形於色，高興萬分。當天下午僱了五十六艘小船，將九條大船上的一千棉紗，搬到了小船上。因為再往下走，七里瀧和新安江，河面較窄，大船無法通過。

二十八日通濟船隊離開場口，浩浩蕩蕩，直駛淳安。五日後方始抵達，杜月笙在重慶深感通濟浙中接運阻礙重重，波折太多，他跟軍政部緊急磋商，約好便在淳安交貨。軍政部辦事，效率很高，通濟人員方到淳安城裡，便獲知軍政部已經命令第六被服廠在淳安設立了接運辦事處，處長是一位徐州人朱翼曾，第六被服廠聽說第一批棉紗運到了，又派一位材料課長齊惠泉前來辦理交接。這一來通濟人員肩頭的千斤重擔輕輕卸下，大家都有如釋重負的感覺。

從徐子為、朱品三啣杜月笙之命，赴淳安接運棉紗三千件，到第一批棉紗一千件經過四度留難，點交軍政部第六被服廠，其間一共歷時一百六十五天。時間已經到了民國三十四年二月九日。

第一批棉紗到達擔了不少驚險，前事不忘，後事之師，杜月笙和戴笠在重慶遙遙指揮，調整關係，增加助力，於是陸續而來的貨色便從此順利無阻，到三月十三日南路來的三千件棉紗全數交到被服廠，杜月笙和戴笠於是又立下大功一樁。通濟主要人員正在興沖沖的趕辦結束，在「出差」二百天後，早早回重慶去覆命。三月十四日夜裡，朱品三在淳安得到消息，通濟公司副總經理，杜月笙麾下的一員大將，徐子為居然在舊溪嶺被綁。

徐子為、朱品三奉命赴淳安之初，杜月笙根本就不曾考慮要動用幫會力量，通濟公司駐淳安、場口的員工，沒有一個跟幫會有所關聯，淳安軍政機關林立，徐子為他們縱然一住半年交遊廣闊，好朋友交了不少，卻是也找不出任何一位跟幫會或黑道人物拉得上線的。因此當徐子為被綁的噩耗傳來，通濟同仁無不驚慌失措，急如熱鍋螞蟻，一面拍電重慶告急，一面舉行緊急會議，商量如何進行營救。

86

杜月笙要付贖票錢

這一般書生輩的小朋友，基於同門弟兄間的義氣，決定群策群力，用他們那一套祇求趕快救人，不惜任何代價的辦法，不惜全體出動。當夜打長途電話到場口，駐在場口的葛藩京說，他也正在打算走花錢贖票的路子，他慷慨仗義，自告奮勇的說：

「我決定明天一早上舊溪嶺，跟那批土匪去直接打個交道。」

於是，這一頭的朱品三，也義形於色的答道：

「好，我們明天一早動身，到場口來和你會合，大家一道盡力設法。」

杜月笙在重慶收到淳安拍來的急電，他手底下的人，居然也會被綁了票，這個消息使他連連頓足，大呼糟糕，當時便回電囑令當地人員從速設法營救，而且再三叮嚀，先把人救出來要緊。

三天後他又接到朱品三在淳安——場口中途建德輾轉發來的又一封急電，那上面的寥寥數語，寫盡通濟同仁趕往營救徐子為的焦灼和辛勞：

「雨雪緊，逆風狂，三易舟，歷驚險，甫抵建，巧（十八日）可到，急如焚，徒奈何。」

杜月笙讀完電報，雙眉緊皺，背負雙手，他在遶室徬徨中喃喃的說：

「看格種三字經，真真要急煞人哉！」

書生輩朋友營救心急，一身是膽，三月十七日朱品三一行帶了三名借調來的槍兵，疲憊不堪的趕到了場口，丁稼英等人愁容滿面的來接，說是舊溪嶺上的土匪可能是共軍，因此他們不可能講交情，前日徐子為的好友劉毓林聞訊匆匆趕來時，匪軍便公然的派人前來傳話，要想贖出徐子為，必須在三天之內，送去法幣兩千萬元。葛潘京和劉毓林十分勇敢，他們甘願冒險深入虎穴，兩個人跟了傳訊匪軍一齊上了舊溪嶺。

由徐子為一個人被綁，又加上另兩位陷身匪窟，大家正在焦急，將夜時分葛潘京和劉毓林算是雙雙回來了，他們還帶來了好消息：經過兩個人舌翻蓮花，善為辯說，匪軍答應把贖金減到六百萬元。

公司現款只有一百多萬，於是決定由朱品三回淳安借錢，葛潘京等則在場口和匪方保持聯繫，拖延時間。朱品三次日回程，心憂如焚，他乘船到桐廬後唯恐時間不及，徐子為可能有性命之憂。因此他便在桐廬打電話請杜月笙的老朋友，時任江蘇省黨部委員，往來與上海淳安之間在做地下工作，剛好在淳安的王艮仲幫忙，王艮仲一口答應負責代籌三百萬，朱品三十分之喜，再打電話求助於張處長張性白，張性白慨然的說：

「還差兩百萬，由我立刻設法送來。」

只在桐廬等了一天，五百萬的巨款便由王張二位分別用電匯匯到，葛潘京急不過，又自場口趕來探問，朱葛二人拎了了大包現款當日便回場口。

帶這麼許多現款，一無保護的到場口，入匪窟，路途遙遠，實在是相當危險，但是救人要緊，也唯有硬起頭皮來闖。朱品三提款的時候，事先還經過一番佈置，他使葛潘京僱好船隻，就停在銀行後門口，然後他帶著一隻鋪蓋捲進銀行，跟銀行經理沈祥麟特別商量，儘量付大鈔，其結果是罄銀行所有，取了二十元面額的關金券二百六十紮（每紮一百張，關金券每元兌法幣二十元），舊鈔票八十萬元，朱品三用一張毯子，一條薄被，把鈔票裹在裡面，打成一個很大的鋪蓋捲，再請行警幫忙，走後門口運上了小船，鈔票落艙，立刻開航。朱葛二人沿途嚴密防範，一路不許停留，鼓棹直航場口。

贖金運到，翌日葛藩京、劉毓林便冒大雨登山，跟匪軍商議付款時間和地點，以及一應細節。雙方約定三月二十四日交款，二十五日放人。通濟同仁很不放心，二十三日再由丁稼英先去偵察一下付款地點附近的情形。當時由葛藩京和劉毓林一再情商，匪軍業已答應把贖金再讓到四百八十萬元。

三月二十四日，凌晨四點鐘，杜月笙的兩位門人，朱品三和葛藩京，帶了兩名挑鈔票的工友，去替杜月笙開的通濟公司，付杜月笙一生一世，空前絕後的一筆贖票錢。

他們從黑暗走到天明，走了十五里崎嶇難行的路，如時到達約定地點，舊溪嶺下的百子亭，接款的匪軍埋伏在附近，等他們到達以後，方始從岩畔樹後出現。葛藩京認得來人姓黃，兩人略談數語，鈔票點清過手，方始完成了朱品三自稱：「生平最艱險而痛心的事件。」

87 百子亭上歷盡辛酸

說好了二十四日交款，二十五日放回徐子為，不料匪軍罔顧信義，拿到錢以後，徐子為竟杳如黃鶴，這一下害得通濟同仁憂急交併，六神無主，他們天天輪班到預定交人的地點，舊溪嶺下的百子亭裡坐等。一連幾天等的朋友都是日以繼夜，通宵達旦，一天等足二十四小時，無奈匪方食言，影蹤不見。

等到二十八日晚上，在空山明月之夜，大然等到了一群面目猙獰，態度凶狠的便衣隊出來，當時坐地守候的是朱品三和奚本義，便衣匪軍不問情由，把他們兩個「接票的」一概驅走。這兩個人逃了回來，大家一問經過，人人心情沉重，都以為匪軍突然變卦翻臉，徐子為必定凶多吉少。

第三戰區方面，經杜月笙一再電請援救，軍方在三十一日派一位賀鉽茅司令，率部進駐桐廬，這一支救兵來到，所奉到的命令是「相機剿撫，竭力營救」。但是通濟同仁唯恐徐子為還在嶺上，大軍出現可能打草驚蛇，反而使匪軍一不做，二不休，殺了徐子為再逃，因此朱品三便又匆匆趕到桐廬，請賀司令暫且按兵不動。

這一天在桐廬的通濟同仁，找到一家小廟，磕頭燒香，叩求靈籤，指點徐子為在舊溪嶺上安危如何，來日究竟能否逃出虎口，他們得到的籤文是：

「難中有易莫辭難，穩步登山不見山；

為選青錢皆萬中，更須杯酒解愁顏。」

說來也巧，到手四百八十萬元即無下落音訊的匪軍，第二天二十九日便又派人到場口來知會，贖金妥收無誤，衹不過那筆錢是公中的，還有些弟兄們不曾沾著油水，所以拒絕放人，假如通濟公司肯再出點「酒錢」，「犒賞犒賞」的話，「負責」款到即放，決不食言。

酒錢要多少呢？——二百二十萬。

大家再商量，徐子為生死莫卜，性命交關，即使是騙局，也唯有照辦。於是再叫奚本義去桐廬，借提現款二百二十萬元，回場口，派人送到百子亭，四月三日交付匪軍，人還是不曾放，不過接錢的人賭神罰咒，鐵定四月四日午夜放人。

那一天下午朱品三帶了好幾位同事先去等候，他使通濟同仁在四週埋伏，他自己坐在百子亭上，一遍又一遍的禱告，從下午孤坐到夜半，還做了一首詩：

「富春江畔遭禍患，百子亭上歷辛酸；

難來難去第一遭，謝天謝地慶生還。」

深夜兩點多鐘，嶺上傳來腳步聲響，月黑風高，伸手不見五指，人人豎尖了耳朵傾聽，悄聲的口耳相傳：

「來了！來了！」

被綁了二十二天，擔盡驚嚇，吃足苦頭的徐子為，果然用七百萬元贖了回來。

徐子為得慶生還，通濟同仁傷弓之鳥，聞弦心驚，尤其是非之地，不敢久停，當日午八時便乘船西旋。一路上人人高興，卻是個個憔悴，二十多天的日夜憂煩，眠食難安，使所有參與營救的人精疲力竭，一上船便東倒西歪，呼呼大睡。

因此，為徐子為「慶生還」的壓驚歡宴，直到四月九日，方始在淳安吃得人人心中歡暢，個個興高采烈。

「徐子為被綁經過」，由通濟同仁公推朱品三執筆，寫了一本厚厚的報告書，託王艮仲帶到重慶，呈交杜董事長月笙，與此同時，並且先拍一份急電到重慶總公司，好讓杜月笙放心。

杜月笙收到徐子為脫險已離場口的電報，不禁大喜，他一時高興，馬上吩咐左右：

「快拍電報到淳安，喊徐子為帶好通濟分公司的賬簿，儘快回重慶。」

他在興頭上，一心只想到徐子為，忘記了還有一個一道派出去的朱品三，而朱品三離開重慶已逾二百二十天，他母親方死，太太又剛生產，經過那麼許多危險和困難，當然是歸心如箭。分公司業務已經結束，偏偏老夫子的電報不曾提起他究該如何行止，於是他枯守淳安，還不敢走。後來又經過他打電報給杜月笙，請夫子大人准許他回重慶，一面又分電楊管北和郭蘭馨，請他們二位在杜月笙跟前提醒一聲，然後再等杜月笙的覆電到了，他才如釋重負的輾轉回重慶。那時候，已經是徐子為動身以後的十七天。

六千件棉紗，前後歷時一年零兩個月，奇蹟般的自日本軍隊嚴格管制之下挖出來，運過戰線，運到後方，全部成為國軍的軍裝。

88 昆丁少校萬里來訪

杜月笙和戴笠推心置腹，如手如足，共同從事情報工作，當其時，美國的情報部門尚在萌芽階段，尤其對日情報在太平洋戰爭初起之際，簡直是一張白紙。美日宣戰，對日情報的重要與日俱增，美國人不得不力謀補救，急起直追，而在這一方面無論方針、技術、經驗及資料，都必須借重對日本瞭解最深的我國情報人員。美國軍事情報人員很推崇戴笠，和他所領導的軍事委員會調查統計局，戴笠能在日軍大舉南侵之前，英美兩國猶在高枕無憂，全不設防的時候，便高瞻遠矚，獨具慧眼，通知盟方日軍南進的消息，僅此一點即使美國情報工作者佩服得五體投地。

因此之故，美國特地派了他們的情報專家梅樂斯來，跟戴笠朝夕與共，虛心學習，後來共同建立了規模龐大、握有一支武力的偉大情報機構，在戰時發揮巨大功能的中美合作所，開中美情報工作人員並肩作戰的先河。

杜月笙在若干美國情報人員的眼裡，也是一位值得重視，差堪驚奇的人物，諸如他在東南一帶所擁有的秘密群眾力量，以及他的幾項近似奇蹟的空前傑作，諸如香港撤退、上海鋤奸、高陶反正，以及自淪陷區搜購六千件棉紗安全運回後方等等，彷彿是絕無可能之事，在他卻「當伊嘸啥事」的指揮若定，順利完成。所以，在美國的情報人員中，也有許多杜月笙的崇拜者，頗願萬里來訪，向他討教。譬如老羅斯福總統（Theodore Roosevelt 任期公元一九〇三——一九〇八）的孫少爺昆丁・羅斯福（Quentin）是美國國防部G2部門的一員少校，當他奉派來華參與中美雙方的戰略釐訂工作時，他便抱有一個熱切的願望，想跟杜月笙見一次面，藉以面聆教益。

昆丁・羅斯福和愛國僑領，在美國經營鎢業，華昌公司創辦人李國欽很熟，李國欽急公好義，熱心慷慨，卓著聲譽於中美兩國。抗戰初起，他曾一次捐獻美金十萬，引為一時美談，他僑居新大陸，又復擁有「紐約榮譽市民」的榮銜。李國欽戰前由於業務上的關係，不時往返中美之間，他道經上海，杜月笙報之以熱烈的歡迎，由於杜李二人性情相投，所以他們友誼深厚。當時李國欽曉得杜月笙正有三個兒子都在美國求學，是為杜維垣與杜維屏、杜維新，因此他介紹昆丁和杜月笙的四公子維新見面，而由維新親筆寫了一封家書，交請昆丁帶到重慶，信中即曾請他父親接見昆丁，有事面談。

昆丁・羅斯福到了重慶，利用公餘之暇，很順利的去拜會了杜月笙，藉由杜月笙的英文翻譯，兩人促膝長談。談到後來昆丁終於表明來意，他希望杜月笙能夠接受美國人的請託，協助美方對於日本的情報工作。圖窮匕見，開門見山，昆丁的請求頗使杜月笙感到為難。但是他眉頭方皺，昆丁便已領悟，於是他振振有詞的說了一番大道理，立論無非是日本軍閥係屬中美兩國共同的敵人，協助美國毀滅日本，實際上也等於是為杜月笙自己的祖國在竭盡棉薄。

一聲苦笑，杜月笙答道：

「羅斯福先生你這個話說得固然不錯，衹不過，我杜月笙雖則並不在國民政府做官，但我總歸是中國人。現在外面到處寫得有這句口號：『抗戰救國，人人有責。』我願意盡心盡力，去做任何我做得了的工作，但是，在沒有得到我國政府同意之前，我直接接受貴國的任務，恐怕於情於理都說不過。」

話說到這裡，杜月笙發現昆丁・羅斯福的臉上，彷彿有嗒然若失，頗為失望的表情，於是他連忙接下去又說：「不過呢，像羅斯福先生剛剛提到的那些個事體，譬如情報的交換，工作的相互便利，我們既然是盟友嘛，只要事體對於雙方有利，隨時隨地彼此密切合作，依我想來那應該沒有什麼問題。」

於是昆丁・羅斯福連連頷首，他沉吟片刻，再問杜月笙一句：

「杜先生方才說過，我們合作必須事先徵得貴國政府的同意，這句話我該沒有聽錯吧？」

杜月笙聽翻譯譯完，面露笑容，他斷然的答道：

「一點不錯，我就是這個意思。」

昆丁・羅斯福自此笑容可掬，看起來他對這次談話好像很滿意，再談了些閑話，這位美國軍官彬彬有禮的起身告辭。

時在民國三十三年深秋，昆丁・羅斯福旋即離華返美，杜月笙曾將這段談話一五一十的告訴戴笠，但是他自己卻以為昆丁・羅斯福的話無非說說而已，漸漸的便就淡忘了。

四月中，最高當局召見杜月笙，面授機宜。杜月笙晉見回來，滿面春風，喜上眉梢，家人親友、左右心腹驟見之下不覺大為訝異，七嘴八舌爭問召見經過，談了些什麼？杜月笙偏偏搖頭微笑，一字不提，他不惜使眾人抱著個悶葫蘆瞎猜。

五月底，時值國民黨召開第六屆中央執行委員會第一次全體委員會議，東南各省的中央執行委員，專程趕來開會的人數不少，這些代表大都是杜月笙的舊雨新知，他們到了重慶率皆安排了拜訪杜月笙的節目，於是杜月笙應酧往還，竟無虛夕。五月卅一日大會結束，六月二日中午杜月笙由於臨時分身不開，命他的長子杜維藩，和門人徐子為、郭蘭馨、陸增福、朱品三為代表，設宴為東南各代表餞行。當日賓主盡歡，甚至有好幾位吃得酩酊大醉，杜月笙的派頭和苗頭，似乎還是一時無人可及。

徐子為、朱品三，奉派赴淳安接運棉紗，歷經艱危，在驚濤駭浪中吃了七個多月的苦頭，當時方始回到重慶，不到一月，卻是又蒙老夫子召見，扃室密談，原來是授予他們新的任務，方回來，又要去，當時杜月笙搖頭苦笑的說：

「你們剛從那邊過來，但是沒有辦法，只好再辛苦你們一趟，因為你們是識途老馬。」

徐、朱二人直到這時方才曉得，老夫子守口如瓶保了兩個多月的密，居然是老夫子自家也要到淳安去。——至於去做什麼？杜月笙還是絕口不提。

六月二十六日，杜月笙東南行的先頭人員從重慶動身，徐子為、朱品三驅車抵達軍用飛機場，在候機室裡方坐下，一批批的同門弟兄和熟朋友先後來到，這一下真是熱鬧，來者以陸京士、曹沛滋為首，還有張曉岩、龔夏、趙雲昭、王景文、邵飄飄、陸克明、顧錦藻、孫文元、陳永年，還有一位徐道生。其中王景文和陸惠林是從重慶菊廬軍委會調查統計局派來隨同工作的。朱品三算了算，一行共總是十八個人，——因此後來有人稱他們為十八羅漢。

89 大隊人馬東南之行

大批幹員的東南之行職責艱鉅，任務重大，這是中美雙方共同計劃的最高機密。最高當局召見杜月笙的當時，已經向他講解得很明白，機密任務的目的在於「接應盟軍登陸，配合國軍反攻」，因而要動用東南一帶一切的力量，奮力以赴。

行動主持人是軍統局長，兼忠義救國軍總司令戴笠，美方人員則由中美合作社主任梅樂斯准將率領，杜月笙之同行，是要他去發動上海——東南一帶他所可運用的民眾力量，並且以其特殊人緣負責行動方面與第三戰區之間的聯繫協調事項，再則，汪偽組織中杜月笙不但有舊日交游的許多友好，尤且還有他那幾位「位居要津」的門生，諸如汪曼雲、黃香谷、張克昌等。

陸京士是上海工運領袖，他以軍委會少將工運特派員的名義，將在京滬線上發動巨大的愛國勞工力量，他計劃將京滬一帶的工運同志，接到安徽屯溪雄村，設班分批訓練，然後再一批批的送回淪陷區，等盟軍登陸開始，馬上起而響應，共同打擊敵偽，收復失地。

杜月笙和戴笠，抗戰八年中併肩作戰，不分彼此，可以說是情如手足，誼同一體，戴笠從事此一空前未有的重大任務，當然需要杜月笙的助力。祇不過，若在平常，他只要當面和杜月笙說明種切，邀他同去，杜月笙斷無拒絕之理。而戴笠不此之圖，鄭重其事的在最高當局之前，一力保舉，乃由最高當局召見杜月笙，一方面固因為此行任務非同小可，理應不視同私人協助，而必出之以國家徵調。另一方面則也鑒於杜月笙被捲入黃金舞弊案中，沮喪懊惱，情緒正在最低潮，堂而皇之的賦予他一大使命，令他欣於仔肩未卸，報國有方，重新振奮鼓舞其心情，又使他掙脫憂急交併，莫知所從的困境，像這樣的公私兼顧，兩全其美，也衹有心細如髮，知人善任的戴笠，方始可以優為之，尤且做到天衣無縫。否則的話，讓杜月笙留在重慶，因黃金舞弊案而被牽上公堂，俯首就鞫，那豈不是要了杜月笙的老命。

陸京士率領的十八羅漢，六月二十六日由重慶直飛芷江，等候與戴笠、梅樂斯會合，然後續往東飛，他們在當日下午一點三十五分平安抵達，投宿於「蘇浙皖浴室」，自此，由於連日陰雨，氣候不佳，十八羅漢在芷江逗留了十一天久。十八羅漢在芷江住處不定，夜難安枕，因為旅館裡臭蟲橫行，他們睡過長桌，睏過地板，東遷西搬，居無寧日，一連下了幾天的雨，街頭積水沒脛，走幾步路，要把皮鞋脫下來掛在肩頭，然後互視狼狽模樣，又忍俊不住的哈哈大笑。

朱品三在淳安住過七個多月，七月三日他住進了芷江復興旅館，不旋踵陸京士等也來租了房間，同門弟兄抵足而談，十分歡暢。陸京士說朱品三是「淳安通」，囑他打電報到淳安定旅館，以免到淳安又受「芷江居，大不易」的罪。朱品三欣然應命，他拍電報去定了「老西園」旅館的房間，言明自七月五日起租，其結果是七月五日他們在芷江還沒有走的消息。

事實上，戴笠、杜月笙和梅樂斯，行程計劃一改再改，業已決定改在福建建陽會師。三位「統帥」以杜月笙動身最早，七月二十五日，他便乘坐自用小轎車自重慶對岸的海棠溪南下，隨行人員一共六位，顧嘉棠和葉焯山奉陪月笙哥，一個精技擊，一個擅槍法，壯士暮年，雄心不已，月笙哥抱著氣喘重症敢於出生入死上前線，兩位老兄弟便唯有拼老命奉陪，仗他們未老的寶刀，千里萬里為月笙哥保鑣。又有機要秘書胡敘五，代筆譯電，出出主意，杜月笙一刻也少他不得。再來就是名醫師龐京周，他少帶行李，多攜針藥，專管杜月笙的諸般毛病。貼身隨從一名徐道生，捶背敲腿，夜夜服侍杜月笙入眠，另一位便是司機鍾阿三，負責駕駛這一輛專車。

抵貴陽後，休息兩天，戴笠翩然而來相晤，戴笠的行藏，由於特殊任務關係，向為任何人所無法偵悉，大有來無影，去無蹤的神秘意味。當年同作東南行，第一架飛機上的十八羅漢，直到筆者編撰「杜月笙傳」，寫到東南之行這一段，陸京士設宴邀請與役同仁，提供資料，大家在酒酣耳熱之餘，都還有人提起：二十三年之前戴先生和杜先生不知是在什麼地方會合的？在座便有斯時擔任駕駛的鍾司機，脫口而出，「洩露機密」，他坦然的說：

「喏，就是在貴陽。」

那夜，杜月笙和戴笠挈同隨行人員，兩部汽車首尾相啣，深更半夜駛往貴陽機場，當飛機上的燈光在望，戴笠的座車忽然熄火，便在路旁拋錨。當時戴笠很著急，親身推門下車，吩咐緊跟在後煞住了車的鍾司機「頂一頂」，鍾司機方要換排擋，杜月笙怕「飛機不等人」，他探首車窗之外發了話：

「好了嘛，你們就都坐到這部車子上面來，軋一軋。橫竪馬上就要到了。」

於是戴笠欣然應命，兩車子人軋在一起，終於趕上了「升火待發」的飛機。

90

飛經衡陽要轟禮砲

貴陽機場候機室裡，早有三位金髮藍睛的美國人在等候，戴笠趨前介紹，杜月笙方曉得是大名鼎鼎的美國准將梅樂斯，和他的兩名侍從「啥斤頭」(Sergeant)。

搭乘的是美軍 C——46 型運輸機，兩排靠壁的帆布坐椅，當中是一條寬敞的過道，乘客必須面對面，排排坐，機聲震耳欲聾，艙內空氣沉濁，一坐下去便令人覺得像這樣子長程飛航，實在不是滋味。杜月笙一進機艙便雙眉緊皺，踟躕不前，他的神情反應，迅即為戴笠所見，於是戴笠方上飛機又躍身而下，他命人以最快的速度，從貴陽機場辦公廳裡搬了把籐椅子來。

籐椅子放在機艙正當中，便在那條寬敞的通道中間，戴笠又細心的使座位向前，然後納杜月笙坐下。杜月笙十分感激，但是飛機上有戴笠，有盟友梅樂斯，還有自家的心腹兄弟，他覺得不該承受特殊待遇——即令是一張籐椅，所以他一再謙謝，避讓不遑，必定要緊靠牆壁坐那帆布椅，戴笠期期以為不可，他再四堅持，他高聲的說：

「杜先生，你跟我們不同，你抱病在身，尤其你害的是氣喘重症。」

聽戴笠這麼樣說了，杜月笙方才歉然的笑笑，告聲得罪，坐進了那隻籐椅子。

從此以後，戴笠的此一特別安排，便成為慣例，杜月笙坐軍用飛機，飛機通道上要擺一張面向前的籐椅子，讓他「高高」上坐，籐椅兩旁尤須有顧嘉棠、葉焯山這般腰圓臂粗的大漢，牢牢的替他撐住，不然的話，就怕攀升俯衝，轉彎滑落，杜月笙會得坐不穩，一個不小心，將要連人帶椅，破空而去。

杜月笙對於戴笠的特別安排非常滿意，他往後不時對家人親友說：

「要是沒有那把籐椅子，我看我是絕對吃不消的。」

其實是他忽略了，一路上要使那把籐椅穩定，顧嘉棠和葉焯山要費多大的氣力。

因為戴笠和梅樂斯的行蹤，必須嚴予保密，所以杜月笙一行當天抵達芷江後，唯有時任軍委會別慟軍副司令，兼華中總指揮的陶一珊前來迎迓，自此便屏絕應酬，深居簡出，一心一意等飛機。杜月笙私心盼望了很久的東南行，其寂寥冷清，和他西北行時的萬人空巷，熱烈歡迎，簡直如隔天壤，判若雲泥。卻是他自己也深知重責在身，不可疏忽大意，他總是儘可能的表現得安之如素，甘之如飴。

在芷江等了三天的飛機，便將續航福建長汀，由芷江飛長汀這條航線，必須通過衡陽，而衡陽早於三十三年八月八日陷落，當時已成為日軍華中區的重要軍事據點，日軍在衡陽設置威力強大的高射砲網，任何飛機飛臨衡陽上空，必定會遭到猛烈砲火的射擊。因此這一天臨上飛機之前，戴笠、梅樂斯等人由於常來常往，把高射砲火不當一回事體，但是杜月笙、顧嘉棠、葉焯山這些一品大百姓，心中則難免不無惴惴然。

戴笠唯恐杜月笙不自在，特意跟他開個頑笑說：

「杜先生，今天你過衡陽，東洋人早曉得了，他們準備放禮砲，向你致敬。」

杜月笙卻也幽默，他聳肩一笑回答：

「交關抱歉，我可沒有炸彈回敬他們。」

91

山路崎嶇吃足苦頭

笑聲中，梅樂斯背了一個包袱來，他請大家圍住他，看他親身示範，如何使用降落傘，這也是唯恐萬一飛機被擊落的救急設施。當下搭飛機的都領到包袱般的降落傘一隻，學梅樂斯的樣，遇到緊急情況時，如何走到機門口，如何默唸一二三，如何踴身躍下，如何唸到「十」時便拉傘，眾人依樣畫葫蘆，學了一遍，唯獨杜月笙右手比劃比劃，並沒有認真的聽。在他身旁的顧嘉棠，連忙輕聲的喊應他：

「月笙哥，你要注意這個降落傘的用法啊，萬一出了事體……」

杜月笙卻側過臉去，附耳悄聲答道：

「我學它作啥?老實不客氣講，要在高空裡下飛機，我們幾位朋友裡面，恐怕祇有你跟葉焯山，還有性命到得了地。」

上了飛機，大家還有說有笑，談天說地，直到將抵衡陽上空，杜月笙已可察覺，機艙裡的氣氛漸漸的凝重，飛機也在逐步的爬高，他自己連人帶椅，被顧嘉棠、葉焯山兩位兄弟使力的把牢，不使他連人帶椅在飛機艙裡滑滑梯，一下子滑到機尾去。

多一半，過衡陽的飛機要飛到一兩萬公尺的高度，乍暖乍寒，杜月笙的氣喘毛病一定會犯，因此龐京周老早便將他的氣喘藥準備好，戴笠更關照了飛機上特別給他預留急救的氧氣，但是到了衡陽，如同出現奇蹟，一則杜月笙的氣喘不曾發，二來東洋兵的禮砲也沒有響。杜月笙在唸「阿彌陀佛，菩薩幫忙。」那曉得有人附耳告訴他一個「消息」，頓時把他嚇得臉孔發白。

「今天天氣很好，梅樂斯特地關照飛機師，我們要在衡陽上空低飛盤旋三圈。」

「作啥？」杜月笙馬上驚恐不安的問。

「人家要拍衡陽地面的照片。」

梅樂斯這位美國將軍誠然一身都是膽，但卻把杜月笙以次，幾位平民百姓嚇傷了，人人手心裡捏把汗，不曉得何時那刻轟隆砲響大家統統完蛋。低飛已不可，何況還要盤旋三圈？低飛盤旋三圈豈有不被東洋兵發現，開砲轟射的道理？

誠所謂命大福大，吉星高照，三圈繞過居然平安無事，東洋兵的高射砲像煞都變成了啞巴。脫離危險地帶的佳音經人宣佈，滿飛機的人齊聲爆出歡呼，然後便平安順利，一路到長汀，從起飛到降落，費時三個多鐘頭。

往後杜月笙和陸京士他們那一隊人會合了，陸京士很關切的問起老夫子過衡陽的情形，因為他們那一隊人，一連幾天都在為杜月笙「高空飛行」而躭心。杜月笙說明經過，陸京士不禁大喜，他又告訴杜月笙說，他們七月六日過衡陽的那天，起先機艙裡悶熱得要命，後來越過衡陽步步攀高，飛機爬到二萬公尺以上的高空，於是氣溫急速下降，人人感到嚴寒刺骨，就像在冰天雪地之中一般，如此驟熱驟冷，便連年輕力壯的小伙子都吃不消，當時他便在想：老夫子過此時還不知道要怎麼樣的受罪呢？

杜月笙聽了十分歡喜，當時他寬慰的笑笑，也告訴陸京士說：

「梅樂斯害我吃了一場驚嚇，起頭我還有點埋怨他呢，想不到他竟免了我一場病苦之災。」

長汀古稱汀州，位置在閩贛邊境，隔一座大嶺隘便是江西瑞金，曾經是朱毛匪幫的巢穴，而長汀本地也曾由共匪長期盤踞。經過共匪多年的搜刮，到處是一片破舊陋敗，民生疾苦的景象，使杜月笙深深為之嘆氣，一行在交通銀行辦事處寄宿。自長汀以後，又要循陸路乘坐汽車往前走了。

長汀以東，公路崎嶇，顛簸不平，尤其穿山越嶺，忽上忽下，杜月笙半生錦衣玉食，養尊處優，這一趟東南行確實令他吃足了苦頭，一路夜不安枕，食無兼味，但是他卻唯恐幾位同行的朋友口發怨言，使別人聽了會得嘲笑，因此他不但從不皺眉，而且不時講講笑話，說說故事，滿面春風，為大家打氣。如顧嘉棠、葉焯山即令有滿腹牢騷，一肚皮的悶氣，也是礙在月笙哥的面子上，祇有隱忍不發，大家一道撐下去。

92

一日到夜在跳命巴

照葉焯山的說法，連城、三元和沙縣，三個閩西偏僻貧瘠的縣份，都在「一日到夜跳侖巴」的跳過去了。連坐幾天山間路上行駛的汽車，將近五十八歲，體質素弱，又得了氣喘的杜月笙，身不由己，忽上忽下，「一身骨頭幾乎都要抖散。」七月七日好不容易挨到了永安，眾家弟兄一見當地市廛繁盛，人物衣冠齊整，不由得眼睛一亮，精神一振。原來這裡雄踞閩江上游，係建溪、沙溪、富屯溪的合流處，地當福建心腹地帶，水陸交通，四通四達，素為八閩各路貨物集散之地，戰時的福建省政府，即設於此。

車子開到交通銀行，當時戴笠和梅樂斯另有要公，雙雙離隊，杜月笙抵步甫卸征塵，便去拜會福建省主席劉建緒。這位劉主席是湖南人，曾綰兵符多年，和杜月笙也有交往，老友把晤，十分之喜，他要做東道主，招待杜月笙一行在南平小住兩天，杜月笙因為戴、梅二將軍遠道視察去了，也不急急於趕路，南平繁華熱鬧，使人一新耳目，於是也就答應了姑作兩日之盤桓。

七月九日再動身，過建甌，到東峯屯訓練班，公路還是曲折崎嶇，戴笠和梅樂斯趕來歸隊，吃過午飯，正休息間，忽然接到朱品三打來的電話，報告杜月笙，他是那一隊人中，先來建甌打前站，此刻正在向建陽進發的途中，打聽到戴、梅正在東峯，因此特地入城，設法打電話來請示：問老夫子要不要他赴東峯謁見面談。杜月笙很高興，問明陸京士還在南平，明日可到，陸、朱等人一路平安無事，而且沿途都在遵照預定計劃，將需辦各事一一辦妥。——在電話裡談了頗久，然後，他便體貼的說：

「東峯離建甌還有一段路呢，你就不必多辛苦這一趟了，我們明天在建陽碰頭。」

七月十一日到建陽，杜月笙、戴笠、梅樂斯等，和陸京士、曹沛滋一行終告兩路會師，師生歡聚，極其欣慰。杜月笙抵步時已是傍晚，建陽交通銀行的吳主任作東道主，一席盛讌，居然吃到睽違已久的青蟹，使杜月笙覺得滋味份外鮮美。

自建陽到第三戰區顧祝同司令長官的總部，一日可到，第二天一早，梅樂斯有事必需留在建陽，其餘人等或則另有任務，或則需要多事休息，打前站的一總只有二十多人，再加上護衛官兵，分乘卡車一輛和小轎車一部，通過閩贛邊境。

邊境山勢威猛，林木森森，以盛產名茶聞名天下的武夷山，便在邊界橫亘。武夷海拔一千一百五十五公尺，山麓有分水關，一關中分兩省。再下坡到清溪傍流的車盤村，村中只有十幾戶人家，一間食店，湫隘狹窄，原是預定中午打尖的地方，可是等到杜月笙、戴笠所坐的小轎車抵達後，店裡早已灶冷甑空，不要說是菜餚，連米飯都一粒不存。這時，方知道卡車轎車這一路駛來，忽而超前，忽而落後，將抵車盤時恰巧卡車走在前頭，卡車上的人進了店裡，竟將荒村野羹一掃而光，杜月笙和戴笠無可奈何，祇好相視苦笑，忍住腹中雷鳴，繼續登程。

雖然饑腸轆轆的餓了大半天，可是一到鉛山，便獲補償。第三戰區司令長官顧祝同，第二十三集團軍總司令唐式遵，補給司令戴戟，聞說杜月笙、戴笠到了，一致熱烈歡迎，舊雨新知，戰地把唔，大家都覺得興奮不已。鉛山城小，司令長官的總部設在鄉間，堊牆磚屋，掩映在茂林修竹之中，憑添幾許靜趣，杜月笙進入總部時讚不絕口，他說：

「誰也料不到，這裡竟是叱吒風雲，指揮百萬貔貅的顧長官總部。」

當夜，顧祝同盛大歡宴遠來嘉賓，窮鄉僻壤，居然做出美味可口的西餐，顧長官總部所擁有的房屋，找不到一間夠大的宴客之所，於是巧為安排，別出心裁，便在田疇左近，濃蔭深處，將就地勢，擺下了大小不一的桌子，開始了歡迎盛宴。最中間的一桌，主人是顧祝同夫婦，和他們的女公子，客人則為杜月笙、戴笠、陸京士與曹沛滋。

七月中旬，氣候燠熱，杜月笙和戴笠長程跋涉而來，中午又無法就食，餓了半天。當他們抵達鉛山，被邀入席以後，不但菜餚精美，可供大嚼，主人待客慇勤，頻頻祝飲，尤其時當日落黃昏，夕陽啣山，禾香隨清風徐來，呼吸田野間新鮮清甜的空氣，那一陣舒適歡暢的感覺，使數千里的旅途勞頓一掃而空，難怪往後杜月笙對顧長官請的那一餐，一直念念不忘，他說那一頓飯真是吃得別開生面，痛快無比！

93 遙遙發動兩路人馬

由於杜月笙這一次東南行的任務，與軍事方面密切相關，他的工作範圍和發號施令之地，也都在第三戰區的轄區之內。杜月笙有許多問題，必須先跟顧祝同有所商議，因此他在鉛山一住三天，而三天之中便有兩個夜晚，他都屏退左右和顧司令長官娓娓長談。杜月笙虛心誠懇的向顧祝同討教，他們從世界大局談到東南一帶日趨複雜的情勢。美軍在太平洋的反攻推展順利，不可一世的日本海空軍業已遭到毀滅性的打擊，自民國三十年十一月廿四日美機大舉轟炸東京，到三十四年七月初旬為止，持續不斷的轟炸日本本土將近八個月，已使日本工業生產全部癱瘓，各地完全陷於混亂狀態。就在杜月笙由長汀赴鉛山的途中，七月九日起美機又展開了大編隊出擊，十日那天出動的轟炸機達一千一百四十餘架，與此同時，日本本土和中國大陸、南洋各地的聯絡全部切斷，在短暫時期內決無恢復的可能。顧祝同向杜月笙斷言日本的全面慘敗已成定局，使杜月笙深信勝利在望，心情益更振奮鼓舞，他向顧長官再三致謝，在鉛山三日使他盡卸旅途勞頓，喘疾也霍然而癒。杜月笙的隨行人員見他每天容光煥發，精神抖擻，紛紛的在說最近幾年來，從不曾見過他氣色這麼好法。

但是私底下同顧嘉棠、葉焯山兩位老弟兄計議此行重大任務，杜月笙業於半年以前通濟公司淳安接運棉紗，所發生的那許多意外波折，驚險遭遇，內心猶仍杌隉不安。自民國二十六年底他潛離上海，避難香港，他遠離上海歷時已近八年，八年不是一個短暫的時間，尤其東南迭經戰亂，世事滄桑，環境變化，大有人事已改，面目全非之概。忠義救國軍成立之初，從總司令以次各級幹部，不是他的把兄弟、老朋友，多半也是他的門人學生，而其中若干單位，幾乎完全是以杜月笙的基本群眾為班底。但是八年之中鮮有聯繫，只怕其中有若干新人連杜月笙係何許人也都弄不清楚了，在這種情形之下，他「言話一句」的程度多少會打折扣，關係深淺自家也摸不清楚，如何相處便成了很大的問題。再則上海方面，長江後浪推前浪，市面新人換舊人，當年控制一切的一班老弟兄，走的走，死的死，又剩得了幾個能為他糾合群眾，發揮力量？凡此在在都使他遲疑徬徨，近鄉情怯。杜月笙決心使這次任務圓滿達成，讓他有大獻身手，重振聲威的機會，必須如此始能在勝利後的黃浦灘站得住腳，施展得開抱負，他深知東南行這一仗對於他個人以及杜門中人的重要，尤且勝過盟軍與國家，因為盟軍與國家之獲勝已是指顧間事，而他重回上海再做人上之人的一仗，成功失敗端在斯役如何表現。顧嘉棠、葉焯山說月笙哥你用不著操這許多心，上海人終歸少不了你月笙哥的。杜月笙搖頭苦笑，喟然答道：

「依我看來，事體未必樂觀，我現在最躭憂的就是大家力不從心，把握不住目前的局面了。」

杜月笙在鉛山停留三天，戴笠和梅樂斯等則已先兩日到了上饒，他們在上饒、玉山一帶公幹，等候杜月笙一行前來會合。七月十五日戴、杜、梅一同抵達淳安，住進戴笠在淳安的總部——西廟。

西廟廟貌莊嚴，殿宇重重，座落市郊，清靜幽深，庭園也相當的大，雜植花木，小有經營，抗戰後成為忠義救國軍的總部，軍統局淳安站的辦公廳亦設於此。戴笠、梅樂斯每到淳安，辦公食住都在西廟，杜月笙初抵淳安亦以西廟為廛，不過當日陸京士、曹沛滋一行也同時到達，巍巍西廟居然宣告客滿，陸京士、曹沛滋等雖然仍以西廟為聯絡洽公之處，他們的住處則暫借遂安東門天主堂。

到西廟住定下來，杜月笙立即開始和上海方面切取聯繫，他決定策應盟軍反攻，登陸東南的大舉，先就可能範圍之內，佈置兩路人馬。當年大小八股黨的弟兄，在上海寶刀未老，仍能掌握相當勢力的，還有楊順銓、馬祥生、朱景芳等人。杜月笙請他們團結現有的各路人馬，並且就已有的基礎，趕緊擴充，務期於最短時間之內，把上海清幫弟兄，統統歸於大纛之下，一旦盟軍登陸，或者國軍反攻，只要戰事接近上海，清幫弟兄便立刻分頭出動，在黃浦灘上進行破壞敵軍工作，或者擾亂秩序，製造恐怖緊張氣氛。他的計劃是一面造成敵軍死傷損害，一面使上海敵軍首尾不能兼顧，唯恐後方重鎮有失，因而無法抽調上海的防衛兵力。起這一層牽制作用，登陸盟軍或反攻國軍所面臨的壓力自將大為減輕。

第二路人馬，他要調用敵偽政權所編練的偽軍，有兩名偽軍部隊長是杜月笙當年的手下，一個是馬柏生，一個是徐樸誠，他有把握使這兩位棄暗投明，趁機立功，接受他的調度。杜月笙先派人去秘密聯絡，果然馬、徐二人都竭誠表示，願意接受杜月笙的指使，赴湯蹈火，在所不辭。這次聯絡的順利告成，使杜月笙頗為興奮，他將此一好消息告訴了戴笠，並且請教戴笠這兩支偽軍應該派什麼用場。戴笠聽後也是十分歡喜，他請杜月笙指示馬柏生和徐樸誠，趕緊和上海附近的地下部隊建立關係，互通聲息，而在登陸反攻來臨之時，便由兩支偽軍配合黃浦灘上的民眾力量，掩護地下部隊批亢擣虛，向上海附近的日軍發動攻勢。倘能如此，上海敵軍即將陷於腹背受敵，兩面作戰的困境。對於反攻軍事，必有重大裨益。

94 杜戴聊天抱負略見

將這兩支人馬分撥已定，杜月笙利用戴笠淳安總部的無線電台，和上海徐采丞主持的地下電台通報，每天一次，他仍藉由徐采丞這條路線，遙遙指揮上海方面工作之推進，當時他彷彿有一種預感，覺得大舉在即，事不宜遲，所以他對馬祥生、楊順銓、徐樸誠、馬柏生諸人釘得很緊，他要徐采丞代為催促，並且轉報各方面逐日組織聯絡的情形。譯電擬稿的工作，胡叙五一個人忙不過來，杜月笙便命學生子朱品三在主持總務、交際、接待訪客等事項之外，再騰出時間來從旁協助。

當時正值炎夏，可是淳安的氣候，多半午間悶熱，早晚卻很涼爽，比較四川盆地，山城重慶的一天二十四小時溽暑難耐，熱得令人喘不過氣來，著實舒適多多。西廟清幽寧靜，亦城亦廓，空氣尤其清新，使得杜月笙的氣喘毛病，大大的為之減輕。毛病不發，體力轉強，精神也頗為振作，杜月笙雖然常日忙碌緊張，心情則始終相當愉快。

另一方面，陸京士、曹沛滋一行秘密接運上海工人，到雄村接受戰鬥訓練的工作，需要杜月笙指導協助之處頗多，因此，當七月二十五日，陸曹領導的此一部門工作人員，一同北上安徽屯溪雄村，假當地的一座曹家祠堂，籌備成立訓練班。在籌備時期，陸京士和曹沛滋仍然不時僕僕風塵於屯——淳道上，向杜月笙或戴笠面請教益，要求支援。杜月笙對訓練班派人潛入上海，徵集愛國工友，也曾在掩護、交通、聯絡等方面儘力指點協助。陸、曹等人來到淳安，倘若戴笠不在，軍統方面諸多事宜，他更或則傳話，或則代作決定，在這一段時期，杜月笙和戴笠併肩作戰，協力同心，比往先更見親密，一時頗有杜戴一體，全無畛域之概。

杜月笙自遷入西廟，一住四十五天，他推辭外間一切的應酬交際，而一心一意，指揮上海方面的地下組織，密謀策應盟軍。戴笠和梅樂斯則每每清晨大早便不見蹤影，要到晚餐時分，方始疲累不堪的歸來，杜月笙知道他們二位，是因為北起安徽屯溪，南抵福建長汀，中美情報單位，以及忠義救國軍的單位、基地太多，他們必須東奔西走，視察督導，日復一日，杜月笙便自然而然的代他們擔負起坐鎮總部，肆應一切的重責，於是，他更其日夜鎮守，足不出戶。卻是有一點，無論杜——戴——梅之間，關係如何親密，友誼怎樣摯切，戴、梅二人每天要到什麼地方去，將在什麼時候回來，以及前往看些什麼，做些什麼？倘若戴笠和梅樂斯不提，杜月笙在朝夕相處兩三個月間，確確實實能夠做到絕不過問一句。所以戴笠常常打趣的說，要杜先生擔任一位高級情報主管，他也充份具備先天的條件，必可做得勝任愉快。

每當夕陽西下，或者更深人靜，戴笠遠行歸來，回到西廟，倘若杜月笙還沒有睡著，戴笠一定會和他同桌進餐，抑或乘涼談天。戴笠精力充沛，談風素健，杜月笙雖然體質孱弱，卻是閑聊起來也非弱者。兩位老闆談得興高采烈，滔滔不絕，他們的幕僚人員多半在座相陪，洗耳恭聽，戴笠經常都在勉勵大家獻身黨國，効忠領袖，又愛談些立身處世的大道理，興緻來時，他便大談其古今中外建築之異同，評論何者為優，何者應該改進，彷彿除此以外，便再也沒有使他感到興趣的話題。

戴笠認為最不合理，最不美觀，最最需要改革的建築物，便在他自己的家鄉——浙江江山。他說：江山有一種莫名其妙的風俗，死人的棺大概不入土，多半浮厝，因此到荒郊野外一看，纍纍然的磚砌浮厝星羅棋佈，連綿不盡。他抨擊這種浮厝的葬法既不雅觀，尤且妨礙衛生，於是他發一個宏願，抗戰勝利，他要還鄉從事建設，頭一件事便是把浮厝葬法全面改良。

臨到杜月笙說話，他總是帶幾分感慨，有不盡憂鬱，喟然的說日本軍閥窮兵黷武所造成的罪孽，從長汀到淳安，沿途所見的廬舍為墟，民生凋疲，老百姓衣衫襤褸，三餐不繼，苦是苦得來「嗒嗒滴」，往往一縣之中，大戶人家沒落了，中產階級破了產，貧苦百姓填了溝渠，十里百里見不著幾家人家有舒服日子過的。前幾年在大後方還不覺得，這一次東南之行使他發現了極嚴重的問題，打勝了東洋人之後，對於衰敗的城鎮，和破產的農村應該如何救濟？他認為這不是一朝一夕所可以解決的，將來還不知道要大家花多少氣力？

95 敵偽來攻情勢危險

除此之外，他就是慨乎而言抗戰八年人事之變遷，他說他每天和上海電台連絡，亟於找些老朋友出來領導民眾，組織抗敵隊伍，響應大軍反攻，可是根據他派人訪求的結果，許許多多的老朋友不是病亡身故，便是遠走高飛不知去向，杜月笙為此不勝感慨欷歔，語氣之間，大有「訪舊半為鬼，驚呼熱中腸」的意味。

戴笠豪於飲，梅樂斯酒量亦宏，唯有這一層杜月笙敬謝不敏，無法奉陪，一般說來這三位老闆性格為人都很相近，所以十分投機。有時候戴笠和梅樂斯談論問題引起爭議，戴笠總是理直氣壯，不惜疾顏厲色，杜、梅二人瞭解他的性格脾氣，兩個人都在莞爾而笑，凝神傾聽，梅樂斯固不以戴笠的盛氣為忤，杜月笙置身其間也從無尷尬之感，即此一點，便可想見他們三位相知之深。

白天裡西廟相當的熱，杜月笙除了在自己的臥室裡穿紡綢小褂褲，一出房門必定著上長衫，他在淳安不曾發過氣喘，平時尤其不見出汗，不論如何忙碌緊張，也總是雍容靜鎮，從容不迫。處在許多情報工作人員，和忠義救國軍將士之間，杜月笙的愺愺儒雅，居然非常的出眾，這一點使許多人都對他表示衷心佩服。

響應國軍反攻，盟軍登陸的組織工作，進行得密鑼緊鼓，如火如荼，反攻之舉卻密雲不雨，不見其來。反倒是杭州、富陽一線的日軍、偽軍調動頻繁，旋即大舉南侵。八月一日晚上，朱品三一位名喚林基的朋友，方從場口那邊過來，他特地前來西廟拜訪，告訴朱品三說，場口附近已有敵軍小部隊在流竄，不時發動試探攻擊，看樣子很可能是大規模軍事行動的前兆，他請朱品三轉知杜月笙，也好事先有個心理準備。

朱品三心中惴惴不安，趁杜月笙領著眾人在天井裡乘涼，相機提了出來，果然當他說完，眾人神色大變，一時氣氛相當的凝重緊張。有人從戰略的觀點，判斷敵人一定是為了準備撤退，因而先聲制人，發動攻勢，作為掩護撤退的一項步驟。又有人說這也許是敵人在作垂死前的掙扎，抱著玉石俱焚的決心，來找國軍一死相拚。而更有人謂照這樣的說法，敵人的攻勢必定猛烈，淳安一帶局勢也就相當的危險。

杜月笙則勉持鎮定，冷眼旁觀，同來的幾位朋友鉗口無語，一言不發，可以想見他們內心必定已起相當的恐慌，他為了要安定「軍心」，特地打了個哈哈，說是：

「我聽戴先生說：前後總有過好幾次了，他到一處靠近前線的地方，風風雨雨，給敵人得到了消息，他們一定馬上派出軍隊，到處搜尋。戴先生是頂要緊的人，東洋人才會為他調動兵馬，大動干戈。這一次，依我看目標還是在於戴先生。祇不過，東洋人要尋著他，一逕都是痴心妄想而已！」

在座也有軍統局的人員，他們也哈哈一笑的接口說道：

「戴先生誠然是日軍的目標，可是你杜先生這個目標恐怕要比戴先生更大啊！」

「那裡那裡，」杜月笙忙謙一句：「東洋兵要我這個無用之人做什麼？」

常駐淳安的人員，對於場口情況，可謂司空見慣，不以為意，重慶來客則心中難免忐忑不安，從第二天起，亦即八月二日，大家不約而同，都學杜月笙的樣，杜月笙是唯恐總部有事，長日坐鎮，他的幾位朋友則由於風聲鶴唳，草木皆兵，就怕離開總部會發生危險。事實上，從這一天起，敵軍偽軍業已合流，而且開始發動攻勢，駐富陽的日軍第三十二旅團，一共是兩千一百餘人，自富陽出動，會合當地偽軍，主力直撲於潛麻車舖，另以一部攻陷場口，富春江上，烽煙處處，杜月笙在淳安，戴笠則與梅樂斯，和忠義救國軍總司令馬志超等，正在昌化縣的河橋鎮上舉行軍事會議，麻車舖和河橋，相距衹有三四十里之遙。

在麻車舖附近擔任守衛的是忠義救國軍第二縱隊鮑志超部，他在麻車舖和敵軍遭遇，奮勇應戰。日軍卻不戰而退，改向麻車舖之北，整隊而去。鮑志超想想不對，日軍能打而不打，必定另有陰謀，因此他立即分電淳安總部，和河橋鎮上的戴笠將軍，請兩處要地，加緊防範，以防敵人偷襲。

96

語語機鋒互吐心臆

消息傳到淳安，杜月笙非常著急，因為他當時已經獲知戴、梅諸人在河橋，攤開軍用地圖一看，麻車鋪跟淳安隔了一兩百里，與河橋鎮則屬近在密邇。於是當夜他心憂如焚，難以入眠，一直在總部作戰室裡等消息，將近十一點鐘的時候，電話鈴聲響了，正好是從河橋打來的，忠救軍方面總部，敵人遶道河橋正北，而在午夜十一點鐘，開始向河橋發動攻擊，鎮上駐軍力抗，又有鮑志超部迂迴到敵軍後側，兩路夾攻，敵軍終告不支，紛紛向新登、窄溪逃竄，河橋方面的威脅，全部解除，卻是新登、窄溪連連失陷，敵軍大有改向淳安進犯的態勢。

再看看地圖，即使敵軍到了窄溪，距離淳安仍遠，最低限度在這一夜是不會再出什麼事了，於是杜月笙放心大膽的歸房就寢。

八月四日，林基急來走告，敵軍雖然仍在窄溪，可是日軍和偽軍時正大量集結，據前方斥堠偵察結果，從場口到窄溪一線，敵軍集結已有四五千人，敵偽聯合，必有陰謀。西廟諸人十分驚恐，果不其然，到八月五日據報敵偽軍已在沿富春江向南移動，六日桐廬失守，到這時候，由於敵軍人多勢大，順流而下，尤且一路推展頗快，便連杜月笙，也有點坐立不安，憂煩焦躁了，他急起來的時候，便在喃喃不停的說道：

「戴先生怎麼還不回來呢？怎麼還不回來呢？」

陸京士當時正在雄村，曹沛滋則到了淳安，富春江上連失重鎮，一夕數驚，陸京士在雄村聞訊，躭心得很，七號下午他從雄村打電話到淳安，杜月笙方在見客，電話是朱品三接的。朱品三在電話中告訴陸京士，敵軍越來越近，老夫子還算鎮靜，但是同來的幾位朋友實在很慌，依朱品三的看法，如果戰局照目前的情況發展，淳安只怕也是難守，那麼就得為老夫子預作撤退的打算，不過當前最大的礙難，厥為戴先生至今還不曾回來。

正在電話中交談，商量，陸京士忽然從聽筒中聽到朱品三發出一聲歡呼：

「啊，戴先生來了！」

便在這個時候，戴笠匆匆的趕到，戴笠到了淳安，陸京士就大大的放心了，於是他又交代朱品三幾句，說是他立刻也要從雄村趕來淳安向戴笠有所商議，然後掛斷了電話。

當天晚上，杜月笙、戴笠、顧嘉棠、葉焯山、龐京周和匆匆自雄村趕來的陸京士，跟化名為王培的曹沛滋，一共有八九個人同進晚餐，因為邊吃邊談，一頓飯到九點多鐘猶未散席。戴笠分析敵人來犯的意圖，以及他連日從各方面所獲得的情報，最後他做了一個結論，認為大局在四日之內必有急劇而重大的變化，在此劇變之前，敵人一定會拚命猛撲，發動突擊，以遂其掩護撤退的需要。戴笠又說：從淳安到嚴東關前線，沿江各線守軍，他俱已發電命令嚴加部署，緊急應變，一面遏止敵人的攻勢，一面還要注意各地軍民和物資的疏散。

聽他這麼說法，在座各人心情已是十分沉重，因為戴笠的語氣之間，分明是說前方戰事相當緊急，很可能會一路退到淳安來。卻是戴笠沉吟半晌，當他再開口娓娓而談時，眾人便越來越著急了，——戴笠頗以馬志超等部的安全為虞，他說馬志超那邊的迎敵應變措施做得怎麼樣了，還需要他親自前去查看一個究竟。

以往，戴笠即使和杜月笙面面相對，室中並無任何第三者在場，他也從不說明他將於何時去何方辦什麼事，唯獨這一回，他竟令人大出意外的當眾透露其行蹤與任務，他這麼做顯然非比尋常，杜月笙深知戴笠，心裡有數，於是他望著戴笠微微而笑，那種神情彷彿是在說你的心事祇有我知道，——沿途視察前方情況勢在必行，但是淳安總部的人盼他如有大旱之望雲霓，他今日從河橋趕來人人心裡篤定，他再一走這邊一定又是驚慌不已，六神無主，他究竟該不該去呢？著實難以委決，因而他是在當眾徵詢杜月笙的意見。

杜月笙終於開口說了話，他也是一語驚人打破了杜、戴之間的慣例，他從不為戴笠的私人行動出主張，唯獨這一次例外，他仍然面帶笑容的說：

「戴先生，你這幾天太辛苦了，最好明天休息一天，恢復體力。至於到前線去視察，我看沛滋能說能寫又能跑，身體精神都很好，不如請他辛苦一下，代你去跑一趟，我想他一定能夠看得很清楚，跟你自家去是一樣的。」

97 明日在此敬你三杯

杜月笙能夠這麼明顯的表示態度，他需要戴笠留在淳安，指揮部署一切，同時給大家吃一顆定心丸，——戴笠覺得很高興，杜月笙的神情表現、語氣及其所推薦的人選，一概天衣無縫，恰到好處，在座諸人心中明白，卻是人人都得佩服他們的一問一答，面面俱到而了無痕跡，這是豐富的歷練，高度的智慧，與乎過人的機警的。於是戴笠欣然一笑，轉過臉來向曹沛滋鼓勵的說：

「好，沛滋你快去快回，明天晚上，我要在這裡敬你三杯！」

曹沛滋慨然應命，席終人散，他便去和陸京士商議此行任務，採取路線，以及如何化妝，如何應變等等技術上的問題。陸京士借箸代籌，心細如髮，兩位好友終於商定了一應方針。

代表戴笠視察前線之行，曹沛滋聽從陸京士的建議，挈領年富力強，聰明機警的陸惠林偕行，他們預定行程是由淳安直到建德以北的嚴東關為止。建德古稱嚴州，是漢朝隱士嚴子陵的故里，當地地名多以「嚴」字為首，嚴東關在嚴州之東五里，瀕臨七里瀧和新安江，為水路要道，商業頗為繁盛，從嚴東關再往上走，便是敵人業已佔領的桐廬。

自淳安到嚴東關，循直線起旱途程是七十五里，一往一返得走一百五十里路，由於軍情緊急，淳安方面也得等候曹沛滋還報消息，而作撤退與否的決定。再加上戴笠說過明晚在此敬酒三杯的話，他實在是故託談笑而下了軍令，限曹沛滋在一天之內打來回。因此曹沛滋和陸京士扃室密商的最重要之點，厥在當天怎麼趕得回來？

按照既定計劃，曹沛滋和陸惠林在八月八日凌晨四點鐘動身，他們別出心裁，隨身攜帶燒餅與西瓜，而且事先約定，不論如何疲累途中決不休息，饑渴時則邊走邊吃西瓜嚼燒餅，連吃飯喝水的時間都得節省下來。可是在他們一路急急攢趕之餘，不但要隨時顧及自己本身的安全，尤須切記杜月笙和戴笠所交付任務，情報工作，不容一星半點出錯。

曹沛滋和陸惠林一出淳安，便發覺這一百五十里路實在很不好走，因為守軍已在準備撤退，道路俱遭破壞，不時需要繞道、涉水、翻越壕溝、攀山越嶺，尤其一路都得留心查訪，摘記所聞所見，更要緊的尤需根據敵情算好時間，稍早或稍遲都可能猝遇敵軍的巡邏。卻是他們因為計劃週密，尤其有嚴令在身，於是振作精神，悉力以赴，終於在上午十一點多鐘到達了最前線的嚴東關，而在抵達之後由於任務已告完成，唯恐遇上敵軍，因而翻身便走，直奔回返淳安的歸程。

當日下午五點三刻，杜月笙在房間裡聽到外面有人高聲歡叫：

「曹沛滋回來了！」

他心中一喜快步走向客室，果然看見曹沛滋、陸惠林二人一身泥濘，滿臉汗水，狼狽萬分而氣喘咻咻的在走進來。杜月笙忙以笑臉相迎，伸出手來和他們相握，一疊聲的說：

「辛苦，辛苦，二位真是勞苦功高！」

當晚，便由杜月笙和戴笠為曹沛滋、陸惠林設宴，慰勞他們的長程奔走，一日辛勞，終告圓滿達成任務。戴笠實踐諾言，跟曹沛滋連連乾杯，杜月笙不能喝酒，他便親自執壺把觴，殷殷勸飲，那一晚曹沛滋完成使命，心中十分歡喜，幾乎喝得酩酊大醉。

根據曹沛滋攜回的視察報告，日軍前鋒業已攻陷建德，可是在忠義救國軍急向後撤的同時，曹、陸二人親眼目覩方克建德的日軍已在到處封船準備撤退，看情形日偽軍絕對會再往西進，連掩護撤退的部隊都在緊急撤走，東洋人的葫蘆裡究竟賣的是什麼膏藥？杜月笙、戴笠諸人猶在苦苦思索，不得其解。這時，總部電台的傳令兵雙手遞呈一封密電給戴笠，戴笠急急拆閱，掃視一眼，頓即面露微笑，順手遞給杜月笙，歡聲說道：

「道理便在這裡了。」

杜月笙接過去一看，原來是一則電訊，那上面說：自八月六日美國空軍以最新發明的原子彈轟炸日本廣島，造成史無前例，駭人聽聞的徹底毀滅，八月七日，日本內閣召開緊急會議，籌商對策，而在八月八日這一天，美國的第二枚原子彈又在長崎爆炸。

看完電報，杜月笙抬起臉來笑吟吟的望著戴笠，戴笠卻振奮無比，振臂高呼的說：

「現在我敢斷言，不出三天，日本軍閥勢將接受同盟國的波茨坦宣言，請求無條件投降！」

98
淳安西廟何其熱鬧

美國海軍中將，中美合作所副主任梅樂斯（Milton E．Miles）在他的回憶錄「另一種戰爭」（A Different Kind of War）一書中，記述他對於杜月笙的印象，以及交往情形，梅樂斯說：

「對日戰爭勝利以前，我們獲得情報，日人擬在撤退前破壞上海，於是戴笠將軍和我趕往上海附近，設法保衛上海的公共設施，戴笠將軍請能力卓越的杜月笙，協助此一工作。在上海的外國人，聽到杜月笙的名字便會不寒而慄，美國人說杜月笙是上海的考平（AL Copone，數十年前美國芝加哥最著名的黑社會領袖），但是杜月笙文質彬彬，態度友善，他沒有受過正式教育，是一名苦力出身，最後卻成為上海大亨。上海的碼頭工人、黃包車夫，船伕與電車、電話、電報、自來水、電力、煤、米……等等各行各業的工人均由其掌握，外國人有時還說他在上海開設的有鴉片煙館。杜月笙是一位組織家，他効忠中央政府，重然諾，尚義氣，言出必行。」

「我們計劃在浙江省西部淳安以北的安徽屯溪雄村，開設一個訓練班，訓練上海各業重要份子一五〇名，我們的總部設在淳安西廟，在戴將軍和我還不曾到達淳安之前，已有一部份杜月笙的部下自上海抵步。

「勝利前夕，共黨準備奪取重要城市，我們則計劃保衛京滬。我們雖然缺乏時間訓練必需的幹部和人員，但是忠義救國軍、海盜、杜月笙的部下，仍能保護上海的一切公共設施，諸如電廠、碼頭、自來水及道路橋樑，郵電交通等等。

「勝利後，我飛到上海，杜月笙曾對我多方協助，為中美合作社人員安排宿處，將我本人安置在汪偽組織警察總監的私邸，尤且把他的一輛防彈豪華轎車，撥給我使用。」

梅樂斯所稱的「雄村訓練班」，即由陸京士出面主持，杜陸師生之誼，關係之密，盡人皆知，必須有杜月笙、陸京士登高一呼，在上海的那些拖家帶眷、生活篤定的工人，方可「橫豎橫、拆牛棚」，放棄安居樂業的太平日腳，冒險通過敵偽封鎖線，參加中美合作開辦的特務訓練，然後再潛回上海，分佈各公共設施，準備一旦勝利，作為「驅逐日寇，光復國土」的尖兵。雄村訓練班的教官學員，雖因原子彈相續爆炸，日本天皇宣告無條件投降，全國各地，接收順利，並未能發揮預期的重大作用，但是訓練班如期籌備完成，第一期四百名集訓工運幹部已有一百五十人抵達雄村，往後上海工人忠義救國軍之成立，保護工廠及公用事業，警奸察宄，協助維持社會治安，仍然立下了很大的功勞，這也是戴笠、梅樂斯使用杜門力量的一大成就。對於上海接收，厥功甚偉。

杜月笙西廟小住，一面支持陸京士以「軍委會上海工運特派員」身份主持工人秘密組訓，一面遙控上海一市的金融工商，地方勢力，促使他們在接近勝利的最後階段，挺身而出，安定秩序，相機為國家効勞。前一項工作，屬於單線進行，必須嚴予保密，後一項工作則由於三十四年八月以後，黃浦灘上口耳相傳，都說「杜先生」已經遠出重慶，到達上海附近，於是漸漸的形成公開秘密。抗戰八年，上海五百萬市民由於地下工作幹得如火如荼，益以萬墨林、吳開先之被捕，全是轟動一時的大新聞，凡此便意味著「杜先生」人在重慶後方，他的勢力仍然遙遙伸展到黃浦灘上，「杜先生」

三個字，依然既具威嚴而又親近。因此，杜月笙要找的弟兄手下，固然信使往還，音訊不絕，一些寄望於杜月笙，在日本投降國軍勝利凱旋時希冀杜月笙幫忙、救命的作賊心虛者，也無不千方百計，在找門路，跟身在淳安的杜月笙搭上條線，通通款曲，老上海的心目中，杜月笙為八年抗戰盡心盡力，立過不少功勛勞績，而杜月笙在中央政府，各方面的關係極夠，交情都好，也祇有他才能在那種生死關頭，作通天教主，甘霖普降，搭救或大或小的落水人。

淳安西廟，因而就一天天的熱鬧起來，幾十年裡這幾已成為一項鐵律，但有杜月笙在的地方，準定不會「門前冷落車馬稀」。西廟是戴笠、梅樂斯的總部，戴、梅僕僕風塵，席不暇暖，反而成了杜月笙的會客處。自京、滬、杭各地遠道而來的朋友，山陰道上，絡繹不絕，還有徐子為、朱品三在淳安接運督運棉紗三千件，滯淳時期，也結識了不少東南耆彥，各方友好，這些人聽說徐、朱二人的老夫子杜先生到了，少不得要登門晉謁，圖個承顏接詞，與有榮焉。再加上三戰區舊雨新知，忠救軍各級舊部，使杜月笙焚膏繼晷，應接不暇。他派徐子為來往滬淳，擔任連絡專使，胡敘五主持筆政，朱品三專司迎賓，顧嘉棠、葉焯山、龐京周諸人幫同接待貴客。由於訪客太多，使朱品三這一趟淳安行跟前次大不相同，他一連月餘，足不出西廟一步。

99

吳紹澍是共黨投降

三十四年八月五日，桐廬、新登相繼陷敵，淳安風聲鶴唳，一夕數驚聲中，巍巍西廟，一下子擁來了十位客人，其中包括方自重慶啣命而來的毛子佩、吳紹澍等人。這一天，杜月笙顯得非常高興，親自吩咐朱品三，分別為之妥善安排住處，同時他更關照吳紹澍，何妨趁此機會，多留兩天，師生倆也好促膝長談，於是吳紹澍等便在淳安小住二日。朱品三等為了招待他這一波人馬，把自己睏的床舖都讓出來，睡到大會客室的長桌子上，於是，每天要在兩點多鐘以後，大會客廳不再有人，方始可以就寢。

這是吳紹澍對待乃師杜月笙執禮甚恭的最後一次，過此以後，便反目相向，濫施打擊，使杜月笙大為尷尬。(吳紹澍其人其事，筆者在本書前文略有記述，唯以當時對吳紹澍知之最稔的吳開先先生旅美，因而未及訪問或有以求證，所以頗有語焉不詳之處。吳開先先生自美返國後，筆者承其見示甚詳，其間並承王新衡、王紹齋諸先生迭予指點，由於吳紹澍為「杜月笙傳」中極重要的一位人物，遂予追記如次)。吳紹澍原名雨聲，曾是中共老資格職業學生之一，民國十四年五卅慘案發生，他在沈鈞儒當校長的上海法科大學「就讀」，當年五卅慘案上海全市罷工、罷課，上海共黨在國民黨發起的民眾抗議運動之下搖旗吶喊，推波助瀾，吳雨聲(紹澍)開始嶄露頭角，在上海共黨組織中佔有相當重要的地位，後來一直到了民國十六年三月上海清黨，他是上海警備司令部嚴令拿辦的通緝犯，渡過一陣子東藏西躲的逃亡生活，實在混不下去，便向中央自首，將共黨在滬情形和盤托出。中央准他自新，命他到上海市黨部報到，從此為黨國効力，於是吳雨聲便改個名字叫吳紹澍。當時吳開先正任上海市黨部組織部長，從此他和吳開先發生了聯繫。

在上海的一段時期，吳紹澍為了要爭取國民黨的信任，他工作很賣勁，很努力，但是他又駭怕共黨報復，一再請求外調，時值山東嶧縣棗莊中興煤礦公司董事長錢新之正為共黨潛伏，不時鼓動工潮，遂使生產銳減，因而大傷腦筋。錢新之要求中央黨部設法清除中興煤礦的共黨份子，陳立夫便派吳紹澍去，吳紹澍熟知共黨伎倆，他「以子之矛，攻子之盾」，組織工人福利社，自任幹事，從爭取工人福利，博得工人好感，而掌握了礦場勞工，並將共黨份子清除。從此工潮不起，煤炭生產也恢復了常態，錢新之很高興，他向陳立夫道謝，並且讚許吳紹澍與共黨鬪爭的冒險精神。

吳紹澍在棗莊中興煤礦工作了兩年多，他時或請假到南京和上海，向陳立夫、錢新之、吳開先等報告工作，吹吹牛皮，其間尤曾跟汪精衛的「改組派」勾勾搭搭，有些露水姻緣，後來漢口市黨部整理改組，吳紹澍見有機可乘，便懇請錢新之幫忙調職。錢新之和吳開先商量，認為可行，於是兩人連袂往見陳立夫，請他提拔吳紹澍。陳立夫表示吳紹澍確能悔過，對於清黨工作也不無貢獻，因而改派他為漢口市黨部整理委員，和他同時發表此一職務的，還有後來在臺北的國大代表楊興勤等人。

走馬上任，吳紹澍因為人地生疏，簡直毫無工作表現，同時他又以不得人緣，被漢口市的國民黨員，指為不學無術，能力太差，請求中央加以撤換。這一來使吳紹澍大為恐慌，於是便想起華中三山之一，洪門大爺楊慶山是漢口大亨，暗忖自己倘能拜楊慶山為師，必可在工作上得到極大的助力，而楊慶山在漢口的群眾力量如竟為他所用，就等於他在上海獲得了杜月笙的全力支持。

吳紹澍打聽得來，杜楊之結交遠在辛亥前後，滬漢兩地一水相通，聲息互聞，杜月笙和楊慶山幾十年裡一鼻孔出氣，誼同一體。他在漢口想拜楊門苦於乏人引見，不得其門而入，便到上海來商之於吳開先，他要求吳開先設法介紹，使自己忝列杜月笙的門牆。吳開先的答覆是杜先生和我從來不提幫會、或者拜先生、當學生的事，很顯然的其間頗有深意，而且吳開先對幫會一道確實並無所知，但是他可以轉介陸京士與陳君毅，這兩位都是黨、工兩界的重要人物，尤為杜月笙的得意門生。吳紹澍十分之喜，專程拜訪陸陳二人。——這以後的拜師經過，在本書前文業經詳細寫過了。

吳紹澍在漢口站得住腳，一致公認是拜杜月笙之賜，再加陳立夫的破格拔擢，但是他混到民國二十四年，漢口市黨部再行改組，市黨部委員須經黨員選舉，吳紹澍由於漢口國民黨員的群起反對，竟告落選。失勢失業後的吳紹澍要找出路，便跑到南京，求見中央黨部民眾訓練委員會主任秘書許孝炎，因許孝炎之介而往晤該會主任委員周佛海，基於他和改組派的一些露水姻緣，加以周佛海本人便是中共頭目，和吳紹澍同在上海被通緝，險乎過了清黨一關的同路人，於是，周佛海替他在民訓會安排了一個位置。

抗日之戰前夕，吳紹澍借重杜門力量，問陸京士借了一千大洋充競選費，一舉躋列國民大會代表。但是抗戰一起，民眾組訓委員會撤銷，吳紹澍被派在軍事委員會第六部工作，第六部部長是陳立夫，他算是又回到老上司的身邊。

是年冬，軍委會第六部改為政治部，而陳立夫也改任教育部部長，吳紹澍又度失業，他便留在漢口，天天往求陳部長給差使。陳立夫認為他不適合擔任教育工作，始終不允他到教育部去。於是吳紹澍懷恨在心，到處攻訐陳立夫，含沙射影，萋菲生錦，無所不用其極，卻是苦於蜉蝣難以撼大樹，唯有書空咄咄，徒呼負負，而且從此斷了一條坦蕩大路。

賦閑到民國二十七年七月九日，三民主義青年團成立，吳紹澍夤緣結識了康澤，而由康澤推介給張治中。張治中給了他一個差使，命他到上海去做團結、組訓愛國青年的地下工作，擔任上海支團部書記。

100 忠救軍交給你指揮

因為要潛入敵後上海，吳紹澍乃又想起了「老夫子」、「師座」杜月笙，還有一位早年在漢口結識的朋友，王新衡曾於民國二十三年前後，在漢口擔任豫鄂皖三省剿匪總司令部上校秘書。杜月笙和王新衡聽說吳紹澍肯到上海去做地下工作，很高興，杜月笙為他作多方面的部署，體貼週到，比杜月笙太太兒女冒險出入滬濱尤且勝過幾分。同時，王新衡也欣然應允吳紹澍的請求，介紹吳紹澍謁見軍統局局長戴笠。

戴笠聽說杜月笙的一個學生子，要到上海去擔任三青團書記，從事地下工作，他不惜優禮相加，邀吳紹澍吃飯，為他祖餞，一壯行色，而且席設戴公館，邀吳紹澍相熟的王新衡作陪。席間，戴老闆純粹是一副自家人姿態，他率直的告訴吳紹澍說：

「你只管放心到上海去，你要曉得，杜先生和我關係不同，我已經下命令給上海附近的忠義救國軍總指揮阮清源，我給你指揮忠義救國軍的權力。」

可是，吳紹澍個子雖大，膽子卻小，他自潛青入上海，便一直匿居租界，輕易不敢外出。三團在上海的秘密工作，大多由曹俊、王先青等負責執行。民國三十年十二月八日太平洋戰爭爆發，號外一出，吳紹澍便曉得租界不能再作庇護所，他藉口轉赴重慶向中央述職，旋即撤離上海，卻又不敢真回重慶去，因此他躲在忠義救國軍基地之一的安徽屯溪，直到三十三年秋，方抵重慶大肆活動。

而因為協助中央留滬忠貞人士緊急撤退，走避不及，遭受日軍或汪偽逮捕的除吳開先進監牢吃過「生活」外，猶有代吳紹澍負責的三青團駐滬重要之士如曹俊、王先青等，數不在少。至於中央委員蔣伯誠，則是在瀕臨抗戰勝利前夕，患高血壓而在中風狀態之中，因為他的夫人杜麗雲外出而被敵偽釘梢，發現秘密寓所，由於風癱在床，無法移動，逃脫牢獄之災，而由日本憲兵隊一面延醫診治，一面派人日夜監視。

向以知人善任著稱的戴笠，有一次親訪杜月笙於重慶汪山寓所，當時杜月笙手下的三位得意門生，陸京士、朱學範、吳紹澍都因戴笠借將，而為戴老闆擔任重要工作。兩位好友促膝而談，杜月笙偶然問起這三個人如之何，戴笠坦然答道：

「朱學範浮而不實，弊過於詭；吳紹澍天生反骨，必須隨時留心，唯獨陸京士有忠義之風，比較可靠。」

戴笠這一段話，杜月笙曾不止一次的對他親信心腹透露過，戴笠固有知人之明，杜月笙又何嘗一閱人多矣，吳紹澍脫離共產黨、絕緣改組派、反噬陳立夫、辜負三青團，種種背主求榮，反覆無常的行徑，他焉有不知之理？照說，他在淳安便該不再跟這種天生反骨的小人搭訕，可是，杜月笙將入老年，他的為人處世，已臻爐火純青，及於化境。年輕的時候他以智屈人，善用機心，及長便悟覺做大事業，應付大場面的人必須先具有容物的雅量，是所謂「有容乃大，無欲則剛」，於內則「浩然胸懷」，在外即「木訥恂謹」，能如此，方可以柔克剛勝過機心多多。

所以，吳紹澍趁著杜月笙肩承大任，戴笠、梅樂斯齊集淳安，淳安成為光復上海的司令臺，而且在富春江上敵鋒進逼，抗日勝利乍露曙光之際，飄然自重慶遠來，展拜師門，晤見戴老闆，其政治作用之濃厚，明眼人一望可知。杜月笙卻不提舊憾，不問來意，一如往昔的殷殷相待，他留吳紹澍多住兩日，可以促膝長談，也可以等著見見戴老闆和梅樂斯將軍，他叫朱品三為吳紹澍安排住處，朱品三唯有把自己的床鋪讓出來，為師門迎賓引見，栗碌終日後，還要等到客廳無人，纔能極不情願的去睏會議桌、硬木板。

「道高一尺，魔高一丈」，杜月笙以為自家一片誠心，坦率衷懷，可以化百煉鋼為繞指柔，以德服人，使吳紹澍左叛右變，至少不會反到自家頭上，卻是他這一著棋，仍然是下錯了。

101 邵洵美兩月牢獄災

有一天杜月笙親自送客，偶然在廊廡發現一個形容憔悴，神情落寞的老朋友，新月派詩人邵洵美，法國留學生，盛宣懷盛宮保的孫女婿。邵洵美豪於賭，雄貲財，當年也是福履理路一八一號座上豪客之一，因而又有「賭國詩人」之稱。邵洵美素來美丰儀，好修飾，翩翩濁世，頗有卓犖不群之概。當時杜月笙看到邵洵美落得這般狼狽，不禁大為駭異，一追詰，居然他還是被軟禁在西廟裡的。於是他急問緣故，據邵洵美說，他家兄弟三人，志向各不相同，他這位老大，到底是跟徐志摩相提並論的詩人，重氣節，忠於國家民族，但是他的二弟邵式軍，卻竟認賊作父，甘為虎倀，擔任敵偽時期的上海統稅局局長。邵式軍替東洋人總綰稅務多年，苛捐雜稅，大肆搜刮，是淪陷區民眾最最痛恨的一名大漢奸，邵式軍自己則刀口舔血，其富幾可敵國。邵洵美深以他二弟的作為，不僅為國家蟊賊，抑且貽家門之羞，所以他和三弟邵小如抗日殺敵之志益堅。邵小如曾往上海近郊招兵買馬，要打游擊，因為自己的一份家財大部散光，於是問他漢奸二哥邵式軍索取經費，邵式軍倒也照給，只說兄弟政見不同，不妨「各行其是」。但是後來東洋人施加壓力，邵小如終被邵式軍毒斃，當時邵洵美撫屍大慟，他想盡方法，逃離上海，正待通過淳安，轉赴大後方參加抗戰。詎料被調查局淳安站長查明他是大漢奸邵式軍的哥哥，乃以形跡可疑，暫予軟禁，已經關了兩個多月。

杜月笙聽了，心知他這些話決不會有所虛假，而且他也頗為訝異，自他以次，一大幫上海朋友住進了西廟，將近一月，邵洵美見囚於同一廟宇，斷無不知不曉之理。他這位大詩人到是有骨氣，硬來兮，寧可不明不白的坐監牢，偏不向杜月笙等人求援。於是，當天他便向戴笠力保邵洵美，戴老闆點點頭，邵洵美乃由階下囚，轉為座上客，終於恢復了自由。

忽然之間又得著消息，一路出道的老弟兄，金廷蓀金三哥，自從那年太平洋爆發，香港戰爭淪陷，他和九龍柯士甸道杜公館失去連絡，單身一人，揹個包袱，冒險逃出香港，長程跋涉到東江河源。在賑濟委員會救濟站上，以普通難民的身份，領了十五元國幣，就此轉折向東，經福建而抵達浙西。金三哥投奔不了大後方，更恥於吃東洋人的飯，他一腔忠忱，大節不虧，以黃浦灘上的大亨，而在寧波附近的一個鄉村，隱姓埋名，開了一爿小押店，便這麼茹苦含辛的渡過三年半光陰。

杜月笙無意間得到金廷蓀的下落，大為興奮，立刻便派專人前往迎接，他請金三哥搬到淳安來，老弟兄音信中輟三年半，這一下，他歡天喜地的說：

「正好勝利結伴同回黃浦灘！」

打發往迎金廷蓀的專人去了，杜月笙便開始不時的問：「金先生到了嗎？到了嗎？」他一直問個不停，卻是金廷蓀猶未抵達，那萬眾同歡，普天與慶的抗日勝利，在八月十日深夜傳到了這座浙西小城。

時值杜月笙一行進駐淳安的第二十七天，亦即離渝東來的第四十五日，八月十日星期五，天氣晴朗，將近午夜，業已就寢的西廟中人，突然被劈劈啪啪的鞭砲，夾著人語喧嘩吵醒，乍聽見雜聲浪時，還吃一驚，待至聞及街頭有人歡呼，方知這是望眼欲穿的勝利來臨，於是眾人紛紛披衣起床，爭相走告。杜月笙的一支人馬全都集中在他房間裡，有人在笑，有人鼓掌，有人直說：「恭喜恭喜！」但是也有人保持審慎態度，不敢遽予相信，他們之間有人說：

「戴先生呢？要問過了他才可以確信啊。」

當時又有人說：

「戴先生齊巧不在淳安，依我看，還是等著明朝天亮看東南日報！」

顧嘉棠聲音洪亮，快人快語，他正在手舞足蹈，欣喜若狂，就怕有人遲遲不信，掃了他的興，當下，他一拍大腿說：

「淳安人不是戇大，深更半夜會得瞎放鞭砲，歡呼勝利！就講不是東洋蘿蔔頭投降，至少也是前線打了大勝仗！喏，我早曉得有這一天，從重慶帶來兩瓶三星白蘭地，此刻讓我去拿出來，大家痛飲三杯！」

說罷，他翻身入內取酒，酒拿來，又鄭重其事的向大家說：

「這兩瓶酒是專為慶祝勝利喝的，要末就通通喝光，否則我不打開！」

大家正在興高采烈，於是七嘴八舌的嚷喊：

「當然當然，我們一定喝光！」

102 半杯老酒吃醉脫哉

殊不知顧嘉棠有此一句補充，其意不在眾人。他一面開酒，一面眼睛望著杜月笙說：

「月笙哥，儂哪能？」

這便有點強人之所難了，杜月笙對於飲酒一道，段數向來不高，中年以後，尤以節飲聞，而自高陶事件，飛行高空，攖罹氣喘重症，他更是「性命要緊」，涓滴不飲。如今抗日勝利，日本天皇宣告無條件投降，當場諸人，和他同樣的在人生歡樂最高潮，一輩子裡最值得紀念的一剎那，顧嘉棠要他破一回例，開一次戒，杜月笙怎好意思峻然拒絕？

於是他也笑容可掬，興緻勃勃的說：

「好，撥我半杯！」

這一來，眾人的興緻更高，歡呼雀躍，連聲的喊：「乾了！乾了！」喜訊，佳音，美酒，良辰，人人開懷，個個暢飲。兩瓶酒喝光，自有人隨時獻出珍品寶藏，當朱品三帶笑宣稱：他因吳紹澍等人來到，連日迎賓待客事忙，兼以飲食失調，瀉了四天的肚皮，吃龐京周的藥猶不見效，此刻幾杯勝利酒下肚，竟告不藥而癒。分明是稀鬆平常事，卻因為眾人在興頭上，也惹起大笑鬨堂。

杜月笙酒不沾唇久乎哉，那勝利之夜的半杯酒，竟喝得他頭昏，不適意，直想睏覺，眾人怕他體弱吃不消，勸他去睡。——又勉力支持了一會，方由徐道生敲腿，服侍他沉沉入眠。往後他說：

「抗戰勝利那天夜裡，半杯白蘭地，使我吃醉了，睏了很香很甜的一覺。」

一覺醒來，事體多了，陸京士帶了他的訓練班人馬，匆匆自雄村趕來，向杜月笙報告捷音，他帶來最新的消息：

「蔣主席建議同盟國，日本天皇應予保留一案，已獲通過。」

因為戴笠還沒有趕回淳安，陸京士等便留在淳安，等候命令。杜月笙急於要辦的有兩件事，一是派遣預定在滬保全公共設施、維持地方安寧的人員儘速到上海，一是發電或帶信，命令他召來淳安的手下中止行程，留在上海執行任務。與此同時，陸京士也派遣一部份人員先行登程，赴滬有所部署。於是，在八月十三日，邵飄飄、蘇夏生、錢純一等陸續自淳安動了身。也就在這一天，馮有真打電話來告訴杜月笙，中央業已明令發表錢大鈞為上海市長，另以馬超俊出長首都，熊斌出長北平。十四日，馮有真也到了淳安，和杜月笙、戴笠會晤。

戴笠、梅樂斯一回淳安，便與杜月笙、陸京士、曹沛滋等緊急會商，中央已有明令，指定軍事調查統計局、中美合作所和忠義救國軍，負責接收上海，保全公共設施、整肅漢奸，處理偽軍等諸問題。會中陸京士報告，已派陸克明、周雲江、顧錦藻等三人潛入滬濱，募齊第一期「工運幹部」，前往雄村受訓，其中一百五十人業已安全抵達，餘眾也在整裝待發。雄村訓練班原定八月十五日開課，可是八月十日午夜，日皇宣告無條件投降，因此他採取緊急措施，命令到雄村或絡繹於途的幹部即刻返滬工作，陸克明、周雲江、顧錦藻等三人也在請准杜月笙之後，發電命令他們留滬待命。

對於杜月笙和陸京士的緊急應變措施，戴笠大為推許，他並且說：

「京士，你馬上動身回上海，運用工人力量，暫時維持秩序，一切事情，你不妨相機處理。倘若必需請示，你就直接打電報到重慶去。」

戴老闆賦予陸京士的權限，可謂大到極點，因此，杜月笙也頗感欣慰，他對陸京士再三叮嚀，諸事小心，又殷切的問他淳安和雄村還有什麼未了的事情？陸京士遂而關照朱品三，代他打電話給時在雄村的于徵五，叫他帶四十六萬元現鈔來淳安，料理淳安方面善後事宜。

103 軍統監管敵偽資產

杜月笙吩咐朱品三往送陸京士啟程赴滬，當時陸京士和曹沛滋、趙雲昭等人一道動身，乘船沿富春江東去，陸京士鼓棹東航以後，朱品三還報杜月笙，杜月笙還為愛徒此行憂心忡忡，一連幾天，他直在喃喃自問：

「就不曉得京士他們阿可以平安無事到上海啊？」

但是陸京士一行著實不曾辜負杜月笙和戴笠的殷勉和期許，當日本天皇詔令日軍無條件投降，政見分歧，唯力是視的日本全國人民都陷於惝怳迷離，無所適從的重大矛盾之中，在華的三百萬日軍放下武器，齊同解甲，固屬萬眾一心，敗亦猶榮的正大光明之舉，由而表現了「萬世一系」的天皇威信，因此也使蔣主席保存天皇之議在同盟國中順利獲得通過。但是窮兵黷武，不惜玉石俱焚的日本少壯軍人，畢竟也流露了他們悲憤怨懟的反抗意識，日本本土發生暴亂流血事件，位居全國之中的湖北武漢，也有一位時任報社社長的胡蘭成，在日軍暗中支持之下，想要「平視」重慶中央，「倒要與他們別別苗頭」。胡蘭成和偽軍第二十九軍軍長鄒平凡宣佈武漢獨立，一時「李太平師、汪步青師皆來歸」，「連同各縣保安隊，擁兵數萬，拒絕接收」。便在黃浦江外，吳淞口上，更有駐滬日軍奉到命令，將大批軍火武器裝上輪船，駛往船迹罕到不為人知的海面，一一投諸海中。

淳安方面，戴笠和梅樂斯在八月十五日聯袂遄返西廟，淳安西廟於是成為接收京滬尤其是上海的司令塔，梅樂斯不諳上海情形，戴笠和杜月笙有商有量，密謀大計，並且迅速施行。由戴笠和杜月笙部下混合編組而成的忠義救國軍，自上海近郊紛紛向市區推進，但是這兩支人馬猶嫌未能分佈各處，發揮決定性的作用，因為日軍駐上海有第十三軍松井太久郎部，下轄二十七、六十、六十一、六十九諸師團，正規軍在十五萬人以上，偽軍則有一百餘部八九十萬人，駐上海的精銳之旅數不在少，這麼龐大的敗降大軍如何集中繳械？還有價值至鉅的銀行現金、敵偽物資，再加上中共新四軍解散後，中共全力擴充的七師共軍，也在浙江天長地區以近水樓台之勢陰謀攫奪京滬。上海市區尤有大批共黨份子潛伏，見獵心喜，躍躍欲動，所以若論全國第一要埠上海之接收，誠所謂千頭萬緒，其亂如麻。

自八月十日夜日皇宣告無條件投降起，淳安西廟總部情況之緊張，工作之繁忙，令人難以想像。所幸戴、杜預為部署，胸有成竹，當中共誘大漢奸周佛海以「東南民主聯軍總司令高位」，命他掌握數十萬偽軍和東南富庶之區一舉投共，戴笠卻早在兩年以前接受周佛海為國立功贖罪的請求，預先埋伏一著得力的棋子，勝利來臨，周佛海立將偽稅警團、偽保安部、全部偽軍交由中央接管，同時保存好偽中央儲備銀行的黃金五十萬二三二〇兩，白銀七百六十三萬九四四五兩，銀幣三十三萬，美金五百五十萬，日幣九百二十三萬圓，日本公債二十億圓，原封不動的移交我國財政當局。周佛海在上海接受淳安戴笠的指揮，戴笠又有杜月笙運籌帷幄，用地方勢力相配合，益以軍統局人員奉中央之命負責監管接受上海敵偽資產，偽政府數十萬偽軍之皤然來歸，東南財富與通都大邑之確實掌握，可謂不發一兵一卒，竟能傳檄而定。由此可見軍統局、戴笠、杜月笙等對於國家民族的貢獻，也具見八月中旬以後淳安西廟的重要性，及其栗碌繁忙的情形，曾經躬與斯役的曹沛滋謂西廟為抗戰勝地之一，洵非虛語。

104 歡天喜地勝利還鄉

當時杜月笙和戴笠機密與共，並肩作戰，真做到了水乳交融，幾不可分的地步。而杜月笙後靠山硬紮，衣錦榮歸在即，個人前途光明燦爛，政治行情急劇增高，他這一輩子前五十年從租界為發跡所根據地，後若干年可能便因摸準政治行情，布衣報國，得蒙國民政府的愛重。時在淳安的人士，上海人乃至全中國人都曉得杜月笙為八年抗戰盡心盡力，卓著勛績，來日黃浦灘上，他當然還能數第一，佔首席，「春風得意馬蹄疾」！

因此，在淳安忙雖忙，卻是情緒好，興會高，整日笑口常開，歡容不改，抑且天天都有熱鬧場面，八月四日十名報人馮有真來拜訪；十五日因朱品三之介，有范興伯拜先生，加入恆社，晚間大開宴席，把個介紹人朱品三吃醉。十六日陸京士、曹沛滋等剛離淳安前往上海，而消息傳來，金廷蓀金三哥接到哉，當天下午，可抵西廟，杜月笙好不喜歡，立刻便派朱品三、王潤生、高尚德三個，過江到水南迎候。

下午六點，金廷蓀被朱品三等簇擁，到達西廟，杜月笙笑容滿面，迎出大門之外，老兄弟倆三年半離亂，久別重逢，喜得幾乎落下眼淚。杜月笙口口聲聲，埋怨自己，當年好意請金三哥到香港，卻不料突然之間香港淪陷，害得三哥歷盡艱辛，吃足苦頭，千里萬里的跑回寧波。金廷蓀笑謂大局變化，那能怪你哩。是夜杜月笙為金三哥洗塵，一席酒吃得歡聲不絕，金廷蓀談起他聽了杜月笙的忠言，深怕再回上海，被東洋人糾纏不清，可能會被利用，那麼今日他縱然不成了張嘯林、俞葉封，最低限度，漢奸的罪名如何洗脫？他說他在寧波家鄉經營錢莊小押店，素茶淡飯，總算換來了一生清白。杜月笙聽後莞爾而笑，向他說道：

「三哥，你便在西廟等幾天，我們老兄弟倆一道回黃浦灘。事體有得做咧！」

當下，得意之色，溢於言表，又命朱品三為金先生準備住處，金廷蓀說：

「我跟品三講好了，跟他同房間睏。」

在上海代吳紹澍負責三青團工作，因而被日軍逮捕，釋放後赴渝述職的曹俊，也自重慶專程來淳安，準備再去上海。他報告滬上近況，並帶來重慶的消息。忙忙碌碌，到了八月二十日，戴笠和杜月笙扃室密商，為時甚久，房門一開，杜月笙便興冲冲的宣佈，上海方面，安全已無問題，從此刻起，可以著手包僱船隻，整理行裝，以便早日登程。他這麼一說，隨行各人喜出望外，不覺拍手歡呼，雀躍三百。

但是第三天，八月二十二日，陰曆七月十五，便是杜月笙的五秩晉八華誕，顧嘉棠頂起勁，他頭一天便說這是月笙哥勝利後第一次生日，還鄉在即，心情正好，應該大事慶祝。杜月笙則雙手直搖，再三推辭，抗戰節約，勝利了還是應該繼續保持，尤其正值客地，那來做生日的興趣？但是顧嘉棠不依，當晚由他和金廷蓀、葉綽山、龐京周聯名請客，為杜月笙暖壽。二十二日正日子，則完全遵照壽星公的意思，不宴客，不收禮，西廟同人除了道一聲賀，便是一人一碗壽麵。

二十三日，船僱好了，是一艘新下水的交通船，船名「健飛十七號」，拖船三艘，兩大一小，小的一艘還是通濟公司所有，經指定擔任炊事。這日邵洵美自家先回上海，杜月笙一行則一直等到八月二十九日，先後獲悉吳紹澍、陸京士均已分別安抵黃浦灘，方始從西廟後的河邊啟椗。杜月笙西廟居，一總是四十六天，時在勝利喜訊傳來十九日後。同行者共三十人，除杜月笙一行，還有軍統局人員八位和武裝衛隊。

杜月笙和顧嘉棠、葉綽山、龐京周、胡敘五、朱品三、王潤生等七人，坐在健飛十七號上，新收綠的學生子范興伯，隨船送到茶園，然後折返。當時正值溽暑，氣候奇熱，卻是江上風清，談笑晏晏，旅程倒也輕鬆愉快。二十九日宿茶園，三十日清晨四時開航，一天走了十五小時，一百十華里，萬家燈火時分抵達建德，時在當地的豐文郁和馬瑞芳，備辦一桌上等酒席，送到船上。富春江中盛產鰣魚，滋味鮮美，天下聞名，杜月笙那日只吃這一道菜，大快朵頤，建德的一位醫師吳秀華，和某部諮議許長水，央豐、馬二人引介，便在船上拜杜月笙為師，參加恆社一份子。三十一日抵桐蘆，當地賀司令派一位陳參謀，高擎名片到船迎接，一行同赴賀司令的盛宴，席間，有袁文彰從杭州帶了小火輪來接杜月笙，引到賀司令處相見，杜月笙不覺又是一喜，有這艘小火輪拖曳，九月一日就可以到達一別八九年的杭州了。

一路風光體面，熱鬧非凡的到杭州，下午兩點多鐘方過錢塘江大橋，大隊船隻正待過橋入杭，斜刺裡鑽出幾個日本哨兵，嘰哩瓜拉講東洋話，攔住杜月笙等不許通過。此一意外使杜月笙大為不懌，抗戰勝利，剛剛踏上新光復的國土，便觸霉頭，撞上蠻不講理的敵軍，他臉色鐵青，揮揮手示意派人辦交涉，交涉辦好，東洋軍官親來道歉，並且一路陪待，護送杜月笙一行通過警戒線，直抵南星第一碼頭，方始作九十度的鞠躬而退，杜月笙一行捨舟登陸，西湖美景業已在望了。

原定杭州一宿，便赴上海，可是西子之濱，酬酢正多，尤有黃浦灘上遠道來迎的人，諸如徐采丞、朱文德等均已先行抵達，還有許多要緊事體商談。先則，報告的都是令人開心樂胃的好消息，五百萬上海人聽說杜先生凱旋歸來了，歡欣鼓舞，興高采烈，舉市如癡發狂，盛大熱烈的歡迎，早由各界友好商量籌備了好多天，上海人將萬人空巷，齊集北站爭覩一別八年的杜先生風采，還要在通衢大道，北站附近，搭起一座座的七綵牌樓，表示對杜先生的衷心愛戴和擁護，杜月笙一聽就眉頭皺緊，斷然的說：

「那怎麼可以！我杜月笙不過區區一名老百姓，杜月笙回上海，大家要搭牌樓，那將來中央大員陸續的來，又如何歡迎法？」

為了表示他的心意堅決，杜月笙臨時決定在杭州多留一天，改在九月三日動身返滬，一日之夜，由老朋友、大漢奸，偽浙江省主席，先已接洽投効軍統的丁默村為他接風、洗塵、一行人馬，全部投宿西冷飯店。

105 將到北站突生意外

自從抵達淳安以後，一直都是夏日艷陽大晴天，唯獨九月一日在杭州，下了一場陣雨，而九月三日搭乘滬杭甬鐵路專車凱旋上海，偏偏又是個細雨紛紛的黃霉天，杜月笙臨時宣佈就在梵皇渡車站下車，當時杜月笙已獲確息，吳紹澍當了上海副市長、三青團書記、連社會局局長一席亦已囊括而去，他心中難免起陣陣陰霾。吳紹澍自返上海，音訊全無，連極普通的問候函也不一見，他迭拜要職，杜月笙事先一概毫無所聞，上海來迎諸人之中，不曾見到一個和吳紹澍有關係的，在旁人可以解釋為過忙或疏忽，但是出之於吳紹澍意味便絕不尋常。凡此都使杜月笙在鼓輪疾進時，心惴惴然，而且越來越緊，這使他在車中顯得神色不寧，心事重重。

不祥之感，居然成為事實，正當同車諸人，興冲冲，喜洋洋，準備跟牢杜先生，接受黃浦灘盛況空前的熱烈歡迎場面，專車駛入上海市，抵達梅隴鎮，忽然減速停車，先上來兩位通信報訊的人，他們不及寒暄，向杜月笙附耳密語，一聽之下，杜月笙不由臉色大變，他一語不發，唯有搖頭苦笑。

有此一幕，使同車隨行諸人猶如「分開八爿頭頂骨，澆下一盆冷水來」，一個個驚詫錯愕，面面相覷。杜月笙絕口不說，匆匆趕來報訊的人悄然落座，神情嚴肅，更令人如丈二金剛摸不著頭顱。

旋不久車抵梵皇渡，風雨淒淒，一片蕭索，站上也有不少親友迎接，但是強顏歡笑顯然掩遮不了面容沉重，——這是怎麼一回事？隨行人員疑雲更深。在梵皇渡車站迎候的人，很可能與梅隴上車者同樣事先曉得秘密，這麼說在上海的至親友好，早已決定請杜月笙不上北站了，否則的話，那能這麼湊巧？

盛大熱烈一變而為冷冷清清，尤足駭異的，杜月笙到了上海竟不回家，他不去華格臬路，也不上十八層樓，更不到杜美路大廈，出人意外的，他要先到愛文義路顧嘉棠家中先住一歇。

一切來得如此突然，一切都是這般詭秘，隨行人員不敢多問，卻是心中難免惴惴不安。杜月笙面色不好，推說疲倦，先進顧家客房休息。他方一離開客廳，於是嗡嗡之聲四起，眾人驚問究竟出了什麼事體，經過在上海的人詳細一說，真是無人不瞠目結舌，舌撟不下，然而接下來便怒目切齒，破口大罵。

原來是當今上海第一新貴，由杜月笙及杜門中人一手提拔，足足喊了十年「先生」、「夫子大人」、「師座」的吳紹澍搗鬼，他如今當了上海副市長，於是眼烏珠插上額骨頭，「叛」性大發，杜月笙八年抗戰還不曾回到上海，他已將師門列為第一個要打倒的對象。

上海人被吳紹澍弄得莫名其妙，正當他們歡天喜地的搭牌樓，換衣裳，籌備大會，安排聚餐，打算齊赴上海北站歡迎期盼已久的杜先生，忽然在北站附近，貼出了匿名傳單，大字標語。傳單挾詞誣陷，對杜月笙大肆攻訐，標語千篇一律為「三段論」，諸如「打倒惡勢力！」「杜月笙是惡勢力的代表！」因而再喊出「打倒杜月笙！」

滿懷興奮，一團歡喜，落成這般淒涼光景，打擊之來，過於意外，杜月笙亟欲深思長考，把這突然的變化摸它一個來龍去脈。牌樓之拆、標語之貼，加上副市長學生子吳紹澍始終不曾來接，嫌疑箭頭業已直指向那位慣於「翻手為雲覆手雨」的新貴。祇是他為什麼要這樣做？杜月笙百思不得其解。

杜月笙很想借顧嘉棠的家裡，清靜一下，以便細細思量，求個結論，但是至親好友，曉得他轉移陣地的依然很多，八年離別，渴望一見，因此愛文義路顧公館門前，依舊冠蓋雲集，戶限為穿。杜月笙便不得不打點精神，強扮笑臉，一一接待肆應，白天，有接收人員，各界友好登門拜訪，夜晚猶有落過水的漢奸國賊，自知國法尊嚴，罪無可逭，在走投無路時，唯有或則親來，或則派遣家小代表，夤夜求訪，懇求杜先生為他們出出主意，定個主張。於是顧家門庭，如山陰道上，絡繹不絕，杜月笙不但得不到思考的閑暇，尤且深感精神體力，應付不來，乃命幾名得力的學生，代為迎賓送客。

訪客電話，一天到晚走馬燈似的來個不停，其實杜月笙最想見的，還是吳紹澍的名片，最想聽的，厥為吳紹澍的聲音。想不出吳紹澍打擊他的道理，便唯有巴望由吳紹澍來親自解釋，略加說明。然而，自九月三日亦即往後的國定勝利紀念日回到黃浦灘，四日，五日，吳紹澍卻始終不曾出現。

106

門生帖子不翼而飛

九月七號，一方面是門庭如市，諸般寒暄，一方面則滿腹愁苦，焦灼緊張，天幸見，正當座上客已滿時，外間來報，吳紹澍吳副市長親來拜訪，杜月笙一聽，大喜過望，他迎入吳紹澍，所見的竟是一張裴司開登面孔，吳紹澍像是變了一個人，他態度倨傲，又寡言笑，跟杜月笙敷衍了三言兩語門面話，不等杜月笙吐露衷曲，一探口音，他便昂昂然說是還有要公待理，不容杜月笙有留客的機會，立即興辭。

吳紹澍公然向杜月笙挑戰，又當眾予杜月笙難堪，杜門中人，難免氣憤填膺，人人破口大罵，都說吳紹欺師滅祖，忘恩負義，「小人得志發癲狂」，實在是欺人太甚，顧嘉棠、葉綽山、高蘭生等人，莫不怒眦幾裂，揎拳擄臂，揚言不怕上刀山，下油鍋，非跟吳紹澍拼命，出了這口惡氣不可。恆社子弟，各界友好，也無不氣忿難平，口口聲聲要找吳紹澍理論，他若再狂妄下去，恆社弟兄也要跟他別別苗頭，軋足輸贏。

唯有杜月笙，他一味苦笑，再三阻止左右親信，手下人馬情緒衝動，躍躍欲試，他告訴大家說：

「不忙，我自有應付的辦法。」

顧嘉棠卻握拳透爪，憤憤然的說：

「吳紹澍個赤佬是給月笙哥磕過頭拜先生的，欺師滅祖，照江湖規矩就該處死！月笙哥，該把他的拜師帖子尋出來，讓我拿去跟他算帳！」

一句話提醒了杜月笙，他回答說算賬不必，帖子是該找出來，那上面開得有吳紹澍的祖宗三代，還有「永遵訓誨」的誓言，尋出拜師帖，必要時可以向吳紹澍攤牌，這是杜月笙一大自衛武器。因此他立刻命人打開保存拜師帖的保險箱，一包包的大紅帖取來撿視，殊不料越尋越心慌，上千份拜師帖一份不缺，獨獨少了吳紹澍的那一張。」

這一下，杜月笙瞠目結舌，百思不得其解，顧嘉棠卻雷霆大發，暴跳如雷，他怒不可抑，高聲咆哮，說這一定是吳紹澍買通內線，將他那份拜師帖偷出去了。於是杜月笙也氣得臉孔鐵青，直發抖，杜門出了內奸，這是從所未有之事。在場的人，無不咬牙切齒，頓足大罵，尤有顧嘉棠直跳起來厲聲宣稱：

「三天之內，我非殺了這個吃裡扒外的內賊不可！」

斯語一出，勢將演成人命案子，於是杜公館人心惶惶，風聲鶴唳，氣氛之恐怖緊張，空前絕後。然而兩三天後，杜月笙又不忍看見他的左右，栖栖皇皇，惴惴自危，他便親自去對顧嘉棠說：家醜不可外揚，縱有小吊碼子，也只好放他一馬，免卻全家不得安寧，傳出去反而給吳紹澍幸災樂禍。

依顧嘉棠的性子他如何肯依，於是杜月笙百般曉喻，竭力勸解，說到最後，顧嘉棠不便拂逆他大事化小，小事化無的主張，只索罷休。

107

打倒杜月笙惡勢力

家裡的一場風波敉平，杜月笙沉思默想，吳紹澍苦苦與自己作對，理由究竟何在？他是否有背景，受人指使？在作他人的工具？然而，他所得的結論，則是吳紹澍志大才疏，野心勃勃，抗戰勝利，列強間的不平等條約一概取消，租界不復存在，整個黃浦灘都飄揚著青天白日滿地紅國旗，上海金融工商的極大潛力，當時正由於做了八年的「日本順民」，而普遍存有疑懼不安，瑟縮惶悚的心理，這班人一時無從發揮其力量，因為他們已自「順民」一變而為「柔民」。吳紹澍掌握了黃浦灘黨、政、團多方面的權力，以他的為人和性格，理該趾高氣揚，君臨一切，而環顧左右，不作第二人想。此之所以杜月笙要成為他第一個該打倒的對象。

基於對吳紹澍的深刻認識，杜月笙乃決定其應付的方針，吳紹澍在黃浦灘上欲與天齊，杜月笙便韜光養晦，甘願迴避，他連自己的家都不回去，躲在顧嘉棠家長期作客，顧家門庭因杜月笙而來的熱鬧風光，他儘可能的減少避免。不僅如此，杜月笙尤能做到公開場合，決不拋頭露面，為了表示他有退讓歸隱的決心，尤在上海各報大登廣告，不惜將自己在抗戰八年期間，放棄一切，冒險逃出上海，出錢出力，無役不從的許許多多功勛勞績一字不提，反而謙沖自抑的說：

「天河洗甲，故土遄歸，自維無補時艱，轉覺近鄉情怯！」

用這種深切「自責」的語句，即令是共產黨的「坦白」、「交心」，只怕也通得過了。退一步說，設若吳紹澍一定要故入「師」罪，何患無詞，誣陷杜月笙是所謂的惡勢力，那麼，有他自甘入罪的這幾句話，不也可以當作吳紹澍的「最佳註腳」？

上海市民在北站的盛大歡迎，他躲過了，各界人士爭相籌辦的歡迎之宴，他一一謝絕，不問世事，其程度的徹底，連上海市商會噱啥介事的聚餐，他也遜謝不遑，託故避過。尤且，不論何等人物，在杜月笙面前提起吳紹澍，他不但絕無怨言，反而聲聲讚譽，滿口推許。依他想來，你要進取，我便退讓，你要風光，我便隱晦，你要君臨黃浦灘，我便樂為在你統治之下的子民，歌功頌德，掬乎至誠，難道說你吳紹澍還有不盡滿意我杜月笙之處嗎？堂堂杜月笙已經「心悅誠服」，伏下來當你吳紹澍平步青雲的墊腳石了，以至誠對至佞，杜月笙認為他自己的做法無懈可擊。

然而不然，吳紹澍妄想一把抓牢黃浦灘，誠如張九齡的感遇詩：「矯矯珍木巔，得無金丸懼？」吳紹澍金丸之發，唯有珍木之顛的珍禽，方可列為射擊目標。杜月笙是五百萬上海市民心目中的偶像，的領袖，的抗日戰爭英雄人物，儘管他樸質無文，生平未嘗參加實際政治，同時他患有喘疾，體質素弱，但在外國人的觀感之中，約翰根室稱他為：「有把日本人當早餐吃掉的名氣」，中美合作所副主任梅樂斯中將也說：「在上海的外國人，聽到杜月笙的名字便會不寒而慄」。杜月笙名氣這樣響，地位如此高，吳紹澍對杜月笙的打擊越多，越重，便越足以顯示吳紹澍的人高馬大，身手不凡，有杜月笙這麼一個好靶子，光挨打，不還擊，吳紹澍又何樂而不為呢？

於是，杜月笙越讓，吳紹澍越凶，散散傳單，貼貼標語意猶不足，吳紹澍更進一步，他插足新聞界，創辦「正言報」，用「正言報」此一大眾傳播工具，發為輿論，對杜月笙展開持續不斷，愈演愈厲的攻訐，刺激。以「打倒惡勢力」為主題的社論，開始有計劃的逐日發表，傳播，正言報成為吳紹澍最有力武器。他彷彿抱定了決心，每打杜月笙一記，便水漲船高，使自己的地位更增一級。

是可忍，孰不能忍？此一問題，開始在杜月笙的左右，引起爭論。

108 杜美路作戴笠總部

繼吳開先之後出任上海統一工作委員會秘書長的王新衡，膺命擔任軍統局上海區長，上海市調查室主任，上海市肅清漢奸案件處理委員會主任委員，他搭乘第一架由重慶直航上海的飛機，抵達上海。

杜月笙幾乎已經忘記了，他還是國民政府行政院直轄「上海統一工作委員會」的主任委員，說起來，倒是唯有他這個職位纔能睥睨黃浦灘，而將黨團政軍大權一把抓。上海統一工作委員會的第一任秘書長由中央組織部副部長吳開先兼任，民國三十三年太平洋戰爭爆發，王新衡自香港撤回重慶，他常到重慶汪山杜公館，參與杜月笙的午餐晤談，不久吳開先在上海以被捕聞，上海統一工作委員會秘書長一席遂告虛懸，王新衡問戴笠，可否向杜月笙自告奮勇，討這個差使做，以使上海工作統一委員會這個重要機構不致形同虛設，漸趨瓦解。當時戴笠對杜月笙難有把握，他遲疑不決的說：

「恐怕杜先生不肯給你做啊，他手底下陸京士、朱學範，……都是這個秘書長的候補人選。」

其實王新衡早已心有成竹，他當時便說：

「試試看嘛。」

其結果，是杜月笙欣然應允，請王新衡擔任上海統一工作委員會秘書長，有此因緣，王新衡和東南方面普遍建立關係，因而膺選勝利後在上海權傾一時，責任無比重大的要職。

王新衡往見杜月笙，杜月笙十分之喜，寒暄過後，第一句話便問：

「新衛兄，你準備住在那裡？」

「我剛剛到。」王新衡坦然回答：「先來拜望杜先生，住的地方還不曾安排好。」

於是，杜月笙便請王新衡住到杜美路，早年金廷蓀為他建造的那一幢華麗宅第，五開間的門面，三層樓。杜月笙告訴王新衡說：他原打算五幢三層樓房子分三幢給他的三位太太，子女佔兩幢。那五幢華廈美侖美奐，每一間房都是套房，內裡的衛生設備尤且五彩繽紛，各間各個顏色。房子是金廷蓀替他造的，設備則由美國成套的買來，抗戰前固屬華貴無比，抗戰後還是精美絕倫。

但是，王新衡只需要幾間房子，還包括辦公室在內，不久後戴笠戴老闆也到上海，急切找不到合適的辦公住宿場合，這是因為戴笠以身作則，避免物議，敵偽財產他有處理之權，卻是沾也不沾。戴笠見王新衡的住處相當不錯，而且空屋還多，問明白了是杜月笙的私產，他便請王新衡去跟杜月笙商量，也借住他幾間，杜月笙聽後哈哈大笑，他慨然的說：

「雨農兄要，儘管用好了。」

因此，進駐上海的軍統局本部、中美合作所，和王新衡所管轄的各單位，從此統統設在杜美路杜氏大廈，杜月笙除了房屋，尤且供給得力人員，他派得意門生陳默，和他的親信總管萬墨林，雙雙到杜氏大廈去，擔任戴笠總部的總務。

萬墨林是杜月笙的親眷，又復是追隨了三十來年的心腹親信，杜月笙和各方面的關係，他事事留心，瞭然於胸，跑出去傳話遞信，儼然便是杜月笙的代表。抗戰八年期間，他奉杜月笙之命留在上海，看家守宅，照應一切。後來吳開先、蔣伯誠、吳紹澍等先後潛赴上海從事地下工作，他又遵照杜月笙的指示，多方掩護，聯絡奔走，其間尤曾兩度被捕入獄，迭遭酷刑一字不吐，立下很大的功勞。杜月笙在梵皇渡車站下車，他到站迎接，見到一別八年的「爺叔」，當時喜極而泣。杜月笙住進顧嘉棠家，他立刻趕去照舊執役如故，並不以功在國家，地位增高而有所不屑。有一天晚上杜月笙和他單獨相處，曾經試探的問：

「墨林，抗戰勝利，敵偽倒台，以你當時的地位，這是千載難逢的機會，你阿曾搞到銅鈿？」

萬墨林則大搖其頭，斷然否認，說是：

「嘸沒。」

於是杜月笙又好奇的再問一句：

「儂那能肯放棄這個大好機會的哩？」

「這是爺叔從前交代我的嘛，」萬墨林脫口而出的回答：「銅鈿用得光的，做人麼一直要做到嚥氣為止，不義之財，決不可取。」

「很好，」杜月笙很滿意，欣然的說：「儂能夠一生一世照我的話做，我保險你決不吃虧，慢慢交，我弄一爿廠撥儂。」

因此，戴笠抵達上海，建立總部，問杜月笙要兩個得力的人，杜月笙經過考慮，首先便把萬墨林薦過去。他這麼做，有其深意。第一，萬墨林人頭熱，地頭更熱，又有杜月笙總管的身份，他確實可以為戴笠出力跑腿，第二，萬墨林有功國家，做過長時期的地下工作，卻是一清二白，並無貪贓枉法的紀錄，第三層原因，萬墨林是杜月笙倚之為左右手的活電話簿，最佳聯絡奔走者，如今他把萬墨林都推薦給了戴老闆，正好向吳紹澍表明：他確有退隱決心，無意再作出岫之雲。

陳默是杜月笙的得意門生，硬而狠的角色，人卻老實。抗戰八年，戴笠借將，派陳默、于松喬等擔任行動工作，鐵血鋤奸，把斧頭手槍機關槍當成家常便飯，歷盡腥風血雨，出生入死的驚險場面，上海鋤奸行動向由戴笠親自主持，行動之先他很少和杜月笙商量，因此陳默和萬墨林不同，他等於是由戴笠直接指揮。民國三十年底太平洋變作，日軍進入租界，陳默的行動工作失卻地利人和的掩護，戴笠命令他撤退，回大後方，工作安排便由戴笠一手包辦，所以他正式列入軍統局編制之內，擔任過軍統西安和成都檢查所所長，但是他覺得大後方靜態的工作不夠刺激，因為他也是浦東人，曾經擬了一個再進浦東打游擊的計劃，送請夫子大人杜月笙轉交戴笠，戴笠表示同意，陳默便又到上海附近。可是他到達不久抗戰便告勝利，陳默一馬當先，進了上海。他本來就是軍統人員，戴笠抵滬杜月笙叫他也跟過去，算是納入軍統局的原建制。

109 一席歡宴熱淚盈眶

民國三十四年十月，戴笠在杜美路七十號杜月笙寓，成立「上海辦事處」，事實上便等於是他的東南總部。上海辦事處的重要人員集一時之選，如王新衡、李崇詩、龔仙舫、尚望、何龍慶、陳祖康等均屬之，辦事處所轄的單位很多：忠義救國軍、中美合作所、軍統局均在其內。辦事處成立不久，戴笠便邀杜月笙同為主人，舉行了一次盛極一時的宴會，忠義救國軍的重要幹部，上海地下工作首領，一例欣然赴宴。八年來並肩作戰，冒險犯難的夥伴，濟濟一堂，同慶抗戰勝利之終於來臨。

杜美路七十號戴總部的幾間大廳全部打通，擺下三十桌酒席，最上面的一桌，坐的是杜月笙、戴笠、馬志超、王新衡、李崇詩、陸京士等。戴笠笑說萬墨林抗戰八年勞苦功高，也拖他到首席上去，和他爺叔杜月笙同坐。

這一席盛宴中，戴笠的情緒既興奮而又激動，戰友聚飲，酒興更濃，他即席致詞，高聲說道：忠義救國軍是他得杜月笙的助力而親手建立。抗戰八年裡迭經苦戰，屹立東南，牽制敵人廣大的兵力，而且迭見奇勛。抗戰勝利後安定局面、維持治安，所建立的功勞更大，他越說到後來越加情不可抑，挽著杜月的胳臂大聲疾呼：

「我們都知道杜先生對於本軍的重大貢獻，所以我要說：沒有杜先生，就沒有忠義救國軍，沒有忠義救國軍，就沒有今天的勝利慶祝！」

頓時，歡呼四起，掌聲雷動，有人雀躍，有人高叫，人潮滾滾的湧向首席，「杜先生，杜先生！」的喊聲此起彼落，震耳欲聾。忠救軍的幹部爭先恐後的來向杜月笙致意，敬酒，情緒熱烈，達於沸點。多年以來的心力交瘁，多時以來的悒鬱苦悶，唯有在這一刹那得到衷心的安慰，充分的補償；杜月笙許是悲喜交集，深切感動，當時他竟熱淚盈眶。他唇角掛著澀笑，眼睛盯住戴笠，眼神裡滿孕意外之喜與深心感激，到底是心腹兄弟，知己朋友，方能給他這一縷溫情。

自從忠救軍建立，杜月笙把他的各地基層幹部，全都交給了戴笠。因為自己不諳軍事，他很少過問忠救軍的事務，如今經過戴笠八年間的心血灌溉，居然成為這麼強大而精銳的一支隊伍，確使杜月笙十分驚異，喜出望外。忠救軍的大多數幹部，仍舊是杜月笙的手底下人。嚷著「杜先生」「請乾一杯，請乾一杯」鬧得最凶的馬柏生，原來是杜月笙手下隔著好幾層關係的一名浦東鹽梟，他召集一批弟兄，響應杜月笙的號召，加入忠義救國軍，佔住了奉賢縣城誓死不退，他的驃悍善戰使頑敵日軍為之膽寒，奉賢孤城竟在他的喋血苦戰下，奇蹟般守了八年之久。戴笠壯其志，民國二十七年便委他為奉賢縣長，其間他應召到過香港，謁見杜月笙和王新衡，當由王新衡替他安排行程，飛赴重慶赴戴局長召見。杜月笙還記得，馬柏生在登機前夕被他一位朋友拖去打麻將，打到超過了飛機起飛的時間，待至趕抵啟德機場，赴渝航機早已破空而去，耽誤了戴局長召見這件大事，當時氣得馬柏生反目成仇，凶性大發，他在機場拔出手槍，要去跟那位請他打麻將的朋友拼命，還是杜月笙一聲喝令，叫他不可魯莽，飛機趕掉明天再走便是。馬柏生敬酒時自己談起這段往事，逗得全場為之哄堂大笑不止。

戴笠肩負肅清全國漢奸的重責大任，肅奸重點當然還是在上海，他仍舊需要杜月笙多方協助，幾乎每天都有事情，親赴顧嘉棠家中和「月笙哥」促膝密商。當時的肅奸工作實有重大的窒礙，進行起來相當的棘手，尤以共黨藏污納垢，大量收容漢奸國賊，偽軍尚未改編，可作漢奸保鑣，還有敵偽財產的轉移和隱匿為然，「捉漢奸」千頭萬緒，那有想像中那麼簡單？戴笠是先訂立了制度，擬具調查、逮捕、逆產清管種種辦法，然後因地因時制宜，擬定程序，按圖索驥，由於事前週詳嚴密的準備，所以一動起手來便雷厲風行，威猛嚴峻，大有一網打盡之勢。京滬一帶，梁鴻志、陳春圃、傅式說、鄭洪年、梅思平等紛紛落網，大小漢奸被捉多達三百二十一人。陳公博、林柏生、陳君慧、莫國康等逃到了日本，陳璧君、褚民誼等逃到了廣州，都根據確實可靠的情報，全部抓到了上海來。周佛海和丁默村在勝利以前曾經秘密自首，接受過軍統局的軍用，掩護地下工作，保全上海、杭州的治安，雖說有功，但是能否抵罪尚待法官決定，因此照樣逮捕下獄。

上海萬眾矚目，最有銅鈿的兩名漢奸，其一是擔任敵偽統稅局長多年的邵式軍，其次為協助盛宣懷的姪公子盛老三盛文頤，假宏濟善堂名義，在上海公開買賣鴉片煙的羅洪義。邵式軍是上海世家子弟，抗戰勝利以後便自他愛棠路那幢渠渠華屋裡神秘失蹤，據說是到蘇北去投了中共，愛棠路美侖美奐，豪華無比的邵式軍大廈，也就成為上海市黨部的辦公處。

110 務請交出羅洪義來

羅洪義是杜月笙的及門弟子，屬於舊派，長袖善舞，八面玲瓏，對於老頭子杜月笙畢恭畢敬，唯命是從，東南淪陷，日軍實施毒化政策，由盛文頤主辦宏濟善堂賣鴉片，羅洪義有份。汪偽政權成立，群奸角逐，頭一樁大事便是跟日本人爭取鴉片經營權，成立了「寓賣於禁」的「禁煙總監部」，羅洪義由於專門人才的關係，依然為箇中要角。抗戰八年，他便在上海專賣了七八年的鴉片煙，「水過土濕」，他到手的錢財那是天文數字。當杜月笙抗著金字招牌，擔起兩肩一口，赤手空拳入四川，到重慶，既得創辦事業，又要接濟朋友，尤須支付上海方面的鉅額開銷，羅洪義便開始撥款接濟，他的銅鈿實在賺得太多，有了一條通重慶的大道，他便儘量多撥些錢到重慶去，一方面供應老頭子的開銷，一方面也希望杜月笙給他存點下來，買進些黃金、美鈔儲蓄券，備作日本戰敗，冰山一倒，他將來的活命之資。據估計，羅洪義先後撥給杜月笙的錢，在上海墊付的各種款項概不計入，居然還有七八百萬元之譜。

日本投降，上海光復，杜月笙到了上海，羅洪義自知十手所指，法網難逃，唯一的路子，祇有託他老頭子杜月笙的庇護。所以杜月笙住到愛文義路顧家，羅洪義立刻跟進，他無日無夜，足不出戶，跟牢在杜月笙的身邊，寸步不離。他曉得祇有如此，方始逃得過被捕下獄，判刑定罪的霉運。

羅洪義躲在杜月笙的左右，戴笠早已知情，他不說破，是希望杜月笙自家向他提起這一件事，雙方面可以從長計議。戴笠辦案，一向公私分明，腳步站得極穩，而且他愛惜羽毛，斷不容損及自身聲譽。上海鼎奸，跑了一個頂有錢的邵式軍，黃浦灘早已風風雨雨，嘖有煩言，如今第二號富豪漢奸又被杜月笙收容，外間更是議論紛紜，倒要看看鐵面無私的戴笠，如何公私兼顧，處理這一樁漢奸案子？

戴笠等杜月笙自動說出，他將交出羅洪義命他投案的話。可是杜月笙絕口不提，他苦於人言可畏，不得而已，終於有一天他把軍統局上海負責人召來，這位上海負責人也是杜月笙的要好朋友，戴笠跟他開門見山的說：

「羅洪義在敵偽時期販賣鴉片，坐收漁利，這個人不能不辦。」

「可是……」

「我曉得，羅洪義躲在杜先生那裡。我現在就是要你見杜先生去，你請杜先生立刻把羅洪義交給你，接受審判，依法論刑。」

「我怎樣跟杜先生說呢？」

「很簡單，」戴笠說得斬釘截鐵：「你告訴杜先生，他究竟是要我戴某人這個朋友呢？還是非保牢羅洪義不可？如果他要顧全他和我的交情，那麼他就交出羅洪義，否則的話，我為顧全友道，可以放他一碼，祇是從今以後，我和杜先生不再有朋友的情份。」

「中間人」很為難的去了，照戴笠的話，一五一十，跟杜月笙說個明白，杜月笙聽完以後，矍然而起，言下頗有憾意的說：

「我收留羅洪義，一來是顧念師生之情，二來則當年的地下工作，只要我有事情交代他，他從不推辭，多少也有些微勞。羅洪義賣鴉片的事我曉得，我總以為他不曾做過偽政府的官，此刻他既已因漢奸案被控，雨農兄指明要他這個人，莫說他在我這裡，即令他逃到天涯海角，我也會把他喊回來，交給戴先生歸案。」

言訖，馬上撥對講電話，叫羅洪義進來，當面交給來人帶走，羅洪義一語不發，拜別先生便去投案。他後來被判處徒刑，服刑到民國三十八年大陸變色，方始獲得開釋，是時杜月笙已經避難香江，羅洪義便也到香港去，隨侍師門，按日赴杜公館報到侍疾，一如往昔。

戴笠初到上海，便聽說吳紹澍氣燄萬丈，翻臉不認師門，而且明裡暗底，以杜月笙為假想敵，對杜月笙橫施打擊，儘情污衊。杜月笙和吳紹澍的師生之誼，戴笠肚皮裡一本賬清清楚楚，他愛重杜月笙，兼以義憤填膺，忿懣不平，著實發了大脾氣。他認為杜月笙功在黨國，理應受到全上海人的尊敬，殊不料讓他自己的學生子打得這麼樣凶法，戴笠的憤慨之情，溢於言表，換任何人都要知所警惕，不寒而慄；但是吳紹澍自以為他已將黃浦灘捏牢，莫說是戴笠，即連若干黨國元老，院部首長，他也不放在眼睛骨裡。因此，他對戴笠冷眼睥睨，愛理不理。

吳紹澍集中全力攻擊杜月笙，遂使杜月笙深居簡出，免生是非，杜月笙的勢力乃黃浦灘上暫時銷聲匿跡。吳紹澍自以為得計，卻是忽略了大上海五方雜處，派系林立，從上海開埠以來，自古到今從無一人能使上海定於一，杜月笙和大上海血脈互通，息息相關，他從「河濱裡的泥鰍熬到跳龍門的鯉魚」，是他積數十年之奮鬥努力，廣結人緣，所得到的。杜月笙數十年裡無日不放交情，無日不用鈔票，方始漸漸的泥多佛大，水漲船高，他在黃浦灘的地位不可能毀之於一夕一朝。而吳紹澍儘管身兼六要職，將上海權力機構兼容並蓄，全部通吃，他固然炙手可熱，勢莫與京，但是老上海曉得他的底細，他越打擊杜月笙，杜月笙越是悶聲不響，逆來順受，便越發增進上海人對杜月笙的同情，與乎對吳紹澍的鄙夷。人心向背，一消一長，吳紹澍天天乘坐保險汽車，前呼後擁，揚長而過，上海人和他之間的距離便無形中越來越遠，一時乃有「好官你自為之，要我支持休想」的敵意存在。於是，吳紹澍步步登高，老百姓敬而遠之，他要錢沒處要，要人湊不齊，一應庶政，進行得疙裡疙瘩，毫不順利，天長日久，他也難免發急，直到這時，吳紹澍開始憬悟，政府與民眾之間，橋樑確實是相當的重要。

111

邵式軍案眞相大白

徐寄廎出任上海臨參會議長，並未能成為溝通政府與民眾間的橋樑，而吳紹澍對杜月笙的攻勢，卻變本加厲，日趨尖銳，他所刱辦的「正言報」，從新聞以到社論，箭頭無不瞄準其所謂的惡勢力。吳紹澍處心積慮，他要打倒杜月笙，其人的行徑在江湖義氣上來說是「欺師滅祖」，犯的是最嚴重罪行，就立身處世而論亦係「忘恩負義」，宜乎為社會所不容，即以國家民族立場言之，杜月笙布衣報國，功勛昭昭在人耳目，吳紹澍挾其政治力量儘情打擊，尤屬「親痛仇快，令人齒冷」之舉。借一句老話「多行不義必自斃」，目空四海，不可一世的吳紹澍終於作繭自縛，他的一項罪證確鑿的貪污巨案，犯在嫉惡如仇的戴笠手裡。

勝利後黃浦灘上第一件疑案是邵式軍棄家潛逃，居然被他逃過封鎖投入中共的新四軍効力。如所週知邵式軍之豪富遠在周佛海、梅思平諸逆之上，他的億萬家財，決無可能隨身攜帶，那麼邵式軍的龐大財產究竟到那裡去了？唯一可疑之點是邵式軍在愛棠路的那幢華宅，係由吳紹澍接收，而且自茲以後，便成為「中國國民黨上海市特別執行委員會」的辦公處所，國民黨上海執委會的主任委員，則也是吳紹澍。

好不容易找到了邵式軍的髮妻，請她出來提供資料與線索。邵式軍太太說她家裡的古董字畫、名貴傢俱、奇珍異玩，和皮毛衣飾一概都不要去說它，光只滿載金銀財寶，各種鈔票的巨型保險箱便有四隻。軍統局人員問她可否記得四隻保險箱裡所有寶藏的品類和數目，邵式軍太太說這有何難，請給我紙筆，我可以立刻開出各保險箱裡的明細清單。

紙與筆取來，邵式軍太太便不假思索，振筆直書，她歷歷開列「家財」，巨細靡遺。根據她所開的單子，四隻巨型保險箱，第一隻放的是黃金若干條，第二隻則為美鈔幾多萬，第三隻裝鑽石珠寶各多少，價值幾億，第四隻盡裝日本老頭票，和為數極鉅，如今幾同廢紙的日本國家債券。

辦案人員不禁大喜，接下來，再問邵式軍太太一個極關緊要的問題，邵式軍是如何逃到新四軍那邊去的？

邵式軍太太終於坦白吐實，那是有「交換條件」的，吳紹澍自前門進來接收，卻把邵式軍從後門悄悄放走。條件是甚麼呢？邵式軍決不洩漏財產被吳紹澍「刦收」了多少的真相。

戴笠獲報赫然震怒，他不惜採取「打老虎」的激烈行動，當夜派出大批忠義救國軍，封鎖愛棠路，並且飭令幹員毛森等徹底搜查上海特別市執行委員會。這一搜的結果，是四隻巨型保險箱，其中已有三隻箱門破壞，內中空空如也，邵式軍太太所開列的財物清單，大批的金條、美鈔、鑽石珠寶涓滴無存，第四隻經邵式軍太太列明貯有日本老頭票、公債券若千萬元的保險箱則牢牢鎖住，完好如新。

搜查人員先把邵式軍太太所開的第四張清單，遍示眾人，予以公開，然後通電流，炸開保險箱門，取出內中一疊疊的老頭票的日本國家債券，一一清點，竟和邵式軍太太的清單絲毫不差。即此一點可為明證，三隻巨型保險箱裡的億萬貲財，全被吳紹澍陰謀竊佔，據為己有。

敵偽財產之整理與處置，戴笠職務所在，責有攸歸，於是他列舉證據，呈報最高當局。最高當局的批示迅即來到：嚴予查辦。

「眼看他起高樓，眼看他樓坍了」，吳紹澍高高的置身雲端，竟會一個觔斗倒栽下來，他心慌意亂，情急無奈，於是滿面愁容，一改常態，他的保險汽車不再遶杜美路而過；天天降尊紆貴，到杜美路求見戴笠。義薄雲天的戴笠則以其人之道還治其人之身，他置之不理，不屑一見，直到聽說吳紹澍急出嗚啦，想飛往重慶上下打點，戴笠方始讓吳紹澍堆滿一臉的諂笑，奴顏屈膝的走進他的會客廳。

當著好些軍統局重要人員的面，戴笠捺住性子，聽完吳紹澍的哀哀上告，苦苦求情，吳紹澍只求保全顏面，請「戴先生」免予究辦，光這句話便使戴笠火冒三千丈，他臉色一沉，大聲叱喝：

「像你這種人，我為什麼不辦？」

於是吳紹澍再求戴笠法外施仁，准許他由上海飛重慶，向他的上司自行請罪。

戴笠斷然拒絕，他吩咐左右：

「通知各航空公司，不許賣票子給吳紹澍。」

至此，吳紹澍求告無望，面如土灰，他搭訕辭出，靜候法辦，中央電令不旋踵而來，先是免了他副市長的職務，繼則罷黜上海市社會局局長，而以接近杜月笙的中央委員吳開先繼任。

112

戴笠南京墜機撞山

民國三十五年三月十七日，一項更沉重的打擊，臨到杜月笙的頭上。

在此以前，戴笠僕僕風塵，往返奔走於新光復的各大都市，督飭指揮緝捕漢奸工作，——僅僅半年有餘，戴笠主持的肅奸會，業已捕獲的大漢奸，移送司法機關者達四千二百九十一名，軍法機關三百三十名，航空委員會二十四名，總計達四千六百四十五名之鉅。查封漢奸的逆產，共為一千四百五十六戶，由於以上的數字，可知戴笠在這一段時間的緊張忙碌。不過，他仍以在上海的時候居多，同時，他祇要在上海，每天必定要跟杜月笙見一次面。

三月初，軍統局在北平設立特警班，是為北平班亦即特警班第七期，招收學員七百五十三人，戴笠自兼主任，喬家才副之。北平班開訓，戴笠親赴北平主持典禮，同時，又由於奉到軍委會的命令，為對抗中共勾結蘇俄，到處破壞交通，阻撓接收，當局付與戴笠一項新任務，要他把軍統局掌管的忠義救國軍、別動軍、中美訓練班的教導營，以及交通巡察處所屬的各交通巡察部隊，合併編為十七個交通警察部隊，一個直屬大隊，並且成立交通警察總局，名義上直隸交通部，實際則仍由軍統局督導，派往全國各交通路線，負責阻撓共軍侵襲，維護交通安全。

這是一件頗費週章，繁雜艱巨的大事，戴笠發出指示，派吉章簡為交通警察總局局長，馬志超、徐志道副之。幾支部隊的將士人數多達六萬四千四百零二人。戴笠作了初步的計劃，準備回重慶去加以部署，因此他便在三月十七日由北平起飛，他要先到上海，然後轉飛重慶。

戴笠坐的是航委會二百二十二號專機，隨行者有軍統局處長龔仙舫、專員金玉坡、翻譯官馬佩衡、譯電員周在鴻、副官徐燊、衛士曹紀華、何啟義。從上到下，都是杜月笙所熟識的，向為林公館的常客，如龔仙舫、金玉坡，尤曾與杜月笙多次合作，公誼私交，非常要好。

專機飛到青島，降落休息，當時駕駛員便接獲氣象報告，上海附近氣候惡劣，能見度太差，無法飛往。戴笠聽後眉頭一皺，說是：

「我今天一定要到上海，我們還是先飛過去再講。」

「戴老闆」的話從來不曾有人駁回，他堅持起飛，青島機場人員和駕駛員不便勸阻，祇好讓專機續往南航。到達上海上空，因為實在無法降陸，唯有折向南京，下午一點整，穿雲下降，詎料駕駛員視界糢糊，誤觸南京東郊板橋鎮的岱山，機毀人亡，自戴笠以次，連同機員一十七人無一倖存。

噩耗傳出，舉國震驚，斯時斯地，斯人之逝，實為國家之大不幸。戴笠將軍的死訊傳到上海，杜月笙左右人士至為驚悼，他們迅作決定，由於這個打擊對當時的杜月笙來說，未免太大，因而大家相約暫時瞞他一瞞。

然而紙包不住火，接連三天杜月笙發覺隨從各人臉色倉皇，神情不定，他一再的追問，究竟是發生了什麼事情？眾人見他催問得緊，料想瞞不過，經過一番商量，大家推陸京士向杜月笙說出了戴笠墜機罹難的消息。

113
痛失知己一場大病

晴天一聲霹靂，震得杜月笙如中雷殛，呆若木雞，他定定的坐著不動，不哭，不說話，連眼睛霎都不霎。

他的神情模樣把家中各人都嚇壞了，大聲的喊他，輕輕的搖他，人多口雜，亂糟糟的一片喧嘩。終於，杜月笙恍如大夢初覺，他回過神來便放聲大哭，直哭得熱淚滂沱，咽不成聲。時屆五十九歲的杜月笙，這是他平生最最傷心悲切的一次號啕。

哭過以後便繼之以急喘，劇烈的咳嗽，一時但見他青筋直暴，淚與汗俱，臉孔脹得絳紫，家人和隨從高聲驚呼。薰煙、灌藥，一概不生效，不停的急喘與劇咳，使得杜月笙死去活來，坐臥不得，沉重深切的悲哀，壓倒了勝利以後飽受打擊的杜月笙。

就此生了一場大病，日日咳，夜夜喘，呼吸方平順些，想起「雨農兄」又是痛哭流涕，椎心刺骨。他說戴笠和他不但是好友、拜把兄弟、並肩作伴的伙伴，尤且是生平唯一知己。對前來探疾慰問的朋友，杜月笙總是熱淚盈眶、嗚咽啜泣的說道：

「我哭雨農兄，不但是為我個人失了平生知己，我也為國家民族在這種時候，竟失去了雨農兄而傷心難過！雨農兄一死，共產黨又不知要鬧到什麼田地了啊！」

勝利後上海物價逐步上漲，加以共黨新四軍在江北大事騷擾，和進剿國軍連年鏖戰，食米來源，於是大感匱乏。三十五年春季，上海米價扶搖直上，漲得五百萬市民，莫不叫苦連天，恰巧當時萬墨林因為他家素營米店，他開的那爿萬昌米號，規模之大，允稱全滬第一。抗戰八年，他又有從事地下工作的功勞，益以杜門總管，牌頭甚足，因而便在吳開先當上海社會局長的任內，萬墨林當選了上海市農會理事長，兼上海市米業同業公會理事長。

上海市政當局為了解除上海糧荒，採取緊急措施，貸出一筆巨款，交給米業公會，要上海米商設法分赴各地，大量採購食米。這樁大事由米業公會理事長萬墨林經手，當然偌大的生意不能由他那爿萬昌米號獨做。萬墨林督促米商分赴四鄉採購，「物以稀為貴」，鄉下老百姓有米在手難免要拿拿蹻，同時眼見百物騰踊，分明已有通貨膨脹的跡象，於是他們齊同一致，向米商們提出要求，賣米不要鈔票，他們堅持採物物交換制，並且指定交換物品限定「五洋」，亦即棉紗、布疋、白糖、香煙和肥皂。

這一來米商們便唯有再回上海先行採辦「五洋」貨品，然後運往鄉間實行交換食米，此一作法馬上就發生了幾個問題，其一是躭擱時間價格愈形高漲，其二是「五洋」本身在上海竟也是缺貨，因為這些都是日常生活必需品，和食米同樣的價高難求，行情一日數變。萬墨林初次承擔這麼大的事情，更因缺乏經驗，處處顯得手忙腳亂，舉止失措，再加上米商中不乏藉機攫利，混水摸魚者，還有一層更重要的因素，那便是米價——物價原來就在漲個不停，於是民怨沸騰，指責埋怨的聲浪，一概轟到萬理事長的頭上。

114 筱快樂大罵「米蛀蟲」

上海有個唱滑稽戲的筱快樂，針對米價不斷上漲的事實，迎合上海市民憤懣不平的心理，每天在電台上直指其名，編了一套套的滑稽戲詞，猛烈抨擊萬墨林。他這個節目由於其能發洩大眾的苦悶，立刻大受歡迎，風靡一時。筱快樂的謾罵尤能推陳出新，一快人心，一時筱快樂之名大噪，滑稽戲盛況空前，登峯造極。罵到了後來，筱快樂乾脆給萬墨林取了個「米蛀蟲」的綽號。

當萬墨林每天都要挨罵好幾次的那一段時期，他因為常日陪侍杜月笙，曉得連「爺叔」都在韜光養晦，以免動輒得咎，因而祇好忍氣吞聲，既不聲辯也不答覆，但是萬墨林在上海也有一幫好朋友，聽到筱快樂如此「大膽妄為，排日痛罵墨林哥」，深感「是可忍，孰不可忍」。這幫朋友尚未能適應新潮流，狃不過舊觀念，不懂得採取法律途經，更忽視了保障人權，尤其他們「眼高手癢」，將區區一名滑稽戲演員，半點兒也不擺在心裡。使他們往年的脾性打人殺人如同家常便飯，故所以，他們先向筱快樂嚴重警告：

「儂敢再罵墨林哥，阿拉要請儂吃生活！」

孰料筱快樂罵「米蛀蟲」罵出了名，票房價值，正值巔峯狀態，兼以他能獲得廣大市民的普遍支持，對於這般「白相人」的舉動，根本就不看在眼睛骨裡，「白相人」警告，就他而言是「來得正好」，正好補充他罵「米蛀蟲」的新材料。

筱快樂將他受到「吃生活警告」的消息，在電台上一播佈，立即獲得廣大聽眾的同情和支持，同時，也使他險乎遭了殺身之禍，萬墨林的一些好朋友怒火攻心，不克遏忍，當天晚上便有十幾條大漢，衝進筱快樂的家裡，從頭門打起，一直打到後門為止，遇人便打，見物便砸，幸虧筱快樂本人不在家，他的妻子受了傷，全部傢俬，盡數搗毀無遺。

筱快樂家中搗毀一空，消息傳得既廣且快，杜月笙聽說，憂急交併，心知這是一場窮禍，偏是怪罪萬墨林不得，因為他深知此事與萬墨林無涉，此時此刻，萬墨林決無這個膽量派人去做筱快樂，而且他應該曉得，打人不是解決問題的辦法。但是，惹火上身，推也推不脫，杜月笙衹好命人前往慰問筱快樂一家，負責傷者的醫藥費，全部損失，優予賠償。

但是事體並不能就此了結，淞滬警備司令部，依據筱快樂所廣播「經營私運，壟斷市場，操縱米價高漲」的罪名，發出拘票，要把萬墨林捉進官裡去。

杜門中人，於是群情憤慨，紛紛起而打抱不平，萬墨林本人並未犯法，他經手的貸款都有賬目可查。打筱快樂家的朋友亟於挺身而出，證明他們自發自動的行為決非出於萬墨林教唆。還有更重要的一點，杜月笙自從民國四年在上海法租界同孚路同孚里建立門戶，三十多年以來，不論是巡捕房、警察局、總司令部或司令部，向來只有杜公館往外保人，從不曾聽說杜公館裡有人被捉。俗話說：「不看僧面看佛面」，「跑得了和尚跑不了廟」，萬墨林真有案子，就該杜先生親自把他送進官府。如今宣司令要捉杜公館的人，——尤其還是杜月笙的近親與總管，此例一開，豈不是坍盡杜先生的台？

當時杜月笙猶在病榻，他時咳時止，喉頭咻咻有聲，但是他一力堅持，力排眾議，他命萬墨林自家前去淞滬警備司令部投案，杜月笙說：

「真金不怕火煉，宣司令是好官，他決不會冤枉墨林。再說，此刻外面的空氣對墨林不好，墨林要想申辯，實在太難，反不如趁此機會自動投案，是是非非，經過法律審判，正好求一個水落石出。」

115 萬墨林三度入牢監

於是萬墨林黯然神傷，一聲苦笑，既然「爺叔」這麼說了，他只好回家收拾隨身攜帶各物，赴淞滬警備司令部自動投到，坐他一生之中第三次監牢。當然，中國同胞不會像東洋人那般對他濫施毒刑。

杜月笙毅然下令萬墨林自動投案入獄，不僅使黃浦灘上五百萬市民駭然驚異，競相走告，而且也使淞滬警備司令兼上海警察局長宣鐵吾大出意外，開始對杜月笙刮目相看，肅然起敬。宣鐵吾頒下萬墨林的逮捕令，可以謂為對杜月笙的一項挑戰，以杜月笙在上海所佔的天時、地利與人和，宣鐵吾這一挑戰實無必勝的把握。他想不到杜月笙會這麼「落門落坎」，大力捧他這上海治安首長的場，他更無法料及萬墨林果然便祇為了恪遵「爺叔」之命，不惜老老面皮，甘願投到。

上海米價還在繼續攀高，五百萬市民的怨懟竟而迅速平息，筱快樂的熱門廣播節目自沸點急速下降，他再冷諷熱嘲，破口大罵「米蛀蟲」也沒有用了，因為杜先生的總管、米業公會、上海市農會理事長萬墨林業已自動投案，身陷囹圄。宣鐵吾宣司令的聲望由此臻於最高點，杜月笙和萬墨林的守法精神，坦白態度，為大上海五百萬市民帶來新希望與新觀念。

上海在蛻變，在一團亂麻中，萬墨林三度下獄也是一個轉捩點。乍看起來彷彿是杜月笙在向官府、衙門投降，實則是他在為民主、法治樹立一個好榜樣。——杜月笙又結交了一個好朋友：宣司令兼局長，萬墨林被指控的罪名查無實據，抽絲剝繭般弄清楚了事實真相，萬墨林很快的獲得釋放。

宣鐵吾很感激杜月笙竭誠擁戴的盛意，他送了一幀放大照片給杜月笙，親筆題款，還蓋了官章，杜月笙把這幀照片配以鏡框，放在引人注目的地方。杜宣交讙，使老上海們額手稱慶，杜月笙又順利渡過一道難關。

吳紹澍自戴笠猝死，他所涉及的「縱放巨奸、吞沒逆產」案雖然雷聲大，雨點小，但是他身上所繫的案子畢竟猶未終結，於是也有他的朋友向他剴切陳詞，苦口婆心的勸：

「紹澍兄，你在上海身兼六要職時，事必躬親，氣概彷彿很盛，可是呢，在政治上你不能與錢慕尹錢市長合作，在特工上你不能與已死的戴笠合作，在社會上你又不能與杜月笙合作，你的挫敗現在還只不過開始，從今而後，你要改變作風才好。」

吳紹澍聽後，嗒然無語。

杜月笙因吳紹澍的「欺師滅祖」，橫施打擊而心灰意冷，遇事退避三舍，復以戴笠之死椎心刺骨，哭出一場大病，然而以他當時的交遊之廣，物望之隆，社會國家，依然還是少不了他。加上恆社子弟，多的是社會中堅，出類拔萃人物，杜月笙有這麼完整的班底，優秀的幹部，事業當然大有可為，因此，便在三十五年春夏之交，杜月笙經過審慎考慮，多方試探，又有了東山再起，捲土重來的跡象。

早年在重慶，收了一名忠心耿耿，幹勁十足的得意門生，一向從事棉紡工業的袁國樑。勝利後袁國樑做麵粉和棉紗，大來大往，氣魄很夠，麵粉大王榮德生曾經開頑笑的對他說：

「我辦工廠，就像吸海洛因，不過你也不錯，可以算得上吃香煙的。」

由此可知袁國樑辦事業和做生意，自有其刺激緊張之處，民國三十五年袁國樑投資設在江陰的「福澄公司聯營紡織廠」。他投下的股本甚多，預定當年七月開工，公司成立，規模很大，因而引起「江陰三大亨」黃善青、祝林等插足其間的雄心，袁國樑唯恐董事長一席，落在他們之手，兼以公司股東，群起反對，鬧得股東大會幾乎流產，他無可奈何，只好拖牢同為福澄公司常務董事之一的王先青，到十八層樓杜公館謁見杜月笙，打算請老夫子出來擔任福澄公司的董事長，在他認為，必須如此事體才能擺平。

116

東山再起步步為營

王先青、袁國樑兩人去見到了杜月笙，卻是「老夫子」正發氣喘，臥病在床，他在床上聽完了袁國樑的報告，為替學生子撐腰，他不遑思索，一口答應，當時他問袁國樑說：

「我做福澄的董事長，該入多少錢的股子呢？」

袁國樑喜不自勝，於是便答：

「老夫子加五千萬元的股子好了，這筆錢，由我替老夫子墊。」

杜月笙連忙搖手說：

「笑話，笑話。」

他馬上命人喊徐懋棠來，徐懋堂的父親原是匯豐銀行的買辦，上海人有句打話：「吃不窮，用不窮，匯豐買辦。」因此徐懋棠得了乃父餘蔭，很有點錢，他參加恆社甚早，戰前即已擔任杜月笙的中匯銀行總經理，抗戰八年，他替杜月笙在中匯銀行看家，勝利以後一仍舊職，卻是又添了一項替杜月笙理財的工作。因此，杜月笙決定投資福澄公司，便命徐懋棠當場開了一張法幣五千萬元的支票，交給袁國樑，由袁國樑寫一張臨時收據，手續便告完成。

袁國樑和王先青對福澄公司的事，部署已畢，兩人又雙雙展謁師門，請杜月笙定一個召開股東大會的日期，杜月笙卻望望袁國樑，回答他說：

「這個事業是你的，我們大家不過捧捧你的場，你自家要怎麼做就怎麼做，不能事事依靠我們啊。」

當時，這幾句叮嚀，似乎有點多餘，然而袁國樑細細玩味，杜月笙這樣交代一聲，實在是語中肯棨，兩面都光，他正是藉此聲明，他投資福澄、答應擔任董事長，完全是為了支持袁國樑，他特地表明自己遇事不出主張，掛名義當董事長的立場，好叫袁國樑放心大膽辦事，同時，也為他自己不過問福澄的業務，預作聲明。

不過，在口頭上，開會日期這樁小事，還是得請杜月笙做個決定，袁國樑繼續請示，杜月笙便面帶微笑的向王先青說：

「先青，你來定個日期。」

王先青想了想，方說：

「下星期日如何？」

杜月笙點點頭，答道：

「好，就定下星期日，在麗都開會。」

開會結果，由於江陰三大亨聽說福澄股東們要推選杜月笙為董事長，自忖「亨」不過，知難而退，於是杜月笙順利當選。

杜月笙從事紡織工業，始於抗戰時期，一爿頗具規模的「沙市紗廠」，自湖北沙市，西遷重慶，因為股東意見不合，內部發生糾紛，幾乎就要關門大吉，杜月笙鑑於紡織工業在抗戰期間的重要，出資收購股權，將沙市紗廠接過來加以經營，後來他又應聘擔任過公營的中國紡織公司董事長。西北之旅，組織西北毛紡織廠，勝利返滬，在福澄公司聯營紗廠之後，杜月笙更發起剏辦了榮豐一廠、二廠，兩廠擁有工人兩千零二十六名，此外他也是擁有七七七名工人的恆大紗廠，以及遠在西安的利秦紡織廠董事長，所以，杜月笙也算得上是紡織業巨子。

民國在三十五年秋，「中華民國機器棉紡織工業同業公會聯合會」，舉行第一次大會於上海。這是日趨繁榮的我國紡織工業戰後一大盛事，自全國各地搭乘飛機出席會議的代表多達一百多人。當時我國紡織工業劃分為區，如上海一地稱為第六區是。各區又有區公會，「聯合會」係由各區公會合組而成，其重要性自可想見。

各地代表紛紛抵達上海，正值杜月笙纏綿病榻，輕易不出大門一步，代表中不乏多年友好，卻是不但不能親往迎迓，略盡地主之誼，連代表們經大會當局安排的各項節目，他也無法參加一次。正在深感抱愧，一日，忽有七位紡織業代表連袂來訪，杜月笙勉力起床待客，七位訪客之中有六區公會的秘書長奚玉書、無錫榮家紡織業的主持人榮爾仁，還有唐星海、恆社弟子袁國樑等人。

寒暄之後表明來意，原來這七位紡織代表是代表中的代表，緣由當時國內公營紗廠廠家既多，代表票數亦夥，民營紡織代表業已獲得確息，公營紗廠集中選票，使「聯合會理事長」這個重要職位，推由公營紗廠代表擔任。

唐星海、榮爾仁等向杜月笙反覆陳詞，公營紗廠是官辦的，他們平時即已得到官府畀予的若干便利，倘若「聯合會理事長」一席再被官方代表所獲，民營廠商越加少了一個有力的發言地位。七位紡織代表懇請杜月笙出馬，角逐「聯合會理事長」一席，他們針對杜月笙的愛國心理，乃以大義相勸，他們說：

「紡織事業非特關係國計民生，對於國家民族也有很重大的影響，試看日本人在明治維新以後之能夠富強，便由於他們紡織工業的發達。」

杜月笙何嘗不曉得這些大道理，對於「全國紡織公會聯合會」理事長一席又何嘗不見獵心喜？但是他信心猶未恢復，自忖並無把握，於是不管七位代表怎麼說，他都是婉言推辭，他說他大病未癒，身體不好，實在是難任繁劇。

傳記系列005

杜月笙傳——第四冊（四刷）

著　　　者：章君穀
校　　　訂：陸京士
編　輯　者：傳記文學出版社
出　版　者：傳記文學出版社股份有限公司

創　辦　人：劉紹唐
榮譽發行人：劉王愛生、成露茜
社　　　長：成嘉玲
編　輯　者：傳記文學編輯委員會

地　　　址：11670臺北市文山區羅斯福路六段85號7樓
電　　　話：(02)8935-1983
傳　　　眞：(02)2935-1993
E-mail：nice.book@msa.hinet.net
郵政劃撥：00036910・傳記文學出版社股份有限公司
登　記　證：局版臺業字第〇七一九號

定　　　價：新台幣三八〇元（本冊）
（全套五冊共一九〇〇元）
出版日期：中華民國七十八年六月一日
中華民國一〇九年九月（四版）